资本社会的17个矛盾

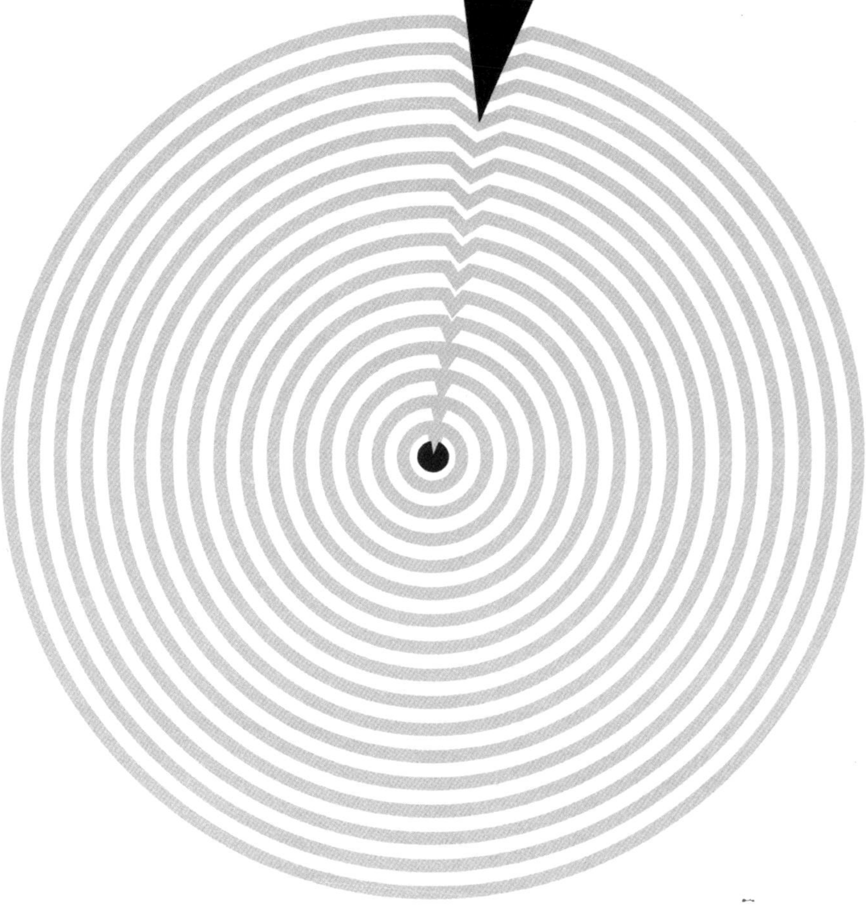

[美] 大卫·哈维 著／许瑞宋 译

Seventeen Contradictions
and the End of Capitalism

中信出版集团·CHINACITICPRESS·北京

图书在版编目（CIP）数据

资本社会的 17 个矛盾 /（美）哈维著；许瑞宋译 .-- 北京：中信出版社，2016.10（2023.7重印）

书名原文：Seventeen Contradictions and the End of Capitalism

ISBN 978-7-5086-6751-5

I. ①资… II. ①大… ②许… III. ①资本主义社会–研究 IV. ①F03

中国版本图书馆CIP数据核字（2016）第 226840 号

资本社会的 17 个矛盾

著　　者：[美] 大卫 · 哈维
译　　者：许瑞宋
策划推广：中信出版社（China CITIC Press）
出版发行：中信出版集团股份有限公司
（北京市朝阳区东三环北路27号嘉铭中心　邮编　100020）
（CITIC Publishing Group）
承 印 者：北京诚信伟业印刷有限公司

开　　本：880mm × 1230mm　1/32　　印　　张：12　　字　　数：280 千字
版　　次：2016 年 10 月第 1 版　　印　　次：2023 年 7 月第 7 次印刷
京权图字：01–2014–8133
书　　号：ISBN 978-7-5086-6751-5
定　　价：68.00 元

SEVENTEEN
CONTRADICTIONS
AND THE END OF
CAPITALISM

目录

推荐序

韩毓海

北京大学教授,《一篇读罢头飞雪：重读马克思》作者

自 2008 年以来，世界资本主义陷入了深刻的危机，但是，我们同时也必须看到，对资本主义的迷信却似乎并没有陷入危机，而这在很大程度上是因为主流的经济学家和知识分子中缺乏这样一种“高人”，他们能够以言简意赅、昭聋发聩的方式向世界和读者说明：资本主义制度为什么是不能持续的、是失败的。

而在当今美国主流思想界，起码有三位经济学“大牛”能够做到这一点：保罗·克鲁格曼、约瑟夫·斯蒂格里茨和大卫·哈维。

其中，保罗·克鲁格曼堪与凯恩斯媲美，因为这两位大师是经济学家里文笔最好的，众所周知，保罗·克鲁格曼这位诺贝尔奖得主还是《纽约时报》的专栏作家，他的《一位自由主义者的良心》一书，严谨深刻地揭示了新自由主义分子和新保

守主义分子，怎样以几乎是发动政变的方式，摧毁了自罗斯福以来的新政，最终摧毁了美国经济与社会，而他们就是造成今天美国崩溃式衰落的罪魁祸首。

保罗·克鲁格曼的著作，有利于我们了解真正的美国和美国知识界，他指出：如果用中国今天的标准来看，美国起码是一个"中左"的国家，而人道主义的左翼，乃是美国知识界的光荣传统，至于把新自由主义和保守主义视为美国的传统，这乃是对美国和美国文化的误解乃至污蔑。

我还记得：克鲁格曼在北京大学的演讲中，曾经激烈地抨击了那些打着美国学术界，特别是哈佛大学、耶鲁大学的旗号，在中国推行新自由主义的留学生们，克鲁格曼抨击他们才是真正"妖魔化美国"、"妖魔化美国经济学传统"，并以此误导中国改革的招摇撞骗者乃至别有用心之人——而他如此尖锐的声音自然是消失于无形，完全被中国的"新自由主义者"们封杀了。

我更记得：中信出版集团曾经勇敢地出版了克鲁格曼的《一位自由主义者的良心》一书，但是，竟也没有产生应有的反响——克鲁格曼是诺贝尔经济学奖得主中文笔最好的，而中信出版集团毫无疑问是中国出版业中的"大牛"之一，如此"强强联合"竟没有触及和唤醒当今中国那些打着"自由主义"旗号、实则乃是"新自由主义分子"的"良知"——这种现象令人深思。

与克鲁格曼一样，早在2004年，大卫·哈维便在《新自由主义简史》中，系统地分析了“新自由主义政变”产生的根源，并预见了世界将爆发严重经济危机，仅仅4年之后，哈维的预见全部应验了。在世界资本主义经济危机爆发后，中国的一家出版社也翻译出版了哈维的这本书，但是，几乎一如既往地没有产生反响，在这里，翻译与理解似乎是一个问题，但我以为：关键依旧还是那些希望人们在铁屋子里沉睡下去的“新自由主义者”们所营造的一言堂、死气沉沉的文化、舆论和知识氛围。

有人说，中国的知识界崇拜美国、崇拜西方、崇拜诺贝尔经济学奖得主，实则不尽然。因为我看到了中国知识界的新自由主义者们，究竟是怎样对待和敌视克鲁格曼、斯蒂格里茨这样的诺贝尔奖得主的——屁股决定脑袋，真可谓世上无难事，而最难之事，乃是叫醒那些假睡的人。

由此我想起，95年前，马克思主义和社会主义学说，以及在中国传播马克思主义火种的人，其所遭遇的命运也许就是这样吧！

而真正值得深思的是：95年前，我所在的北京大学能够特立独行，高举起真理的炬火，照亮中华民族前行的路，而今的我们，将怎样辨识什么是北京大学的光荣传统，以及怎样继承和发扬北京大学真正的光荣传统。

感谢中信出版集团，继克鲁格曼的著作之后，再次出版了哈维的《资本社会的 17 个矛盾》以及一系列国外先进知识分子的杰作，在出版界不得不急功近利的今天，他们和其他有强烈责任感的中国出版人一起，屡败屡战，“弄潮儿向涛头立，手把红旗旗不湿”，中信集团和中信出版集团，以此坚定承担起了他们的政治和文化责任。他们以自己卓越的工作，在努力为我们筑起“四个自信”的战线。

而在这本资本主义“判决书”中，哈维讲了一个经典的故事：一位印度国王想奖励国际象棋的发明者，而这位发明者要求的奖赏，是在棋盘的第一格放一粒米，以后每一格中的米粒数增加一倍，国王爽快地答应了，因为他以为这奖赏看起来微不足道，但是，到了第 21 格的时候，米粒的数目已经超过了 100 万，到 41 格时，已经超过了 1 万亿粒，而整个世界都没有足够的米可以填充这一空格了。

这个故事以极其简洁形象的方式，解释了什么是“复利”，而“复利”就是资本主义所追求的“利润”的实质，这个极为简单生动的故事说明：资本主义为什么是不能持续的，即使在最严谨和科学的意义上，资本主义永世长存的神话也是完全荒谬的。

我在多年前出版的《马克思的事业——从布鲁塞尔到北京》一书中也曾经举过同样的例子，即当前世界经济危机的实质是：“空格”已经基本填满，支持资本扩张的决定性因素基本消失了，即像开发新大陆、殖民地扩展、开放社会主义阵营那种地缘空间的大变革的大规模“空间革命”的机缘，已经渺茫，世界人口增长已经进入拐点，电子通信技术和交通技术的革命，固然可以使“世界变成平的”，但是，当“世界成为平的”时候，利润也就成为平的，而要追求超级利润，除非制造金融泡沫——用哈维的话来说就是，在今天，追求“复利”已经完全是一种幻想，而追求“复利”却是资本积累的实质，当“复利”和诈骗性的暴利不可能持续的时候，资本主义存在的基本前提便丧失了。

在这本杰作中，哈维深刻地指出：尽管作为生产方式和交换方式的资本主义失败了——这正如马克思所预言的那样，但是，作为“生活方式”的资本主义、作为文化信念的资本主义却流行于世界，这表明：资产阶级知识分子和利益集团的掮客们对于世界人民的“洗脑”工作是成功的——而这是马克思在他青年时代所预言到，但却未被追求进步的人们所充分意识到的重要问题。

为了对抗资本主义危机的蔓延，今天的中国与世界，迫切需要进步的学者和知识分子，结成文化的统一战线，以各种方式防止人类倒退回野蛮。因此，思想和理论建设的意义，从来没有像今天这样重要而迫切。

正像我曾经建议：人们应该从第三卷开始，“倒着读”马克思的《资本论》一样，现在，我建议读者从哈维这本书的第三部分开始自己的阅读。因为在本书的第三部分中，哈维方才最为充分地展现了无与伦比的才华，那是心灵的呼号，是真理的祈愿——而借助译者的文笔，我们很难不被这种良知、思想与才华所打动，必须承认，有些段落催人泪下——而我想说，这就是马克思主义真理的力量所在，这也就是在 95 年前深深打动了李大钊、毛泽东等中华民族志士仁人的真理的声音。

“十月革命一声炮响，给我们送来了马克思列宁主义。”[①]斯蒂格里茨曾经说过：自 1500 年以来，世界上就有两种积累财富的方式，一种是靠辛勤劳动，一种是靠欺诈掠夺。后一种方式是资本主义的，很大程度上也是西方的。而中国的成功则代表了前一种方式，正是中国古老而伟大的传统和波澜壮阔的革命经验，使中国人民保持了一种宝贵的人格，保持了对美好人际关系的珍视，最终形成了一种先进的生产关系，从而使今天的中国共产党将“共同富裕”作为自己的奋斗目标，使今天的中国，最终成为抵抗欺诈与掠夺的资本主义暴力，拯救世界经济的“减压阀”。

在摆脱了僵化的、封闭僵化的“左”的教条主义之后，今天的中国必须从对资本主义的迷信、对于新自由主义教条的迷信中摆脱出来，我们应该坚定不移地走自己的路。

邓小平同志晚年说：“我坚信，世界上赞成马克思主义的人会多起来的——因此，不要惊慌失措，不要认为马克思主义就

① 《论人民民主专政》,《毛泽东选集》第四卷，人民出版社，1944 年。

消失了，没用了，失败了，哪有这回事！”[①]

习近平总书记指出：“即使在当今西方社会，马克思主义仍然具有重要影响力。在本世纪来临的时候，马克思被西方思想界评为‘千年第一思想家’。美国学者海尔布隆纳在他的著作《马克思主义：赞成与反对》中表示，要探索人类社会发展前景，必须向马克思求教，人类社会至今仍然生活在马克思所阐明的发展规律之中。实践也证明，无论时代如何变迁、科学如何进步，马克思主义依然显示出科学思想的伟力，依然占据着真理和道义的制高点。”[②]

大卫·哈维这本著作的出版，充分证明：上述判断是英明的，是正确的。

大卫·哈维是中国人民的好朋友。他的这本著作告诉我们：旧的社会主义模式不能有效对抗野蛮的资本主义，而要开创人类的未来，我们不能走僵化保守的老路，更不能走改弦易帜的邪路，中国特色社会主义道路来之不易，我们必须好好珍惜。而只有沿着这样一条中国人民自己的道路走下去，才能为中国求光明，为人类谋幸福。

---

① 《邓小平文选》第3卷，人民出版社，1993年。

② 新华网：《在哲学社会科学工作座谈会上的讲话》，2016年05月18日。

SEVENTEEN CONTRADICTIONS AND THE END OF CAPITALISM

前言

这一次的资本主义危机

危机是资本主义再造所必要的。人类正是在危机之中正视资本主义的不稳定之处，并进行重新设计和塑造，创造出资本主义的新版本。我们废旧迎新。一度活跃的生产基地沦为工业废墟，旧工厂遭拆除或改变用途，工人阶级小区经历中产阶级化改造。在某些地方，小农场和自耕地被大型工业化农场或气派的新工厂取代。产业园区、研发中心、批发仓库和配销中心散布各处，周遭是市郊住宅区，由公路网连接起来。主要城市比赛谁的办公大楼更高更迷人，谁的文化建筑更具标志性；大型购物中心在市区和市郊大量涌现；世界主义是眼下全球的预设方向，大批游客和商务人士不停地经由机场穿梭各地，有些城市的规模甚至翻倍。高尔夫球场和设有门禁的小区兴起于美国，如今也出现在中国、智利和印度，与周遭贫民自建的简陋住宅形成鲜明对比。

不过，危机最惊人之处，不在于物质景观大幅改变，而是在于其他方面的戏剧性变化，包括思维方式和理解方式、制度和占主导地位的意识形态、政治倾向和政治过程、政治主体性、科技和组织形式、社会关系，以及影响日常生活的文化习俗和品位。危机彻底动摇我们的世界观，包括我们对自身在世界上地位的看法。我们是这个正在形成的新世界生生不息的参与者和居住者，无论是被迫还是自愿，都必须适应事物的新状态；与此同时，我们也经由我们所做的事，以及我们的思考和行为方式，对这个世界的混乱产生某种程度的影响。

身处危机当中，是很难看到出路的。危机并非单一事件：虽然它们有明显的触发因素，它们所代表的结构转变需要多年时间才能完成。始于 1929 年股市崩盘的漫长危机，到 20 世纪 50 年代才终于解决，而其间世界经历了 20 世纪 30 年代的大萧条，以及 20 世纪 40 年代的世界大战。20 世纪 60 年代末浮现的危机，其标志为 20 世纪 60 年代末的国际货币市场动荡，以及 1968 年许多城市（从巴黎和芝加哥到墨西哥城和曼谷）出现的街头事件，同样要到 20 世纪 80 年代中期才终于解决，其间布雷顿森林国际货币体系（1944 年建立）于 20 世纪 70 年代初瓦解，劳工斗争使 20 世纪 70 年代纷扰不断，新自由主义政治在美国里根、英国撒切尔夫人、德国科尔和智利皮诺切特领导时期兴起，并巩固下来。

事后回顾，因为有“后见之明”，我们不难看到，在危机全面爆发之前，大量的问题征兆已经浮现。例如美国 20 世纪 20 年代货币财富和收入不平等严重加剧，房市出现资产泡沫并于 1928 年破灭，便预示 1929 年的股市崩盘。事实上，我们在力求摆脱危机的过程中，往往埋下未来危机的种子。例如始于 20 世纪 80 年代的全球金融化趋势（特征是债务日增、金融法规日趋宽松），原本是想借由促进跨地域流动，解决资本与劳动者的冲突，最后却导致投资银行雷曼兄弟于 2008 年 9 月 15 日破产。

雷曼兄弟公司破产触发金融体系崩溃，各环节如骨牌般倒下。到我撰写本文时，这件事已经过去逾 5 年。如果历史经验值得参考，我们实在不应期望现在就能清楚看到复兴的资本主义将是怎样一种情况（如果资本主义能复兴的话）。但是，对于资本体制哪里出错的诊断，目前理应有多种相互竞争的说法，而且纠正问题的建议也理应大量涌现。令人惊讶的是，新思维或新政策非常少。世界大致分裂为两大阵营：其中一方（欧洲和美国）延续以至深化新自由主义、供给侧和货币主义手段，强调紧缩措施是对症良药；另一方（中国）则是重新采用仰赖债务融资的、某版本的凯恩斯需求面扩张方案，而方案通常掺了水，忽略了凯恩斯强调的一件事，即惠及底层的所得再分配，是其方案的一个关键要素。无论当局采用这两种政策的哪一种，结果都是对富豪有利；这些富豪在各国乃至全球均构成政治势力日强的财阀阶层，默多克（Rupert Murdoch）便是一名具有全球影响力的财阀。全球各地的有钱人越来越富有。全球最有钱的 100 名富豪（来自中国、俄罗斯、印度、墨西哥、印度尼西亚，以及传统的财富集中地北美和欧洲）光是在 2012 年，财富便增加了 2 400 亿美元——据国际扶贫组织乐施会（Oxfam）估计，这笔新增财富足以立即终结世界的贫穷问题。相比之下，大众的境况最多也只是免于恶化，较普遍的情况是加速衰退，甚至是灾难性地恶化（例如希腊和西班牙）。

近年的情况在体制上的一个重大差异，看来体现在中央银行的角色上：美国联邦储备委员会（以下简称“美联储”）在全球层面发挥领导作用，甚至扮演支配性的角色。不过，自从中央银行出现以来（英国的央行创立于 1694 年），央行的作用向来是保护银行业者，必要时替银行纾困，而不是照顾大众的福祉。若以统计数据为标准，美国在 2009 年夏天便已摆脱危机，而几乎所有地区的股市，后来也都收复本次危机造成的跌幅；这一切与美联储的政策息息相关。这是否预示着全球资本体制将受世界主要央行官员的独裁统治，而这些官员的首要任务是保护银行业者和财阀的权势？若是如此，目前各国经济停滞不前、全球大众的生活水平每况愈下的问题，看来没有什么希望解决。

对于利用科技解决当前经济问题的可能，人们也有很多议论。虽然新科技和新组织形式，向来对我们摆脱危机大有帮助，但它们从不曾发挥决定性的作用。目前许多人寄厚望于“基于知识的”资本主义，而生物医学、基因工程和人工智能是当中的焦点。但是创新向来有利有弊。毕竟在20世纪80年代，我们便因为自动化技术的应用而经历“去工业化”，最后像沃尔玛（Walmart）等公司（雇用大量没有参加工会的低薪劳动者）取代通用汽车等公司（于20世纪60年代雇用大量高薪且参加工会的劳动者），成为美国民间部门最大的雇主。如果当前的创新潮有方向可言，那便是劳动者就业机会减少，而资本从知识产权榨取的租值则越来越重要。但如果人人都试图靠收租生活，没有人投资于制造，那么资本主义无疑将走向一种完全不同的危机。

资本主义精英和他们在知识、学术界的追随者，目前似乎既无法根本挥别他们的过去，也无法针对令人不满的危机（经济停滞或增长低迷，失业率居高不下，国家某些权力落入债权人手中），提出可行的出路。但做不到这些事的并非只有他们。传统左派力量（政党和工会）显然完全无法有力地抵抗资本的力量。右派30年来的意识形态和政治攻击，严重打击了传统左派力量，而民主社会主义也已丧失信誉。1989年之后，情况变得更糟。目前残余的激进左派力量，基本上是在所有体制和有组织的反对渠道之外运作；他们寄希望于小规模的行动和本地行动主义，期望他们最终能构成某种令人满意的总体选择。这种左派怪异地呼应自由至上主义者（甚至是新自由主义者）的反国家主义（anti-statism）观念，他们在思想上主要受福柯（Michel Foucault）等思想家启发；这些思想家在后结构主义的旗帜下重新组合后现代碎片，而这种后结构主义偏好认同政治（identity politics）并规避阶级分析，其多数内容极度令人费解。自治论者、无政府主义者和地方主义者的观点和行动到处可见，而且相当明显。但是，因为这种左派寻求在不掌权的情况下改变世界，所以日益巩固的财阀资本家阶级随心所欲主宰世界的能力仍然不受挑战。这个新统治阶级获得拥有安保和监视力量的政府协助，后者非常乐于动用警力，以反恐之名镇压所有形式的异议。

我正是在这样的背景下撰写这本书的。我的做法有点非传统：我遵循马克思的方法，但未必接受他建议的方案；我担心读者可能因此无法欣然接受本书的论点。但是，如果想摆脱眼下经济思想、政策和政治贫乏停滞的困境，我们显然需要一些不一样的研究方法和思想观念。毕竟资本主义的经济引擎显然遇到了重大难题：它蹒跚前行，仿佛随时可能停下来，甚至无预警地爆炸。我们期望人人都能过上富足的生活，但在通往这种生活的路上，每个转折点都不乏危险警告标志。资本主义陷入如此重大的困境，但似乎没有人对它如何陷入这种境地有连贯的认识，遑论明白其原因。不过，情况向来如此。如马克思所言，全球危机一直是“资本主义经济所有矛盾的真正集中和强制调整”。[1] 阐明这些矛盾应可大幅揭示严重困扰我们的经济问题，这无疑值得我们努力去做。

应用这种特别的思维模式来认识资本主义的政治经济，可能产生某些结果和政治后果；梳理这些结果看来也是该做的事。乍看之下，这些结果似乎不大可能发生，遑论切实可行或在政治上受欢迎。但是，无论替代方案显得多么不合宜，开始讨论它们是必要的；如果情况要求我们执行这种方案，我们更要把握机会。这样我们便打开了一扇窗，拥有以前不曾想过、不曾利用的多种可能选择。我们需要一个开放的全球论坛，借此思考资本在何处、可能流向何处，以及我们该为此做些什么。我希望这本小书能对相关讨论有一些贡献。

纽约市

2014 年 1 月

绪论

关于矛盾

必须有一种方法可以细察或透视当前情况，借此看到潜藏在现况中的某种未来，否则人们的渴望将是徒劳的……

——特里 · 伊格尔顿（Terry Eagleton），

《马克思为什么是对的》（*Why Marx Was Right*）

在世界市场危机中，资产阶级生产的矛盾和对抗暴露得很明显。但是，辩护论者不去研究作为灾难爆发出来的对抗因素何在，却满足于否认灾难本身，他们不顾灾难有规律的周期性，顽固地坚持说，如果生产按照教科书上说的那样发展，事情就绝不会达到危机的地步。

——马克思，《剩余价值理论》第二部分

在英文里，矛盾（contradiction）这一概念有两种基本用法。最常见、最明显的用法源自亚里士多德逻辑学：两句陈述完全不一致，以致两者不可能同时为真，是为矛盾。“所有黑鹂都是黑色的”和“所有黑鹂都是白色的”便彼此矛盾：如果其中一句为真，另一句便不可能是真的。

“矛盾”的另一种用法，是指两股看似对立的力量同时出现于某种情况、实体、过程或事件中。例如我们多数人必须兼顾工作和家庭生活，两者的不同要求不时令我们觉得紧张。这种矛盾在女性身上尤其明显，我们因此总是看到有人建议女性如何更好地平衡事业目标和家庭责任。这种紧张情况在我们的生活中无处不在。我们通常每天都在处理这种问题，以免自己承受太大的压力，或是因为紧张而筋疲力尽。我们甚至希望把矛盾内化，从而消除这种紧张。例如我们可能把工作和家庭生活安排在相同的空间，而且在时间上不加以区隔，希望借此消除两者间的矛盾。但这种做法未必有用，例如你对着计算机屏幕赶工时，你的孩子可能在厨房里玩火。类似情况将迫使你承认这种做法不可行（正因如此，在时间和空间上清楚区隔工作和个人生活，往往比较方便）。

有组织的生产和重复日常生活，经常对我们产生相互矛盾的要求，因此造成的紧张情况向来存在。但是，这种紧张往往是潜伏的而非明显的，因此我们处理日常事务时，往往不会注意到它们。此外，对立的力量并非总是水火不相容：它们的定义可能是宽松的，彼此可能有某种程度的重叠，例如工作和生活之间的界限便经常变得模糊（这是我常碰到的问题）。内外之分有赖清楚的界限，但这种界限有时并不存在；同样道理，在许多情况下，我们很难辨识出明确的对立关系。

不过，在某些情况下，矛盾会变得比较明显。矛盾有时会变得尖锐，对立的欲望造成的压力可能令我们觉得无法忍受。例如在事业目标与家庭生活的对立中，本来可以控制的紧张情况，可能因为外在环境的变化而变成一种危机：工作的要求可能改变（工作时间和地点改变），家里的情况也可能出现重大变化（例如有人忽然生重病，又或者在孩子放学后负责照顾他们的婆婆因为退休而搬走）。人的内心感受也可能改变：有些人可能会经历某种顿悟，然后认定“这种生活不是人过的”，因此辞去自己深感厌恶的工作。我们也可能因为信奉新的道德或宗教原则，觉得必须改变生活方式。不同的群体（例如男性和女性）或不同的个人，对类似的矛盾可能有截然不同的感受和反应。界定矛盾和感受矛盾的力量，受强有力的主观因素影响。某个人觉得无法处理的情况，另一个人可能完全不觉得有什么特别。虽然具体的原因和情况可能各有不同，但潜在的矛盾可能骤然加剧，产生猛烈的危机。不过，问题一经解决，矛盾也可以骤然平息（但危机极少不留下某种印记，有时也会留下创伤）。精灵一如既往地被暂时关进瓶子里，而这通常需要从根本上调整矛盾根源的对立力量。

矛盾绝非一无是处，我当然无意暗示矛盾必然是不好的。矛盾可以成为源源不绝的力量来源，促成个人和社会的转变，大幅改善我们的生活。我们并非总是屈服于矛盾，或在矛盾中迷失自我。我们可以创造性地利用矛盾。摆脱矛盾的方法之一是创新。我们可以因应新环境调整自己的观念和做法，并借助这种经验成为更好、更宽容的人。关系已经疏离的伴侣可以聚在一起，共同处理工作与家庭冲突造成的危机，可能重新发现彼此的优点，也可能与邻里形成相互支持关怀的持久新关系，找到解决问题的方法。这种调整适应可能是个人的，也可能发生在总体经济的层面。例如英国在 18 世纪初便面对一种矛盾的处境。英国需要土地生产生物质燃料（尤其是木炭）和粮食；当时这两种需求可以靠国际贸易满足的比例相当有限，而随着它们对土地的竞争日益激烈，英国资本主义的发展有停滞之虞。这问题的解决方法是开采地下煤矿以满足能源需求，这样土地便可以只用来种植粮食。后来随着化石燃料变得普及，蒸汽机的发明促成资本体制彻底改变。矛盾往往可以成为"发明之母"。但请注意这当中很重要的一件事：诉诸化石燃料解决当年的一个矛盾，但数百年之后，它促成另一个矛盾，即仰赖化石燃料使我们面临气候变化的危机。矛盾有个令人厌恶的特性：我们很难彻底解决问题，往往只能把矛盾转移到其他地方。请记住这一点，因为我们接下来将多次提到这个问题。

资本的矛盾经常促成创新，很多创新改善了人类日常生活的质量。矛盾若演变成资本的危机，便会出现“创造性破坏”。创造和破坏哪些东西，极少是事先决定的；创造出来的都是坏的，遭破坏的都是好的，也是极其罕见的事。此外，矛盾也极少得以彻底解决。危机是蜕变的时刻：资本往往会经历自我再造的过程，而转变为其他。这种“其他”对人类可能是好事，也可能是坏事，但它们会稳定资本的再生产。不过，如果资本的再生产因为根本的矛盾而受到威胁，危机也将是危险的时刻。

在本书中，我采用矛盾的辩证概念，而非亚里士多德的逻辑概念。[1] 我无意借此暗示亚里士多德的定义是错的。这两种定义看似互相矛盾，但其实各自独立又彼此兼容，只是它们适用的情况截然不同。我发现，矛盾的辩证概念包含许多可能，而且一点也不难处理。

但是，我必须先谈谈或许是最重要的一个矛盾：我们所在的这个世界里，事实与表象之间的矛盾。

马克思曾提出著名的忠告：我们的任务应该是改变世界，而不是了解世界。但是，在看过他的文集之后，我必须说，马克思花了极多时间在大英博物馆的图书馆，致力于了解世界。我认为这是出于一个非常简单的原因，而最能概括该原因的一个词是“拜物教”（fetishism）。马克思利用该词来谈发生在我们周遭事实上的各种伪装、掩饰和扭曲。他写道：“如果所有事物就像表面看来那样，我们将不需要科学。”我们必须看透表象，才能有合理且一致的行动。如果我们的行动是因应误导人的表面信号，结果往往是灾难性的。例如科学家早就告诉我们，虽然太阳看似绕着地球转，但事实并非如此。（不过，美国最近一项调查显示，可能高达 20% 的美国人仍然相信太阳绕着地球转！）医生也认识到，症状与根本的病因大不相同。最好的医生基于他们对表象与事实的差异之认识，锻炼出优秀的医学诊断技艺。我曾遇到胸部剧痛的问题，深信是心脏问题造成的，但经诊断原来是颈部神经受压迫的结果，接受一些物理治疗便痊愈了。马克思也希望能穿透表象，真正了解资本的流通和积累。他认为有一些表象掩饰了基本事实。我们是否同意马克思的具体判断，暂时不重要（虽然忽略他的发现无疑是愚蠢的）。目前重要的是，我们承认自己可能经常看到征兆而非根本原因，同时承认我们必须穿透经常令人困惑的混乱表象，揭开事实的真相。

我来举一些例子。我存 100 美元到银行账户里，利率为 3%，每年复利，20 年后账户余额增加至 180.61 美元。金钱似乎有复利增长的神奇力量。我什么都没做，但账户里的钱增加了。金钱似乎有自行下金蛋的神奇力量。但是，增加的钱（利息）到底是从哪里来的呢？

我们周边受崇拜的并非只有金钱。超市便充斥着拜物教的符号和伪装。1 磅生菜的价格，只是半磅西红柿的一半。但是，生菜和西红柿产自何方？由谁生产出来？谁把它们运到超市？为什么西红柿比生菜贵那么多？此外，谁有权在商品上贴上 $、

€或£等神秘符号？谁有权替商品标价，例如每磅1美元或每千克2英镑？商品神奇地贴着价格标签，出现在超市里；顾客可以根据自己的财力，决定买多少东西来满足自己的欲望和需求。我们对这一切习以为常，但并未注意到自己对很多事情一无所知，包括多数商品来自何方、如何生产出来、由谁在什么情况下生产出来，以及我们使用的货币到底是怎么一回事（尤其是在我们得知美联储像变戏法那样，刚创造出额外的1万亿美元时！）。

要弄清资本的具体矛盾，我们必须正视矛盾中最普遍的一种，显然是拜物教造成的事实与表象之间的矛盾。受崇拜的物神并非一种疯狂的信念，也并非只是一种幻觉或镜像（虽然它们有时看起来是这样）。金钱确实可以用来购买商品，我们确实也可以终生只关心自己有多少钱，以及这些钱可以在超市里买到多少东西。我在银行账户里的钱也确实会增加。但如果我们问人“钱是什么”，对方通常会困惑地无言以对。我们周遭到处都是伪装和假象。当然，我们偶尔也会因为看到一些事实而震惊不已，例如孟加拉国因某工厂大楼倒塌而死去的上千名工人，原来是在制造我们穿着的衣服。但是，我们通常对那些生产商品、支持我们日常生活的人一无所知。

我们不需要对世界的运作方式有多少认识，也可以很好地生活在满是表面信号、符号和表象的拜物世界里（一如我们可以对发电这件事一无所知，就能开灯享受光明）。只有在戏剧性的事情发生时（例如超市的货架空无一物，超市的商品价格涨至疯狂的水平，我们口袋里的现金忽然变得没有价值，又或者开灯但灯不亮），我们往往才会去思考更大更广的问题：在超市的门口和卸货区之外，会发生哪些可能严重影响日常生活和生计的事？这些事情是如何发生的？原因何在？

在本书中，我将致力于穿透拜物教的迷障，辨明侵扰资本主义经济引擎的各种矛盾力量。我这么做，是因为我认为解释当前情况的各种说法，多数是极具误导性的：它们只是在复制拜物教，完全无助于驱除造成误解的迷雾。

不过，我在此处清楚区分资本主义与资本。本书的分析以资本而非资本主义为焦点。那么，这种区分意味着什么？我讲的资本主义，是指一种社会形态（social formation）；在这种社会形态中，社会生活的物质、社会和知识基础之供给和塑造，受资本的流通和积累过程支配。资本主义充斥着无数矛盾，但其中许多矛盾与资本积累并无直接关系。这些矛盾超越资本主义社会形态的特性。例如古希腊和罗马、古代中国或卢旺达社会的一些矛盾，是性别关系如父权制造成的。种族区分也是这样，所谓种族区分，是指族群中某个子群主张他们相对于族群中其他人，具有生物学上的优越性［种族因此并非以表型（phenotype）界定：在 19 世纪中叶的法国，工人和小农阶级被公开且普遍地视为生物学上的次等人类；左拉的许多小说记录了这种观点］。种族化（racialisation）和性别歧视有非常悠久的历史，而资本主义的历史无疑是极度种族化和性别化的历史。那么问题是：为什么我在研究资本的矛盾时，不把种族和性别的矛盾（以及许多其他矛盾，例如民族主义、族群和宗教方面的矛盾）纳入研究基础中？

这个问题的简短答案是：那些矛盾虽然在资本主义中无所不在，但它们并非是构成资本主义经济引擎的资本流通和积累方式所特有的。这并不表示它们对资本的积累毫无影响，也不表示资本的积累并不同样影响（“污染”可能是较好的说法）或利用它们。例如资本主义显然曾在不同的年代和地方把种族化推向极端，包括恐怖的种族灭绝和大屠杀。当代资本主义无疑利用了性别歧视和暴力，以及有色人种经常遭遇的非人化待遇来壮大自身。种族化与资本积累的交会和互动既显而易见，又十分有力。但是，细察这一切虽然可以辨明资本主义经济引擎一个明显的能量来源，但对我了解该引擎的具体运作方式毫无帮助。

上述问题较完整的答案，则涉及我的研究目的，以及我选择的研究方法。生物学家为了研究某个生态系统的动态（和矛盾！），可能必须将该系统隔离出来，就像它和周遭的世界并无关系似的。同样道理，我为了研究资本的流通和积累，试着把它与所有其他事物区隔开来，视它为一个“封闭系统”，以求辨明它的主要内部矛盾。简而言之，我利用抽象的力量建立一个模型，反映资本主义经济引擎的运作方式。我利用这个模型探究资本主义为何不时发生危机、这些危机如何发生，以及长期而言，是否有某些矛盾将产生致命的作用，终结我们现在所认识的资本主义。

生物学家会爽快地承认，来自外部的力量和干扰（飓风、全球变暖、海平面上升、空气中有害的污染物，或是水源污染）经常摧毁他区隔出来研究的生态系统的“正常”动态。同样道理，我也会爽快地承认，战争、民族主义、地缘政治冲突、各种灾难，以及大量的种族主义和性别、性倾向、宗教和族群仇恨与歧视，都在影响资本主义的动态。远在资本内部潜在的危险矛盾产生致命作用之前，一场核浩劫便足以毁灭一切。

因此，我并不是说资本主义体制下发生的一切，都是资本的矛盾导致的。但是，我确实希望辨明造成近年危机的资本内部矛盾。这些矛盾造成危机之余，还似乎告诉我们：如果不摧毁世界各地数以百万计的人的生活和生计，世界将没有明确的出路。

且容我用另一个比喻来解释我的方法。一艘航行于海上的巨大游轮，是一个特别的、复杂的实体场所，里面有各种不同的活动、社会关系和互动。在游轮航行的过程中，属于不同阶层、性别、族群和人种的人会有各种互动，有时是友善的，有时则是激烈对立的。游轮的员工（包括船长及其下属）以分阶层的方式组织起来，其中某些阶层（例如客舱服务员）可能与上司不和，也可能与苛求的服务对象不和。我们可以努力去详细描述游轮甲板上和客舱里发生的事，以及这些事发生的原因。不同等级的客舱之间可能发生革命。富豪可能只留在顶层客舱，与其他乘客不相往来；他们可能不停地玩扑克牌（他们的财富将因此出现某种程度的再分配），对下层客舱发生的一切不闻不问。但是，我无意深入探究这一切。这艘游轮的深处有一台（经济）引擎，它日夜不停地运转，为游轮提供能量，使它有动力跨越重洋。游轮上发生的一切，都有赖该引擎持续运转。如果引擎发生故障或爆炸，游轮将无法正常航行。

这台引擎近来无疑发出了一些杂音，仿佛在抱怨身体不适。它显得格外脆弱。在本书中，我将致力于厘清此中原因。如果该引擎确实发生故障，游轮因此在海里失去动力，我们全都将面临大麻烦。我们将必须修好引擎，或是换上采用不同设计的引擎。若是后者，我们必须思考如何重新设计引擎，包括采用什么规格。在此情况下，我们最好能知道旧引擎哪些地方运作良好，哪些地方有问题，以便我们能保留旧引擎的优点，同时避免复制它的缺陷。

不过，资本主义的矛盾在某些关键点确实会影响资本的经济引擎，而且可能扰乱其运作。如果引擎因为外部事件而严重受损（例如因为核战争、导致所有贸易中断的全球传染病大流行、上层发生的革命导致下层的工程师受攻击，或是船长疏忽以致游轮触礁），则资本引擎显然是因为内部矛盾以外的原因而停止运转。在本书中，我将适时指出资本积累的引擎在哪些重要关头特别容易受外部力量冲击。但我不会具体讨论其后果，因为如我一开始便强调，本书的目的是区隔和分析资本的内部矛盾，而不是探讨整体的资本主义矛盾。

在某些圈子中，替这种研究贴上“资本中心”（capitalocentric）的标签，对它们嗤之以鼻是一种时髦的行为。我不但觉得这种研究毫无问题（当然，研究衍生的解释说法不能基于过度推论，也不能搞错方向），还认为我们必须完成精细和深刻得多的“资本中心”研究，以促进对资本积累近年遇到的问题的认识。如果不是这样，我们怎能解释一些挥之不去的当代问题，包括大量人口失业、欧洲和日本的经济发展渐走下坡，以及中国、印度和其他“金砖”国家不稳定的经济发展？如果不了解这些现象背后的矛盾，我们将茫无头绪。资本积累的经济引擎与当前的紧要关头有何关系？把相关解释和理论斥为无价值的“资本中心论”，无疑是短视的，甚至是危险和荒谬的。如果没有这种研究，我们很可能将无法正确理解周遭发生的事。错误的理解一定会导致错误的政治运作，结果很可能是加深而非缓和资本积累的危机，以及由此产生的社会苦难。在我看来，当代资本主义世界几乎都有这样的严重问题：错误的理论产生错误的政策，经济困难因此加重，社会的混乱和苦难因此恶化。对正在形成、据说是“反资本主义”的运动来说，这种研究甚至更重要：有志者不但要清楚知道自己确切反对什么，还必须清楚有力地说明反资本主义运动在当前时代为什么是有道理的，以及为什么多数人若想在未来的艰难岁月中过像样的生活，这种运动是如此必要。

因此，本书希望说明资本而非资本主义的矛盾。我希望帮助大家认识资本主义的经济引擎如何运作，为什么它有时会运转不顺或熄火，甚至有时走到崩溃的边缘。我也希望说明我们为什么应该换掉这台经济引擎，以及应该换上怎样的新引擎。

SEVENTEEN
CONTRADICTIONS
AND THE END OF CAPITALISM

第一部
根本矛盾

前 7 个矛盾是资本的根本矛盾，因为如果没有它们，资本根本无法运作。此外，因为这些矛盾彼此密切相关，我们不可能只大幅改变或消除其中一个，而不同时大幅改变或消除其他矛盾。

SEVENTEEN

CONTRADICTIONS AND THE END OF CAPITALISM

我要谈的前7个矛盾是资本的根本矛盾，因为如果没有它们，资本根本无法运作。此外，因为这些矛盾彼此密切相关，我们不可能只大幅改变或消除其中一个，而不同时大幅改变或消除其他矛盾。例如在房屋使用价值的供给中，交换价值具有主导作用；如果要改变这种情况，我们必须改变货币的形式和作用，同时修改（甚至是废除）私有产权制度。寻找一个反资本主义的替代方案，因而似乎是非常艰巨的任务。许多方面必须同时改变。某一方面的困难，常常因为其他方面的强大阻力而受到抑制，资本主义因此得以避免暴发整体危机。但是，各种矛盾之间的联系有时会变得非常有害。一种矛盾加剧，其他矛盾也可能受“感染”。这种感染如果蔓延且加剧（2007~2009年便显然出现了这种情况），整体危机便会爆发。这对资本而言是危险的，有系统的反资本主义斗争将因此得到可利用的机会。这正是为什么分析造成这种整体危机的矛盾如此重要。如果反对运动（尤其是反资本主义运动）的参与者知道资本的各种矛盾出现时的大致情况，他们将有较好的条件去利用在危机形成和解决的过程中，矛盾转移和深化（地域和领域两方面）的方式，而不是对此感到意外和受阻。如果危机是资本重构出新形态的过渡和混乱阶段，则危机也是寻求改造世界的社会运动可以提出深刻的问题，并据此行动的阶段。

矛盾 1
使用价值与交换价值

举个简单例子：我带着一些钱，走进一家超市，拿钱交换一些食物。我不能吃钱，但可以吃食物。因此，食物对我的帮助，是钱无法直接做到的。食物很快便被我吃掉了，而我交给超市的钞票则继续流通。超市收到的钱，有一部分以薪资的形式付给收银员，而收银员会用这些钱购买食物。另外一些钱则成为超市的盈利，归超市老板所有，而超市老板会把这些钱花在各种用途上。有些钱流向各种中间人，最后有些会落在食物的直接生产者手上，而他们也全都会花钱。货币就这样不断流转。在资本主义社会里，每天都有数以百万计这种交易发生。食物、衣物和手机等商品不断被生产出来，然后被人用掉，货币则持续在人（或机构）的口袋之间流转。世界上多数人目前的日常生活，正是这么一回事。

在资本主义社会里，我们购买的所有商品都具有使用价值和交换价值。这两种价值之间的差异是显著的。因为它们往往不一致，这构成一种矛盾，而这种矛盾有时会造成危机。使用价值变化无穷（即使同一件商品也是），交换价值（在正常情况下）则是一致的，性质上也没有不同（1 美元就是 1 美元，永远都是 1 美元；即使你拿到的是欧元，也能知道它可以兑换多少美元）。

我们且以房屋为例，想想它的使用价值和交换价值。房屋的使用价值相当多元：它为我们提供一个遮风蔽雨的地方，让我们建立家庭和感情生活；它是我们每天生活、生儿育女的场所（我们在房子里煮食、做爱、吵架和抚养小孩）；在不稳定的世界里，房子保护我们的隐私和安全。房屋也可以成为某些人彰显自身地位和社会归属感的工具，成为财富和权势的象征、个人和社会历史记忆的符号，以及彰显建筑成就的标志；它也可以只是一个旅游景点，供游客赞叹建筑之优美，例如赖特（Frank Lloyd Wright）设计的流水别墅（Falling Water）。房屋也可以成为胸怀大志的创新者的工场，例如硅谷的起源可以追溯至那间著名的车库。我可以在地下室偷偷开一间血汗工厂，或是用它来收留遭迫害的移民，又或者把它当作买卖性奴的基地。我还可以举出房屋的许多不同用途。总之房屋的用途非常多样，似乎无穷无尽，而且各种用途往往十分独特。

但房屋的交换价值又如何？在当代世界里，我们一般必须购买或租下房子，才能享有使用房子的特权。我们必须为此付出金钱。问题是：为取得房子的使用权，我们必须付出多少交换价值？这个“多少”的问题，如何影响我们在想要和需要的房屋用途之间做出权衡？这个问题听起来很简单，但答案其实相当复杂。

曾有一段时间，边远地区的拓荒者几乎不必付出金钱，便能盖好自己的房子：土地是免费的，劳力是自己付出的（邻里间也可能互相帮忙：你今天帮我盖好屋顶，我下周帮你完成地基工程），许多物料（木材、泥砖等）取自周遭。涉及金钱的交易仅限于购买斧头、锯子、钉子、铁锤、刀子和马具等。在发展中国家许多城市的贫民区，穷人仍然会用这种方式建造自己的房子。巴西的贫民区便是这样盖起来的。世界银行自20世纪70年代起提倡“自力建屋”（self-help housing），正式确认这种建屋方式适合世界许多地方的低收入阶层。这种房屋供给方式涉及的交换价值相当有限。

房屋也可以“定制”：你有土地，雇用建筑师、承包商和营建商，替你根据某种设计盖一间房子。房子的交换价值取决于原料和劳力的成本，以及建屋相关服务的收费。交换价值并无主导地位，但可能限制创造使用价值的可能性（例如屋主的钱不够建一间车库，又或者某幢豪华府邸因为资金耗尽而少了一个侧厅）。在发达资本主义社会，许多人以这种方式增加房屋的使用价值（例如横向扩建房子，或者加盖一层）。

不过，在发达资本主义世界的多数地方，房屋是一种投机商品，建出来在市场上销售，任何人负担得起和有需要都可以购买。这种房屋供给在资本主义社会早就显而易见。英国巴斯、布里斯托尔和伦敦等地著名的乔治式联排屋，便是以这种方式兴建于 18 世纪末。后来这种投机建屋方式也出现在其他地方，在纽约市盖出廉价公寓，在费城、里尔和利兹等工业城市建出工人阶层居住的排屋，而美国典型的市郊小区也采用这种建屋方式。房子的交换价值除了取决于基本的建造成本（劳力和物料的成本），还取决于另外两项成本：投机建造商希望赚取的利润（他们承担最初的必要资本支出，并支付相关贷款的利息），以及购买土地或向地主租地的成本。也就是说，交换价值等于实际建造成本加上利润、贷款利息和资本化的地租（地价）。建造商的目的是取得交换价值而非使用价值，替其他人创造使用价值是达成这一目的的手段，因为这种活动本质上是投机的，真正重要的是房子的潜在交换价值。不过，建造商并非必赚不赔。他们显然会精心策划一切，尤其是房屋销售，尽可能避免亏损。但是，风险总是有的。在这种模式下，交换价值主导了房屋供给。

有鉴于许多人对房屋使用价值的需求未能得到满足，各种社会力量（包括强烈希望把员工留在工作场所附近的雇主，例如吉百利，以及激进和乌托邦思想的信奉者，例如罗伯特·欧文、傅立叶主义者和乔治·皮博迪，和一些国家的地方与中央政府不时发起一些建屋计划，借助公款、慈善或家长式资金，以最低的成本满足底层的房屋需求。如果大家普遍接受人人有权享有“体面的住家和合宜的居住环境”（如美国 1949 年的《住宅法》前言所称），则使用价值考虑显然将再度成为房屋供给问题的焦点。这种政治立场对欧洲社会民主时代的房屋政策有重大影响，北美和一些发展中地区也受到某些程度的影响。多年来，政府涉足房屋供给的程度显然有起伏，政府对社会住宅的兴趣也是这样。但是，因为资助平价房屋的负担考验政府的财力（财政收入萎缩时尤其如此），交换价值考虑经常再度悄悄地排挤掉使用价值考虑。

房屋建造中使用价值与交换价值之间的紧张状况，有多种方法可以管控。但是，这种体制向来也有失控的阶段，此时便会产生危机，例如 2007~2009 年，美国、爱尔兰和西班牙的房市便经历过这种状况。此次危机并非史无前例。之前的类似例子包括 1986 年以来的美国储贷危机，1992 年斯堪的纳维亚的房市崩盘，以及 1990 年的日本土地市场崩盘（终结了日本 20 世纪 80 年代的经济荣景）。[1]

在主导多数资本主义地区的私营市场体系中，房屋供给还有额外的问题必须处理。首先，房屋是一种“高单价商品”，要使用很多年，不像食物那样马上被用掉。个人可能没有足够的钱一次付款买下房子。如果我的钱不够买房，还有两个基本选择。我可以向房东租房，房东可能专门购入投机建造商建造的房子，靠收租维生。我也可以借钱买房，可能向亲友借钱，也可能找金融机构办理房屋抵押贷款。如果是办房贷，我除了必须支付房子的全额交换价值外，偿还房贷期间还必须每月支付贷款利息。还清房贷之后（可能需要 30 年），我便完全拥有房子了。在此情况下，房屋也成了一种储蓄工具，我可以随时拿这项资产的价值套取现金（至少我每月偿还房贷，因而取得的部分价值是可以套现的）。房屋的价值有一些被维修保养的费用消耗掉，例如墙面每隔一段时间必须重新涂刷，屋顶损坏必须修缮。不过，我仍然可以期望随着自己逐渐还清房贷，我掌握的房屋净值将增加。

但是，利用房贷购屋是一种非常特别的交易。利率 5%、本金 10 万美元的房贷分 30 年偿还，总还款额约为 19.5 万美元。也就是说，房贷户为了取得最初价值 10 万美元的资产，必须多付 9.5 万美元。这样的交易看来很没有道理。我为什么愿意这么做呢？答案当然是我需要这房子的使用价值（我需要一个居住的地方），而我为此付出 9.5 万美元，直到我完全取得房子的所有权。这就像我在 30 年间花 9.5 万美元租房，差别在于我最终可以取得整座房子的交换价值。这房子实际上成了一种储蓄工具，替我储存它的交换价值。

但是，房屋的交换价值不是固定的。它会随着时间推移而波动，受各种社会状况和力量影响。首先，它会受周边房屋的交换价值影响。如果附近的房屋全都日趋破败，又或者小区里迁入越来越多“不对劲”的人，则我的房子很可能将贬值，即使我把它维持在一流的状态也无法幸免。相反，小区环境“改善”，例如小区中产阶级化，则可以提升我房子的价值，即使我并未投入任何资源。房市深受经济学家所称的“外部性”影响。屋主经常采取个别和集体行动，力求控制这些外部因素。不信的话，你可以提议在某个“体面的”小区建一所出狱者的安置点，看看会发生什么事！小区居民会积极排斥他们不欢迎的人和活动，小区几乎纯粹以维护和提升区内房屋价值为使命（例如小区内若有好学校，对住宅价值大有帮助）。为了保护自身储蓄的价值，人们会有积极行动。不过，屋主有时也会损失他们利用房屋保存的储蓄，例如政府或建造商为了重新发展某个小区，可能会购入该区相当数量的房子，然后任由那些房子的状况恶化，进而严重损害区内其他房屋的市场价值。

如果我想投资改善屋况，我可能会希望审慎行事，仅做那些显然可以提升房子交换价值的事。市场上有很多提供相关建议的参考书。

在全球许多地方，住宅所有权对越来越多的人而言已经变得十分重要。维护和提升房屋资产价值，已经成为越来越多人的重要政治目标和政治议题，因为消费者可以得到的房屋交换价值，一如建造商所能赚到的交换价值那么重要。

但是，最近30年左右，房屋已经成为一种投机目标。我以 30 万美元买进一套房子，3 年后它的市值升至 40 万美元。我可以把握机会做房贷再贷款，把房子增值的那 10 万美元换成现金，随自己支配。交换价值不断上升，使得房子成为热门的投机目标。房屋成为一种方便利用的现金牛（cash cow）或个人提款机，总需求因此增强，市场上的房屋需求也日益高涨。在《大空头》（*The Big Short*）一书中，刘易斯（Michael Lewis）阐述了 2008 年金融市场崩盘之前发生的房屋投机潮。刘易斯有位重要消息提供者雇用了一名保姆，保姆及其姐妹一度在纽约市皇后区拥有 6 套房子。“她们买进第一套房子之后，房价大涨，放款机构建议她们做房贷再贷款，贷出 25 万美元的现金，而她们用这笔钱买了第二套房子。”第二套房子的市值也大涨，她们于是故技重施，继续买房。“最后，市场持续下跌时，她们手上有 5 套房子，而且完全没有能力偿还房贷。”[2]

房市的资产价值投机变得炽热。但是，这种投机总是有某种程度的“庞氏骗局”（Ponzi scheme）元素。我借钱买房，然后房价上涨了。房屋市值不断上涨吸引更多人买房。他们借入更多钱购买“好东西”（当放款机构资金非常充裕时，这是轻而易举的事）。房价进一步上涨，因此吸引更多的人和机构参与房屋投机。结果造成一场“房地产泡沫”，而泡沫最终必然破灭。这种资产价值泡沫如何形成、为何形成，泡沫会有多大，以及泡沫破灭之后会发生什么事，取决于多种状况和力量的具体情况。基于历史经验（例如美国房市曾于 1928 年、1973 年、1987 年和 2008 年崩盘），目前我们必须接受的是，这种投机狂热和资产泡沫是资本主义历史重要的组成部分。随着中国更多地采用资本运作模式，中国房市也越来越容易出现投机热潮和资产泡沫。我们稍后将探讨此中原因。

在美国最近这次房市崩盘中，约 400 万人因为房贷止赎（借款人因为违约而失去赎回房屋的权利）而失去住房。这些人因为追求房屋的交换价值，结果丧失房屋的使用价值。数不清的人仍处于房贷“溺水”的状态：他们在房价高峰期买房，因为房价随后大跌，他们欠金融机构的房贷比房子的市值还高。这些屋主必须承受巨大损失，才能摆脱房屋所有权并迁居他处。在房市繁荣的高峰期，房价太高了，许多人必须承受他们最终证实无力偿还的债务，否则无法获得房屋的使用价值。房市崩盘后，这些人可能被迫守着一些房屋使用价值而无法脱身，由此造成的财务负担令他们的境况特别凄惨。简而言之，因为不顾后果地追求交换价值，许多人丧失了取得并持续拥有房屋使用价值的能力。

类似问题也已经发生在租房市场。在纽约市，约 60% 的人口为租房族；私募股权基金在房市高峰期买进许多供出租的住宅大楼，希望借由提高租金大赚一笔（即使它们面对有力的法规管制）。这些基金刻意压低这些房子的现行使用价值，借此替它们的再投资计划辩解，但它们自己在金融市场崩盘中破产，留下房客住在使用价值变差但租金反而变贵的房子里，而且这些房子因为原本的主人破产而遭金融机构没收，谁该负起屋主的责任往往并不清楚（如果你住在这种大楼里，发现暖气炉坏了，你可能真的不知道该找谁处理问题）。近 10% 的出租房屋遇到了这种问题。因为有人不顾后果地追求交换价值最大化，一大部分人可以享有的房屋使用价值受损了。当然，更惨的是，房市崩盘引发了一场全球危机，结果全球经济至今仍然很难恢复。

我们可以得出以下结论：资本主义下的房屋供给，已经从追求使用价值为主，变成以追求交换价值为主。因为这种怪异的转变，房屋的使用价值日趋变质，首先是变成一种储蓄手段，其次是变成一种投机工具，而利用这种投机工具的除了消费者，还有建筑商、金融业者和所有可受惠于房市繁荣的人，包括房屋中介、房贷放款人员、律师和保险经纪人等。为大众提供足够的房屋使用价值（传统消费意义上的使用价值），越来越受制于不断深化的交换价值考虑。我们致力于为越来越多的人提供足够和可负担的房屋，结果却是一场灾难。

这一切发生在这样的背景下：有关国家在提供足够的使用价值、满足人民基本需求这件事上应发挥怎样的作用，舆论和公共政策近 10 年来发生了巨大的变化。自 20 世纪 70 年代以来，一种“新自由主义共识”兴起（或许也可以说是由相关势力强加在民众身上），导致国家在许多领域少承担供给责任，包括房屋、医疗、教育、交通运输和公用事业（水、能源以至基础设施）。这种做法是为了把这些领域开放给私营部门，促进其资本积累，另外也是出于交换价值的考虑。房屋领域发生的一切，莫不受这种转变影响。这种私有化趋势为何出现，不是我们现在要回答的问题。我认为目前必须记下来的一个重点，是拜上述转变所赐，在资本主义世界多数地区（并非全部），国家涉足房屋供给的情况近40年来发生了根本改变，而这对我们管控使用价值与交换价值矛盾的方式别具意义。

我选择以房屋为例，显然是因为这是个理想的例子，非常适合用来说明一件事：市场上一件商品的使用价值与交换价值之间的简单差异，可以演变成一种对立关系，进而加剧为一种绝对的矛盾，甚至造成一场危机（在房屋这个例子中，危机并非仅限于房市，还波及整个金融和经济体系）。理论上，情势不是非如此发展不可（抑或这是必然的发展？这是我们最终必须回答的关键问题）。但不可否认的事实是：约从2000年起，美国、爱尔兰、西班牙、英国（某种程度上）和世界上许多地方确实出现了这样的情势演变，最终酿成2008年的整体经济危机（一场我们迄今仍未解决的危机）。同样不可否认的是：这是一场交换价值层面的危机，而它导致越来越多的人无法得到足够的房屋使用价值，以及体面的生活。

随着交换价值考虑日益支配社会生活的使用价值层面，同样的状况也发生在医疗和教育（尤其是高等教育）领域。从学校到几乎所有媒体，我们一再听到这种说法：取得使用价值最便宜、最好、最有效率的方法，是释放企业家渴求利润的经济本能，让他们在市场体系中尽展所长。因为这个原因，许多类型的使用价值本来由国家免费提供，但现在已经私有化和商品化——在全球许多地方，房屋、教育、医疗和公用事业全都朝这个方向发展。世界银行坚称，这应该是全球的标准做法。但是，这个体系只是对企业家（他们多数赚得厚利）和有钱人有利：它惩罚几乎所有其他人，而且可能是严厉的惩罚，例如在房屋的例子中，美国便有 400 万~600 万人因为房贷止赎而失去住房（西班牙和许多其他国家也有无数人遭遇这种惨况）。我们面临这样的政治抉择：选择一个把有钱人服侍得很好的商品化体制，或是一个完全不仰赖市场居中调解、致力于替所有人生产使用价值，并以民主方式供应这些价值的体制。

我们且以比较抽象的理论方式来思考这项矛盾的本质。在所有以精细分工和广泛交易网络为特征的复杂社会秩序中，个人、组织（例如企业）和社会团体之间的使用价值交换显然非常重要。以物易物在这种情况下效用有限，因为“欲求和需求必须双重一致”：你必须有一样我想要的商品，我必须有一样你想要的商品，简单的易物交易才能发生。我们可以建立易物链，但它们是有限且累赘的。因此，替市场上所有商品建立某种独立的价值测量标准（单一的价值度量）不但是有益的，还是必要的。如此一来，我便可以卖出我的商品，换取某种普遍的价值储存工具，然后用它向其他人购买我想要或需要的任何东西。这种价值储存工具当然便是货币。由此就讲到资本的第二个矛盾。货币到底是什么？

矛盾 2
劳动的社会价值与它的货币表现形式

交换价值要求我们采用某种标准，测量各种商品间的相对价值。这种测量标准便是货币。那么，我们日常生活中不假思索地一再使用的这种“货币”是什么呢？我们没有足够的货币时会担心，会想方设法（有时甚至会动用不正当或非法的手段）取得更多金钱；在此同时，我们发现自己常常为了在自身财力范围内，尽可能过自己喜欢的生活而煞费周章。货币有时仿佛就是商品世界里至高无上的神：我们全都必须臣服于它，顺从它的命令，在它的权力祭坛前膜拜。

我们非常清楚货币的资本主义形态有哪些基本的技术职能。它是一种流通工具或媒介（货币解决严重限制直接易物交易的“需求不相符”问题，因此大大促进交易）。它为市场上所有商品的经济价值提供单一的度量标准，此外也是一种储存价值的工具。但是，货币代表什么，而它的社会与政治功能和意义又是如何剧增的，以至于社会和经济世界似乎是由人们追求货币的欲望驱动的？

首先，货币是一种索取工具，我可以用它取得其他人的社会劳动成果；所谓社会劳动，是指为了生产在市场上提供给其他人的商品和服务，而付出劳力（社会劳动产生“商品”，我在后院种西红柿供自己食用，则只是产生“产品”）。因为货币可以储存价值，货币的索取权不必马上行使，但最终必须在某个时候行使，否则货币便没有实践它的使命和功能。

在一个复杂的社会里（例如资本已经建构出来的社会），我们生活所需的所有使用价值，极大地仰赖其他人的劳动。我们认为得到其中的许多使用价值是理所当然的。我们按一个开关便能得到电力，打开煤气便有火，窗户当然可开也可关，鞋子和衣服自然是合身的，早上总是会有咖啡或茶和面包，巴士、汽车、铅笔、钢笔、笔记本和书籍全都是我们可以使用的；此外社会上也有牙医、医师、脊骨神经医师和发型师，以及提供知识和规则的教师、研究员、律师和官员，而这一切只要付钱就能买到！但这些商品和服务都直接和间接地吸收人类的劳动，例如生产钢铁需要人类投入劳力，生产钉子需要钢铁，而盖房子需要钉子。我们多数人都在某种程度上直接或间接参与为其他人提供商品和服务的活动。

货币所代表的东西，正是靠这种活动或劳动的社会价值支撑的。“价值”是世界各地无数人的劳动之间建立的一种社会关系。因为是一种社会关系，这种价值是非物质的，是看不见的（一如本书的作者与各位读者的关系）。但是，一如较广泛的道德和伦理价值，这种非物质价值对各种社会实践有客观的影响。以社会劳动而言，“价值”解释了为什么鞋子比衬衫贵、房子比汽车贵和葡萄酒比水贵。这种商品之间的价值差异，与商品使用价值的性质毫无关系（以下简单事实除外：所有商品都必须对某些地方的某些人有用），与商品生产过程涉及的社会劳动则息息相关。

因为是非物质和看不见的，价值需要某种物质表现形式。这种物质表现形式便是货币。货币赋予非物质的社会价值一种实体形式，也是这种价值的一种象征和表现。但是，一如所有的表现形式（例如地图），货币这种表现形式与它试图表现的社会事实有不一致的地方。货币在某些方面很好地反映了社会劳动的相对价值，但也忽略甚至是扭曲了另一些方面（一如地图准确地呈现我们周围世界的某些特征，但在另一些方面却可能误导人）。货币与它表现的价值之间的差异，构成资本的第二个根本矛盾。

首先我们可以说：货币与构成价值的社会劳动是分不开的，但两者也是不同的。货币把社会劳动（价值）的非物质性隐藏在它的物质形态后面。我们很容易误把表现形式当成它想表现的事实，而因为表现形式某种程度上总是会歪曲事实，我们最终便相信一些不真实的东西，而且会据此采取行动。同样，我们在任何商品中都无法看到社会劳动，表现社会劳动的货币因此令我们很难看见社会劳动的本质。我们稍后就会看到一些例子。价值与它的表现形式分不开，这一点很重要。这项特质源自以下的简单事实：如果没有货币和它促进的商品交易，价值将无法以非物质社会关系的形式存在。换句话说，如果没有物质表现形式（货币）和交易这种社会实践的协助，价值将无法形成。货币与价值是辩证和共同演化的关系（它们一起出现），两者间不是因果关系。

但是，这种关系也可能误导人，因为社会价值与其表现形式之间的“差距”，充满潜在的矛盾，具体情况视货币的形式而定。商品货币（例如黄金和白银）的基础是某种实体商品，有明确的物理特质。另一方面，法定货币（国家发行的）、代用的硬币和纸币（民间机构发行），以及近代的电子货币则只是一种象征或符号。“记账货币”（money of account）的运用，则让我们不必每次买卖均支付货币，改为每隔一段时间结算，仅支付所欠的净额。公司之间如果有买有卖，多次交易之后，两家公司之间必须结算的账户余额，通常远低于买卖总金额，因为买和卖的账款会相互抵销。采用记账货币时，实际支付的是买卖账款抵销之后的余额。例如银行之间便会有支票清算作业，这种作业如今已经电子化，以前则是在结算所手工完成

（在纽约是每天结算 5 次）：每家银行派出自己的信差，把支票交到付款银行的窗口。每次结算时，银行之间必须支付的账款净额可能接近零，即使其间已经有大量交易发生。这是因为A银行有支票账款必须支付给B银行，但B银行也可能有支票款项必须支付给A银行，两者因此会互相抵销。记账货币因此大幅降低了我们需要的“实际”货币金额。这种货币也支撑用来促进生产和消费的大量信用工具和贷款（例如在房屋市场，开发商借钱建造投机型房屋，消费者则利用房屋抵押贷款购屋）。信用货币本身便构成一个非常复杂的世界（有些理论家认为信用货币与其他货币完全不同）。

这一切衍生出一种奇特和看似重复的货币用途。理应用来测量价值的货币，本身变成一种商品，也就是货币资本（money capital）。货币资本的使用价值，在于它可以用来产生更多价值（利润或剩余价值）。其交换价值则是利息，利息实际上赋予测量价值的货币一种价值（非常重复的一件事！）。货币作为一种度量标准如此特别和古怪，正是因为这一点。其他度量标准，例如英寸和公斤，本身是不能买卖的（我们可以买一公斤土豆，但不可以买单纯的一公斤），但货币资本本身却是可以买卖的（我可以购买 100 美元某段时间的使用权）。

要替价值创造一种物质表现形式，最简单的做法是选择一种商品来表现所有其他商品的价值。因为种种原因，贵金属（尤其是黄金和白银）成了历史上最适合发挥这种功能的商品。

人类选择贵金属的原因很重要。第一，这些金属相对稀有，累积供给量相当稳定。我无法随时在自家后院挖出一些黄金或白银来。贵金属的供给是相对缺乏弹性的，因此得以维持它们相对于其他商品的价值（虽然产量激增，例如加州淘金热使得黄金产量一时大增，确实会造成一些问题）。世界上大部分黄金已经开采出来。第二，贵金属不会氧化或腐烂（如果我们选择树莓或土豆作为商品货币，则会有这种问题）。这意味着它们可以在市场交易的整段时间里维持自身的物理特性，而且更重要的是，它们可以相对安全地发挥长期的价值储存功能。第三，这些金属的物理特性是已知的，其质量可以准确地检验，因此其度量可以轻易校准，不像某些商品货币那么麻烦——例如俄罗斯的货币体系曾于 20 世纪 90 年代崩溃，市场交易沦为一种多边易物系统（multilateral bartering system），伏特加酒一度成为一种商品货币（但消费者的伏特加品位可能大有差异）。[1] 我们利用所谓自然世界里这些元素的物理和物质特性，稳定和表现社会劳动价值的非物质性。

但是，商品货币日常用来买卖低价商品，是非常不便的。因此，在世界各地的市场，硬币、代币、纸币以至电子货币变得远比商品货币实用。想象一下，如果我们在街上买一杯咖啡，必须以确切重量的金或银埋单，那会是怎样的光景！因此，虽然商品货币或许提供了表现社会劳动的坚实物质基础（英国的纸币仍然承诺“支付持有人”，尽管这些纸币早就无法拿来向政府兑换黄金或白银），它们很快便遭灵活和易管理得多的货币形式取代。但这造成另一件怪事。我们最初需要货币，是为了赋予非物质的社会劳动一种物质形式，结果我们却以符号和一些表现形式来代表货币，最后还以计算机化账户里的数字代表货币。

货币商品可以用数字代表时，货币体系便出现一种严重且可能误导人的矛盾。黄金和白银相对稀有，而且供给大致固定；但是，如果数字可以代表货币，则货币的数量可以随意增加，完全不受技术因素限制。我们因此可以在当前看到美联储借由量化宽松这种手法，像变戏法那样为经济体注入数万亿美元。除了受制于国家的政策和法规外，货币量要怎么增加似乎完全不受限制。全球在 20 世纪 70 年代完全废弃货币的金属基础之后，我们确实进入货币或许可以无限创造和累积的世界。此外，记账货币和更重要的信用货币（始于简单的借据使用）兴起后，货币的创造便大量落在个人和银行手上，不再完全由国家机构操控。这促使国家机器介入货币体系并施加管制，而国家往往拼命地希望控制货币体系。历史上曾出现一些惊人和传奇的通货膨胀故事，例如 20 世纪 20 年代德国魏玛共和国时期的恶性通货膨胀；这种现象突显了国家在以下这件事上的关键角色：维持人们对国家发行的货币的信心，使人们持续相信货币的质量和意义。我们讨论资本的第三个根本矛盾时，将再谈这一点。

这些怪事之所以出现，部分原因在于货币的3种基本功能要有效发挥，需要相当不同的条件配合。商品货币是储存价值的好工具，但促进商品流通的功能却不是很好。硬币和纸币是很好的支付手段或媒介，但用来长期储存价值却不是很安全。国家发行、强制流通的法定货币（强制是因为国家规定人民以这种货币缴税），则可能受当局的政策狂想冲击（例如政府可疯狂印钞，促成严重通胀，造成实质减债的效果）。货币的各项功能彼此间不完全一致，但也不是互不相关。如果货币连短暂储存价值的功能都没有，则它也将丧失流通媒介的作用。另一方面，如果我们只在乎货币的流通媒介作用，则伪钞也能发挥银币这种“真”货币的功能。这正是为什么黄金和白银（很好的价值度量和储存工具）须以票据、纸币和信用货币等形式代表，才能维持商品的畅顺流通。结果货币形式的基础，便是社会劳动的表现形式的表现形式！这有如一套双重面具，遮掩了社会劳动（替其他人所做的劳动）的社会属性。

在货币的帮助下，市场上的商品可以贴上价格标签，代表卖方的要价。视供给和需求的情况而定，这个要价未必会成为实际成交价。但是，这种标价带来另一组矛盾。个别交易的实际成交价，取决于特定时间和地点的特定供需情况。这种个别成交价与价值的普遍性没有直接的对应关系。只有在竞争和完美运作的市场，我们才能期望市场上的个别成交价向代表价值普遍性的平均价靠拢。但请注意，正是因为价格可以偏离价值，价格才可以上下波动，因而比较可靠地代表价值的可能水平。但是，市场运作过程会产生许多阻碍价格向价值靠拢的机会和诱惑。所有资本家都渴望避免竞争，以垄断价销售产品。企业因此致力于塑造品牌，而且在销售中大量使用商标；耐克（Nike）正是靠这种做法，得以向消费者索取垄断价，使其产品永远偏离运动鞋生产的统一价值标准。价格与价值这种数量上的偏差造成一个问题。资本家必然是对价格而非价值做出反应，因为他们在市场中只看到价格，而且没有辨明价值的直接方法。价格偏离价值时，资本家便必须对误导人的价值表现形式，而非根本的价值做出反应。

此外，没有什么可以阻止我给所有东西贴上价格标签，无论那些东西是否为社会劳动的产品。我可以给一块土地标价，向使用它的人收取租金。我也可以像华盛顿K街的那些政治说客，合法地花钱购买在国会中的影响力，甚至无视应有的规范，把良心、荣誉和名誉卖给出价最高的人。市场价格与社会价值不但有数量上的偏差，也有性质上的差异。我可以靠贩卖妇女、毒品或秘密销售军火发财（这是当代资本体制中利润最丰厚的 3 种生意）。更糟的是（如果有可能的话！），我可以在货币不是资本的情况下，利用货币赚取更多货币，仿佛它们就是资本。货币信号偏离社会劳动的应有逻辑。我可以创造出大量虚拟资本（fictitious capital）——我把这些货币资本借给别人去做一些完全不能创造价值的事，但这可以带给我丰厚的货币报酬（我可以收到可观的利息）。国家为了打仗而发行公债，总是仰赖虚拟资本的流通而获得融资：人们借钱给国家，国家以税款支付利息，国家不仅没有创造任何价值，还因为打仗而摧毁了价值。

这里因此还有一个矛盾。货币理应表现创造性劳动的社会价值，但它却呈现出虚拟资本这种形式；虚拟资本的流通借由种种非生产活动（不会产生价值的活动）榨取财富，最终填满金融业者和债券持有人的荷包。如果你不相信我刚才说的话，你只需看看最近的房市走势，便能明白我的确切意思。围绕着房产价值的投机活动不是一种生产活动，但是在2007~2008年之前的颇长时间里，大量虚拟资本涌入房市，因为这种投机活动的报酬相当高。信贷宽松促使房价上涨，房屋快速周转，造就大量机会从房产交易中赚取丰厚的佣金和服务费。把许多房屋抵押贷款（虚拟资本的一种形式）打包成担保债务凭证（CDO），则创造出一种可以卖到世界各地的债务工具（一种虚拟程度更高的资本）。金融业者把这些虚拟资本工具卖给世界各地的投资人；这些金融商品获得信用评级机构很高的评级，仿佛就是“与房产一样安全”的投资，但许多此类商品最终证实一文不值。这是虚拟资本失控的情况。我们至今仍在为这种离谱的事付出代价。

因此，货币形式衍生的矛盾是多重的。如前所述，表现形式发挥其表现功能之余，也会造成歪曲。我们拿黄金或白银代表社会价值，是以生产这些贵金属时的独特情况，作为所有商品内含价值的一般度量。我们实际上是拿一种独特的使用价值（黄金这种金属），代表普遍的交换价值。最重要的是，我们以某种方式代表本质上属于社会的东西，结果令它变成一种可以被私人占用的社会权力。最后这个矛盾对资本的矛盾有深远影响，在某些方面甚至可能造成毁灭性后果。

首先，货币使社会权力可为私人占有和独家利用，这一事实令货币成为人类种种有害行为的核心因素——对金钱势力的欲望和贪婪，无可避免地成为资本主义政治体的核心特征。所有拜物行为和信念均以此为中心。货币成为一种社会权力，渴求货币本身成了一种目的，而这扭曲了单纯促进交易所需的货币的简洁供需关系。这严重干扰了资本主义市场据称拥有的理性特质。

贪婪是人类的天性吗？这无疑是个可争论的问题（例如马克思便不这样认为）。但是，可确定的是，货币形式兴起，以及货币可以被私人占有的事实，已为种种人类劣行（那些绝不正直或高贵的行为）激增开拓出一个空间。在前资本主义社会制度中，人们会借由一些仪式抛弃累积的财物。但在资本主义社会里，人们不但容许财富和权势的积累，还欢迎这种积累，视之为值得钦羡的事。这促使英国经济学家凯恩斯在 1930 年的《我们后代的经济前景》（*Economic Possibilities for Our Grandchildren*）中，写下他的期盼：

> 累积财富如果不再具有很高的社会重要性，道德规范将大大改变。届时我们将得以废弃已经折磨我们 200 年的假道德原则；因为这些假道德原则，我们把一些最令人厌恶的人性特质奉为最高美德。我们将胆敢正确地评估求财动机的价值。许多人因为希望拥有钱财而热爱金钱（这与因为希望以钱财为工具，享受人生和解决生活中的现实问题而热爱金钱是不同的）。我们将认清这种习性的本质：这是一种有点可憎的病态，是那种我们会带着恐惧交给精神病专家处理的、半罪恶半病态的习性。许多社会习俗和经济惯例影响财富和经济奖惩之分配，即使它们本身非常可憎和不公义，但因为它们对促进资本的积累非常有用，我们现在不惜代价维护它们，但一旦迎来上述的巨变，将终于可以自由地摒弃它们。[2]

那么，针对这一切，我们应该做出怎样的批判？因为投机型虚拟资本的流通无可避免地导致崩盘，造成整个资本主义社会的巨大损失（其中最脆弱的群体承受的打击更加惨痛），毫无保留地攻击过度的投机活动和促进投机的货币形式（主要是虚拟的货币形式），必须成为政治斗争的焦点。因为这些投机形式促使社会不平等程度严重恶化，而且支持一种畸形的财富和权力分配，导致新兴的寡头阶层（恶名昭彰的顶层 1%——实际上是更恶名昭彰的顶层 0.1%）如今实际上近乎垄断全球的财富和权力，这种情况也为攸关人类大众未来福祉的阶级斗争划下明显的界限。

但这不过是冰山一角。值得重申的是，货币与价值分不开，一如交换价值与货币分不开。三者之间的关系非常密切。如果交换价值变弱，而且最终完全失去对社会中使用价值的生产和分配的引导作用，我们将不再需要货币，而且与货币的用途（作为资本）和占有（作为社会权力的完美来源）有关的所有贪财病态也将消失。建立一种没有交换价值，因此也就没有货币的社会秩序，这一乌托邦式的目标必须说清楚。但中期而言，我们必须设计一些可以促进交易，但禁止私人累积社会财富和权力的准货币形式。这在理论上是可行的。凯恩斯在他颇富影响力的著作《就业、利息和货币通论》中，便引述“得不到应有重视的奇人先知格塞尔（Silvio Gesell）”的说法；格塞尔很久之前便提议，我们应该创造一种不使用将会氧化的准货币形式。商品（使用价值）会腐败变质，货币形式（交换价值）不会腐败变质，两者之间的根本不平等必须纠正。格塞尔写道：“货币必须会像报纸那样过期、像土豆那样腐烂、像乙醚那样挥发，才能通过检验，成为买卖报纸、土豆、乙醚和铁器的工具。”[3] 如今因为有电子货币，这种构想已经可以用以前不可能做到的方式实现。我们可以轻易地把“氧化时间表”写进管理货币账户的计算机程序里，使不用的货币超过某段时间便自动销毁（就像飞行里程过期不用便作废一样）。这切断了货币 3 种基本功能（流通工具、度量标准，以及更重要的价值储存工具——因此是累积私人财富和权力的首要工具）之间的关系。

如果推动这种变革，经济的其他方面显然必须广泛调整。货币如果会氧化，我们将不可能储存货币以备未来之需。例如退休投资基金将会消失。这似乎很可怕，但事实不然。一方面，退休投资基金本来就不可靠，很容易变得一文不值（潜在原因包括基金未注入足够的资金、基金管理不当、股市崩盘，以及通货膨胀）。正如许多领退休金的人如今发现，基于货币的退休基金并不可靠，其价值取决于许多条件。另一方面，社会保险（Social Security）则是一种退休金权利制度，理论上不仰赖储存货币以备未来之需，而是由今天的劳动者供养已退休的劳动者。以这种方式安排未来的收入，远优于储蓄并期望获得不错的投资报酬。如果人人都得到某种水平的最低所得保障（或某水平的最低使用价值保障，而各种使用价值采用某种集体管理方式），则我们将完全不需利用某种货币形式，靠私人储蓄获得未来的经济保障。

我们因此必须把焦点放在真正重要的事情上，也就是借由社会劳动持续创造使用价值，同时杜绝交换价值对使用价值生产活动的主导作用。例如马克思便认为货币体系内的改革，本身不足以瓦解资本的权势，而相信货币形式的小修小补可以带动革命性变化是不切实际的。我认为他这种看法是正确的。不过，我认为他的分析也表明，资本的替代物要发展出来，需要以下的必要但非充分条件：交易的组织方式必须彻底重新安排，货币对社会生活以至我们的世界观和道德观（如凯恩斯指出）的主宰力量必须根本消除。想象一种没有货币的经济体，有助于我们了解资本主义替代体制的可能模样。考虑到电子货币以至货币替代物的潜力，没有货币的经济体可能已经不再那么遥不可及。像比特币（Bitcoin）这样的新形式网络货币的兴起，显示出资本本身正在创造新的货币形式。因此，对左派来说，围绕着这个终极目标表达自身的政治抱负和政治思想，是适时和明智的做法。

如果我们考虑眼前一个特别危险的问题，上述的另类货币政治便显得更加必要和迫切。货币的当代形式已经达到这样一种状态：非物质的社会劳动采用一种有形的表现形式（例如黄金或白银），而这种有形表现形式如今由货币以一种抽象形式（纯粹是计算机屏幕上的一些数字）代表。既然货币现在只是一些数字，它的潜在数量便是无限的。这令以下错觉得以流行：货币资本的无限和无止境增长不但是可能的，还是值得追求的。但是，我们即使只是随便看一下社会劳动发展和价值增加需要的条件，便知道无止境的复合增长是不可能的。本书稍后将谈到，这正是资本最危险的 3 个矛盾之一（追求无止境的复合增长）的根本问题。

货币背后如果有某种实体商品支持，则无论这种关系多么微弱，货币都将受这种实体商品的可得数量和相对稀缺性约束；物质上的限制将使我们无法无限创造货币。20 世纪 70 年代初，世界的货币供给放弃货币的金属基础，创造出大量潜在的新矛盾。任何人只要获得授权，都可以无限印钞。货币供给掌握在人类建立的机构如中央银行手上，而这些机构是容易犯错的。这产生高通货膨胀的危险。20 世纪 70 年代末通货膨胀上扬（尤其是美国）一段短时间之后，世界主要央行的官员在美联储主席保罗 · 沃尔克（Paul Volcker）领导下，全都向不惜代价抑制通货膨胀的单一政策目标靠拢，因此也就放弃央行对促成充分就业的责任；这种发展完全不是出于偶然。欧洲国家建立欧洲央行来处理欧元事务时，对该行的唯一要求是控制通货膨胀。这种安排因为欧洲几个国家受主权债务危机冲击，2012 年之后产生灾难性结果。这证明一件事：资本为了约束自身造成的离谱现象而设立的机构，有长期无能的问题，也未能了解资本如今必定会采用的货币形式的内在矛盾。因此，2007~2008 年爆发的危机由金融危机揭开序幕，是毫不意外的事。

矛盾3

私人财产与资本主义国家

商品不会自己出现在市场上。买家和卖家在市场相聚进行交易，也就是以商品交换货币，或是以货币交换商品。交易要能完成，买家和卖家对他们手上的商品和货币必须拥有专属的处置权和占有权。交换价值和货币共同假定个体对商品和货币拥有私有产权。

为避免误会，我想先说明个别占用与私有财产的区别。所有活着的人使用物品时，都是占用了它们。我吃东西时占用了食物，骑自行车时占用了车子，写这段文字时占用了计算机。我可以使用的许多东西，当我正在用它们时，别人就无法使用。但是，有些东西即使我正在用，也不妨碍其他人使用。例如我收看某电视节目，并不妨碍其他人同时收看。此外，还有一些我们称为“公共物品”的东西，是大众共有和共享的，虽然其使用通常是有限制的。我们都使用街道，但一条街可以容纳多少人是有限制的，而且根据习俗和法规，有些事是不容许在街上做的（例如你不可以在纽约的街道上排便）。但是，就许多东西而言，使用者独占了他正在用的东西。这种排他的占用不等于私有产权。

如果一件东西是我的私有财产，则无论是否有人正在使用它，我都享有对它的排他性所有权。究其本质，商品交易假定一件事：我拿出来卖的商品，我自己并不想要或并不需要。事实上，所谓商品，就是生产出来给别人用的东西。私有产权赋予物主出售（转让）自己拥有的东西的权利，由此便产生“用益物权”（与使用有关的权利）与排他性永久所有权的差异。这种差异往往成了纷扰的根源，尤其是在殖民史上。例如许多地方的原住民是基于用益物权使用土地（从事游耕的族群便是这样），殖民强权则往往以排他性所有权夺走资源，导致大量冲突。逐水草而居的游牧族群，或不时搬迁以利用肥沃土地的游耕族群，忽然发现因为有人在土地上设置栅栏和带刺铁丝网，自己无法再自由迁徙。他们经常发现自己无法再使用他们向来认为人人可用的一些土地，因为这些土地如今已经被某些人永久拥有，即使这些人可能任由土地闲置。北美原住民因此经历巨大的苦难。在当代非洲，当地人传统上的集体资源权利正被胡乱转变为一种排他的私有产权制度；这种转变由许多人认为形同诈欺的一些协议造成，例如传统上受托持有土地的村长，可能借由这种协议，把土地卖给外国人。许多人认为这构成资本和外国人的大规模“土地掠夺”，而他们的目的是控制非洲的土地和资源。

私有产权假定财产与物主之间有一种社会联系（social bond）；物主是法律上的个体，对其拥有的东西有处置权。拜巧妙的法律推理所赐，所有权如今不再仅限于像你我这样的自然人享有：公司和其他在法律上具有法人地位的机构，也可以享有财产所有权（即使一如许多人喜欢指出的那样，公司如果犯罪，不能像自然人那样接受监禁的惩罚）。这种社会联系的存在，获得几乎所有资产阶级宪法的承认，而它也把个体私有产权的理想及个体人权和“人的权利”概念，以及这些个体权利的学说和法律保障联系起来。个体人权与私有财产之间的社会联系，位居几乎所有政府契约论的核心。

私有产权在理论上可以永久持有：产权不会因为物主不使用财产而过期或消失，还可以借由继承代代相传。私有产权与不会氧化的货币形式因此有一种内在关联。只有后者可以永存。但是，货币发展出纸币和法定货币的形式，而它们的价值是会贬损的（例如因为通货膨胀而损失购买力）；这种发展损害了货币形式的永久性和稳定性，以及与私有财产之间起初稳固的关联。此外，根据无主物（res nullius）原则（最著名的拥护者是洛克），土地必须能够产生价值（也就是涉及利用社会劳动去生产商品），土地的私有产权才是正当的。原住民未能善用土地产生价值（和剩余价值），不但成为英国人大规模剥夺爱尔兰人土地权利的理由，也成为“富生产力”的殖民者消灭“欠缺生产力”的原住民族群，以及剥夺其土地的理由（尤其是在美洲殖民史上和当前非洲多数地方）。在发达的资本主义社会，上述原则的当代版本是国家对私人土地的征用权：法律容许国家征用私人土地，改善土地的使用。因此，土地和货币私有产权的永久性都是有条件的。

私有产权制度的实行，有赖国家权力和法律制度（通常会搭配货币形式的征税安排）去界定与私有产权和法人权利相关的契约义务，为此制定法律条文并执行法规。大量证据显示，远在私有产权制度占主导地位之前，国家的强制力便发挥重要作用，开拓出资本可以兴盛发展的空间。这种情况出现在欧洲从封建制度转向资本体制的过程中。不过，在用益物权与私有产权之间，还有大量的公有产权或惯有权利，而它们往往仅限于特定的政体（例如某个乡村社群或范围较广的文化整体）。这些权利未必人人可享，但它们确实假定政体成员之间采用分享合作的治理形式。用益物权遭消灭，加上臭名昭著的圈占公有资源现象，已经造就了国家权力支持的个体化私有产权制度的主导地位，令这种制度成为交换关系和交易的基础。这种形式符合资本流通和积累的需要。

但是，事物要成为私有财产，就必须有清楚的界限，而且必须是可命名和可辨识的（以土地而言，这有赖测绘地籍图和建立土地注册机关）。不是所有事物都符合这些条件。我们几乎无法想象把空气和大气层分割为可以买卖的一份份私有财产。但是，值得注意的是，资本为了建立所有权，近乎无孔不入：资本把个体化私有产权制度延伸至生物过程的核心，以及社会和自然世界的许多其他层面。例如有关事物自然过程的知识所有权，人类目前便正展开激烈的角力。眼下知识产权领域便充斥着争议和冲突。知识应该对所有人公开，还是由私人拥有？

个体化私有产权制度，是支持资本运作的一种基础条件。它是资本运作的一种必要条件和建构：如果没有这种法律基础架构，交换价值和货币均无法以现行方式运作。但是，私有产权制度受各种矛盾困扰，而且一如货币，矛盾是多重而非单一的。之所以如此，部分原因在于使用价值与交换价值的矛盾，以及货币与它代表的社会劳动的矛盾，波及个体化私有产权制度。

首先，最明显的一种矛盾，是以下三者之间的矛盾：个体私有产权的“自由”行使，国家强制监理权力的集体行使（这种权力负责界定私有产权和赋予这些权利法律形式），以及将它们密切联系起来的社会纽带。随着交换关系激增、货币形式兴起和资本主义国家的演化，个体的法律定义和个人主义文化兴起。但是，除了最激进的自由至上主义者，以及最极端的无政府主义者，所有人都会同意，我们必须有某种形式的国家权力，才能维护个体化财产权和法律架构，像哈耶克（Friedrich Hayek）等理论家所讲的那样，确保最大的非强制性个体自由。但是，这种权力制度是必须执行的，而我们正是在这时候使用国家机器，镇压和依法管制违反私有产权制度的行为，因为国家垄断武力和暴力的合法使用权。资本主义国家必须利用它取得的暴力手段垄断权，保护和维持市场自由运作，进而保护个体化私有产权。我们利用集中的国家权力去保护权利分散的私有财产体制。但是，我们把人的地位和法律上的个体定义延伸至势力强大的公司和机构，这显然败坏了资产阶级的乌托邦梦想（基于以民主方式分散的所有权，建立人人享有个人自由的完美世界）。

市场交易领域中的许多问题，促使国家发挥了远远超过"守夜人"角色的功能，也就是政府远非只是负责守护私有财产和个体权利。首先，集体和公共物品（例如公路、港口和码头、供水和污水处理设施、教育和医疗服务）的供给，是国家必须处理的问题。物质和社会基础设施范围广泛，而且是必需品；国家必须直接创造这些公共物品，又或者委托和监督其他机构供应这些公共物品。此外，国家也必须建立国家机器，以便管理和保卫它必须保护的机构（国家因此必须建立军队和警察，并借由征税为这些活动筹措资金）。

最重要的是，国家必须找到方法统治和管理多元且往往倔强暴躁的族群。许多资本主义国家结果借由民主程序和治理机制争取民意支持，而非诉诸逼迫和武力。这导致一些人认为民主化与资本积累有某种内在联系，但我认为这观点是错误的。不过，某些资产阶级民主形式已证实是资本体制中比较有效和高效的治理形式，则是无可否认的事。但这种结果未必是因为资本势力崛起，主导社会形态的经济引擎，其动力源自较广泛的政治力量，以及人类长期以来的这种努力：找到一些集体治理形式，有效地克服国家专制权力的潜在任意性，与大众对个人自由的渴望之间的紧张关系。

“市场失灵”也是国家必须处理的普遍问题。“市场失灵”源自所谓的外部效应（指市场因为某些原因，未能反映某些真实成本）。最明显的一种外部效应是污染，也就是企业和个人因为做某些事，损害空气、水和土地的质量，但不必为此付出代价。在此之外，还有其他形式的正面和负面外部效应，而它们往往导致我们呼吁采取集体而非个人行动——例如房屋的交换价值便容易受外部效应影响，因为小区中一栋房子日久失修或维持良好状态，对附近房子的价值会有影响（或正或负）。国家处理这种问题的一种干预形式，是建立土地用途的规划制度。

多数人承认，国家或其他形式的集体行动，如果是为了控制和监管产生强烈负面外部效应的活动，则这些行动是正当的。在所有此类情况中，国家必然会侵犯个人自由和私有产权，阻挠这种权利的行使。使用价值与交换价值的矛盾外溢，深刻影响集中的国家权力与分散的个体私有产权自由行使的关系。有意思的问题只有两个：行使国家权力的力度有多大？国家对个体权利的侵犯，可以在多大程度上诉诸强制力，而非仰赖建立共识（不幸的是，建立共识涉及培养民族主义）？无论如何，国家要发挥这些功能，必须垄断合法暴力的使用权。

这种合法暴力垄断权也体现在以下现象上：无论是在前资本主义时代还是资本主义时代，国家一直都是当仁不让的战争制造机器，时常卷入世界舞台上的地缘政治对抗和地缘经济策略设计。在新兴和不断演化的国际全球体系框架之中，资本主义国家追求外交、贸易和经济方面的优势和结盟关系，以求保障自身的财富和权力（比较准确的说法是：国家领袖和至少部分国民的财富、地位和权力），而它们的做法是增强产权持有人在其所在地不断累积财富的能力。在这个过程中，战争（其经典定义为另类外交手段）成为地缘政治和地缘经济定位的关键手段；在这当中，在国家领土范围内积累财富、竞争力和影响力成了一个特别的目标。

但是，国家必须有足够的经济资源，才有能力进行战争和从事上述运作。自 15 世纪起，国家制造战争的活动货币化（monetisation），成为建设经济史家所称的“财政军事国家”的根基。这种国家的核心，在于建构我所称的“国家金融联结体”（state-finance nexus）。以英国而言，这件事最明确的标志，是国家机器与伦敦商业资本家的结盟关系。后者借由担保国家债务，实际上替国家制造战争的能力提供资金，换取国家授予独家特许权，借由 1694 年成立英格兰银行，垄断和管理货币体系。这是世界上第一家中央银行①。它随后成为其他资本主义国家跟随的模范。

这突显了国家与货币的关键关系。我认为格塞尔说得对：

> 货币需要国家；如果没有国家，货币不可能存在。事实上，国家有它的基础，或许可说是从采用货币开始。货币是国家最自然最有力的黏合剂……货币是必要的，国家对货币的管控也是必要的，国家因此享有控制货币的无限权力。面对这种无限的权力，货币的金属表层有如面对大风的谷糠。货币使用的材料，对保护货币免遭国家滥权损害的作用微不足道，情况一如记录国家宪法的羊皮纸，无法保护宪法免遭滥权者随意损害。只有国家本身，也就是掌权者（独裁者或民意代表）的意志，可以保护货币免遭笨蛋、骗子和投机者损害——前提是掌权者能够有意义地运用他们的权力。不幸的是，迄今为止，他们从不曾掌握这种能力。[1]

但是，格塞尔意外地表示："纸币比金属货币安全。"这正

① 世界上第一家央行，其实是 1668 年开始运作的瑞典央行。——译者注

是因为“纸币受把人民融入国家的所有利益和目标的保障；国家本身沉沦，该国的纸币才会跟着沉沦。”我们通常认为国家的特点在于它垄断合法暴力的使用权，如今国家又肩负一项关键职责：必须拥有管理货币的垄断权。

以上说法有两点必须说明。第一点，国家对货币的垄断权影响广泛，而非仅限于一个国家。全球货币体系本质上是分层级的。自 1945 年以来，美元便是全球货币体系的储备货币，而且只有美国有权印发美元这种货币。其他国家的货币权受到限制，因为国际债务往往以美元计价，必须以美元偿还。这些国家不能借由印钞把本国的债务货币化，如果它们这么做，它们的本币对美元将马上贬值。国际贸易或许可以使用其他货币，例如英镑（以前曾经是全球储备货币）、欧元、日元，以及人民币（或许有一天人民币会成为国际货币）。但迄今为止，这些货币并未威胁到美元的地位，而偶尔有人提议以市场一篮子货币代替美元（这是凯恩斯 1944 年在布雷顿森林会议的原本提议），也一直遭美国断然拒绝。美国因为控制全球储备货币而得到可观的好处。美国的帝国权力要么直接行使，要么借由美元外交间接行使。美国在世界体系中的霸权，主要是靠以下事实维持：美国控制世界储备货币，有能力借由印钞支付国家的支出，例如该国过度的军事支出。面对这种情况，个别国家可能会放弃货币自主权，例如厄瓜多尔便是以美元作为本国货币。欧元面世时，欧元区国家便把它们对本国货币的垄断权交给一组超国家机构（以欧洲央行为主），这些机构由德国和法国主导（后者的影响力不如前者）。

必须说明的第二点，是国家的货币垄断权可以转包出去：国家授予中央银行特权，使央行名义上不受直接的民主或国家政治管控，借此把货币垄断权转包给商业和银行业资本家。一些国家实际上正是这么做的，英格兰银行、美联储和欧洲央行便是这样成立起来的央行。这些有力的机构位居国家与民营银行之间的一种暧昧空间。它们与国家的财政部形成国家金融联结体，长期以来是调节和促进资本运作的“中枢神经系统”。国家金融联结体具有封建制度机构的所有特征，因为其运作往往神神秘秘，不为人所见，比较像梵蒂冈或克里姆林宫，而不像是一家公开透明的机构。只有在艰难时期，国家金融联结体才会正面示人，例如 2008 年 9 月雷曼兄弟破产之后，美国行政部门和国会似乎因为恐惧而陷入瘫痪状态，财政部长保尔森和美联储主席伯南克便联手出现在电视上，主导国家的政策。“金融体系和国家金融联结体失灵时（例如 1929 年和 2008 年的情况），所有人都认识到，资本和资本主义面临存亡危机。为了拯救资本和资本主义，人们研究一切可能，检视所有折中方案。”[2]

但是，资本主义国家与私有产权的关系，并非总是和谐的。为了抵制绝对主义和专制的国家形式（它们可能对资本运作的某些要求，例如资本自由流动，抱持不合理的敌意，又或者不接受这些要求），国家奉行某种民主形式，但也因此容易受各种民粹思想影响。国家政权有时会落在劳工组织和左派政党手上，此时当权者便可能利用国家权力，抑制资本体现在私有产权上的势力。若真是如此，资本在经济的许多领域（例如劳动市场、劳动过程和所得分配）将不再能够自由运作。资本将被迫在一个限制其自由的管制丛林里运作。因此，国家与私有产权的矛盾不时加剧，变成一种绝对的矛盾，国家公共管理部门与私营部门对立，国家与市场对立。激烈的意识形态和政治斗争可能围绕着这个矛盾爆发。

不过，我想说清楚一件事：我无意在这里撰写有关资本主义国家的通论。我只是希望大家注意：国家的某些方面和功能必须以某种方式运作，以支持资本的再生产。因为国家有征税权，而且容易受各种政治势力和利益影响，政治运作有时可能令国家权力转向追求某些经济目标，令私营部门的创业活动和利益处于不利地位。在社会民主政治控制时期（“二战”之后英国和一些欧洲国家经历的那种时期）和各种中央治理（dirigiste governmentality）形式（例如戴高乐掌权时的法国、李光耀治下的新加坡，以及包括中国在内的许多东亚国家）下，国家可以创造出一些从事经济活动的机构，采用相应的组织形式，由它们控制经济制高点或引导投资决策。各种层面（总体经济、城市、区域和地方）的政府规划成为焦点所在，有时与民间和企业的活动竞争，但更常见的是互相合作。一大部分的资本积累因此经由国家进行，未必是追求利润极大化，可能是追求某些社会或地缘政治目标。即使在最热衷私有化和新自由主义原则的国家，军事工业复合体仍然与经济的其他部分分开，成为民间承包商自由获取厚利的乐园。

在政治光谱的另一端，自由至上主义者认为国家财务的制度安排方式，显然与个体自主和自由有深刻的矛盾。这种安排把国家对货币和信贷的垄断控管权，交给一些非民选和不民主的机构，由央行官员负责领导。评论人格列柯（Thomas Greco）因此表示：

> 货币、银行和金融业运作政治化（如今盛行于全球各地），已使得权力和财富可以集中在少数人手上——这种情况对社会、文化、经济、民主政府和环境极其有害。中央政府擅自赋予自己近乎无限的支出权，使当局得以输送财富给他们偏袒的人、投入大规模战争，以及推翻民主体制和违背大众的意愿。享有特权的民营银行已经垄断所有人的信贷，使少数人得以剥削多数人，手段包括在发放贷款时偏袒特定人群、放高利贷（伪装成正常贷款）、收取日益高昂的手续费，以及奖励替银行业者利益服务的政客。[3]

自由至上主义者的前述想法绝非不合理，他们认为自 17 世纪以来，这种情况摧毁了实现真正资产阶级民主（以个体自由极大化为特点）的希望。此外，这种制度迫使人们追求复合增长，导致“环境被破坏，社会结构被割裂，权力和财富更加集中；它导致经济和政治不稳定，出现周而复始的萧条和通货膨胀、国内和国际冲突，以及社会混乱。”[4]因为这个原因，美国政治中的左派和右派，均倾向于敌视像美联储和国际货币基金组织（IMF）这样的机构。

一边是私人利益和个体自由，另一边是国家权力，两者间的矛盾近年出现显著变化：相对势力决定性地向不民主、独裁和专制的国家机器中心转移，而这些权力中心受到社会控制越来越集中化和军事化的趋势支撑。这并不表示拥有财产的个别人的去中心权力遭瓦解，甚至不表示这些权力受到威胁。事实上，随着资本受到日益周全的保护，不受所有形式的社会反抗（例如劳动者或环保人士的抗争）威胁，这些权力反而增强了。分权往往是维持中央管控的理想策略。中国近年有意识地应用这策略，效果明显。最能彰显这一点的，是国家在商品市场的货币权力组织方式。

因为我在之前经常以房市及其危机为例，在这里简单谈谈本章的矛盾在房市的表现。私有产权支持人们自置居所，而资本主义国家以各种手段（从积极提供补助到宣传自置居所的梦想），有系统地促使越来越多的人拥有房屋。这一方面是为了确保房市持续增长（作为一个活跃和有利可图的资本积累领域），另一方面是执行一项关键的意识形态功能，巩固大众和民粹派对借由交换价值机制提供使用价值这种策略的支持（换句话说，也就是巩固人们对资本主义方式的支持）。美国政府出于政治和经济原因，积极支持美国人自置居所，结果这种做法成为导致次贷危机的因素之一。次贷危机击垮一些主要的私营投资机构，同时使半公营的机构如房利美和房地美濒临破产，必须靠临时的国有化方案拯救。

那么，有关国家与私人财产的矛盾，我们应该采用怎样的政治策略？目前左派和右派似乎都有很多人倾向支持一种简单的主张：致力于恢复平衡和加强个体自由。但这是不够的，原因包括相对势力已戏剧性地向专制的国家权力转移，以及人们已经不大相信国家可以成为仁慈的行为者。如果国家回到纯粹的“守夜人”角色，原本已经大致不受监管的资本，必将有更大的力量为所欲为，不受任何社会或长期因素限制。

唯一可行的其他政治策略，是设法解除私有和个体利益与国家权力和利益的现行矛盾，并以其他方法取而代之。正是在此脉络下，目前左派对重新建立和重夺“公有资源”（the commons）的关注，是非常有意义的。把私有产权吸收到一个集体管理公共资源的完整计划中，以及瓦解独裁专制的国家权力，建立民主的集体管理组织，成了仅有的值得追求的长期目标。

这些目标适用于货币和信贷。若想扭转走向独裁和货币专制的趋势，我们必须夺回货币和信贷，使它们成为一种以民主方式管理的公有资源。为了增强集体自主和自由并令其民主化，切断货币创造活动与国家机器的关系是必要的。因为资本主义国家权力的部分基础，在于垄断合法暴力使用权和货币事务管理权，打破后一种垄断最终必将瓦解（而非“摧毁”）资本主义国家的权力。国家掌控货币资源的权力一旦遭剥夺，国家诉诸军事化暴力对付抗争民众的能力也将丧失。这一构想或许显得很不切实际，但类似的理念已经因为以下事实而部分实现：在希腊、意大利和西班牙等国家，债权人的权力正被用来决定国家对其国民的政策。如果我们以人民力量取代债权人的权力，这种非常明显的趋势也可以轻易扭转。

如前所述，国家权力影响广泛，而非仅限于一个国家。因此，我们必须借由这种政治运作，瓦解所有支持美元帝国主义、维护美国全球金融霸权的国际货币组织（例如国际货币基金组织）。因为国际货币基金组织的介入（通常是联合其他国际权力机构，例如在希腊的案例中，是联合欧洲央行和欧盟委员会），希腊人和许多其他国家人民的日常生活，目前正被这种国际惩戒机器摧毁。我们也必须瓦解这种惩戒机器，代之以集体管理公共财富的方法和机构。相对于现行做法，这种方案可能显得抽象和过度理想化。但是，另类政治构想抱有这种愿景和长期志向，是极其重要的。我们正面临难解的矛盾，一方是冷酷和不受管制的私有财产，另一方是日趋专制和军事化的警察国家权力（这种权力致力支持资本，而非促进人民的福祉）；如果不希望文明遭此矛盾扼杀，我们就要研拟激进的解决方案，无论方案是倾向革命还是改良。

矛盾 4
私人占有与公共财富

社会劳动创造出来的公共财富，有无数种使用价值，例如从刀叉到清理过的土地、整座城市，我们乘坐的飞机、驾驶的汽车、吃的食物、住的房子，以及穿的衣服。私人占有和累积这种公共财富（以及凝结其中的社会劳动），则有两种大不一样的方式。第一种是如今我们视为违法的各种活动，例如抢劫、偷窃、诈骗、贪污、高利贷、掠夺、暴力和强迫，加上市场上各种可疑和不光彩的做法，例如垄断、操纵、囤积、操纵价格，以及庞氏骗局等。个体累积财富的第二种方式，是在自由运作的市场，从事非强迫的合法交易。资本流通和积累的理论家往往排除第一种活动，视之为资本主义市场"正常"和正当运作之外的赘生物。他们建立资本流通和积累模型时，假定只有第二种私人占有和累积社会财富的方式是正当和有意义的。

这个经济学教科书宣扬的假设很好用，但也严重误导人。我认为应该推翻这个假设，承认占有社会劳动及其产品的两种方式有一种共生关系。我讲这句话，一方面是基于一个简单的实证理由：如果想了解资本世界，不能忽略在世界贸易中有重要角色的贩毒集团、军火商人，以及各种黑帮和其他犯罪组织。数年前美国房市崩盘，我们可以清楚看到其中的种种掠夺行径（银行业一些有系统的违法行为近年也被披露，例如伪造银行投资组合的资产评价、洗钱、庞氏型融资，以及操纵利率等）；我们不可能视之为意外出现的赘生物，然后回避讨论它们。

但是，在上述的明显实证理由以外，我们还有有力的理论根据去相信一件事：基于剥夺（dispossession）的经济运作，是资本的核心根基。在社会劳动生产时直接剥夺它产生的价值，不过是各种剥夺方式的一种（虽然很重要）；这些剥夺行为支持私人（法律意义上的人，也就是包括公司）占有大部分公共财富，累积起大量私人财产。

例如银行家原则上不关心银行的赢利，以及他们过高的奖金是怎么来的：银行放款给压榨租户的房东，或是向顾客索要离谱高价的商人、欺骗顾客的信用卡和电话公司、非法没收房贷户房屋的房贷公司，或残酷剥削工人的制造商，银行家通常是不在乎的。左派理论家受马克思政治经济学启发，往往认为在种种占有公共财富的形式中，制造商剥削工人在某种意义上是一种更为基本的形式。但是，我们从资本历来的演化中看到，资本有巨大的弹性，能以无数种其他方式把公共财富据为己有。工人在工作场所诉诸权益斗争而争取到的工资增幅，很容易被房东、信用卡公司、各种商人和政府有关部门夺走。银行家甚至设计出自己的骗局，借此获取暴利，而即使被逮到，承受损失的主要是银行（也就是股东），而非做这些坏事的银行家（仅在冰岛，这些人曾因此坐牢）。

私人占有公共财富这一过程的核心，本书稍早讲过，是货币代表和象征社会劳动（价值）产生的矛盾。货币（而非它代表的社会价值）本质上可以为私人所占有，这意味着只要货币保持良好的价值储存和量度功能，私人可以无限地累积货币。因为货币是储存社会权力的一种工具，货币累积和集中在一群个体手上，对个人贪欲的社会建构，和某种程度上一致的资本家阶级权力的形成至关紧要。

前资本主义社会因为认识到这种情况对社会的危害，致力于设置各种障碍，阻止私人不顾后果地占有和利用公共财富，同时抵制万物商品化和货币化的趋势。这些社会非常清楚地认识到，货币化会消灭形成社群的其他方式，结果便像马克思所讲的："货币成为社群。"[1] 我们至今仍在承受这种转变的后果。那些较古老的社会最终抗争失败，但我们不应因此不去设法抑制私人占有公共财富，因为私人不顾环境或社会后果地占有公共财富和疯狂投资，如今仍然造成巨大的危险，甚至威胁到资本再生产需要的条件。

这一切可说是不言而喻。不过，货币体系的运作之中，还有一些更恶毒的东西，它们使剥夺式积累（accumulation by dispossession）的政治和实践成为资本的标志。检视货币的运作方式时，我们看到价值与价格的差异如何造成一种分歧：一边是社会劳动的现实，另一边是替万物标价的能力（无论东西是否为社会劳动的产品，我们都可以替它捏造出一个价格）。荒地和良心都可以卖钱！因此，价值与价格的分歧不但是数量上的（任何供需失衡的情况，均可能令价格随即上涨或下跌），还是性质上的（连非物质的特征如荣誉、忠贞和忠诚，都可以标价）。随着资本在发展中扩大自身的范围和深度，这种分歧已经变成一种巨大的鸿沟。

在所有作家当中，对这种现象的本质和它“对社会的危险”了解最透彻的，可能是信奉社会主义的波兰尼（Karl Polanyi）。他是匈牙利裔经济史家和人类学家，在麦卡锡主义高涨的时期在美国工作和写作。他影响深远的著作《巨变：当代政治与经济的起源》（*The Great Transformation*）于 1944 年出版，至今仍然是一部具里程碑意义的作品。波兰尼指出，劳动、土地和货币这三种东西的市场，对资本的运作和价值的生产是不可或缺的。

> 但劳动、土地和货币显然不是商品……劳动只是伴随着生活出现的一种人类活动，不是为了出售而生产出来的，而是出于完全不同的原因；劳动这种活动也不能与生活其他部分分开，不能储存或流通。土地只是自然的另一个名称，不是人类生产出来的。最后，现实中的货币不过是一种购买力的象征物，一般不是生产出来的，而是由银行业或国家财政机制产生的。这三者都不是为了出售而生产出来的。把劳动、土地和货币说成是商品，完全是一种虚构。[2]

波兰尼认为，如果我们任由劳动、土地和货币是商品这种虚构的观念不受限制地广泛流传，这将“破坏社会”。他指出：“这个体制处置人的劳动力时，会附带处置与劳动力相连的肉体、心理和道德实体‘人’。如果丧失文化制度赋予的保护罩，人类将因为暴露在社会的各种影响下而消亡，可能死于恶行、堕落、罪行和饥饿等问题造成的剧烈社会乱象。大自然将变得满目疮痍，社区和景观被破坏，河流遭污染，军事安全受到威胁，生产食物和原材料的能力遭摧毁。”最后，“货币短缺或泛滥对企业的损害，将一如洪水和旱灾对原始社会的破坏那么严重”。

波兰尼断定：“除非社会中的人、自然资源和商业组织得到保护，免受恶魔工厂蹂躏，否则没有社会能够承受这种基于粗陋假设的体制造成的影响，哪怕只是极短的时间。”[3] 经过最近数十年的新自由主义政治实践之后，之前数十年人们煞费苦心建立的许多保护机制已遭拆毁；因此，我们如今日益暴露在“恶魔工厂”带来的最恶劣的影响之中（资本如果不受约束，必然会创造出这种“恶魔工厂”）。我们不但看到大量证据显示波兰尼所担心的许多崩坏已经发生，还感受到人类普遍异化的危机日趋深重（人类一手建立起来的文明，竟然是靠一种野蛮状态支撑，越来越多的人对此深感厌恶）。我将指出，这是资本和资本主义永存所面临的三个最危险甚至可能是致命的矛盾之一。

劳动、土地和货币完成其商品化过程的历史，本身是个漫长惨痛的故事，一如马克思在《资本论》中的“原始积累”简史所述。劳动、土地和货币转化为商品，有赖暴力、作弊、强夺和诈骗等手段。公有土地遭圈占，被分割为一块块并当作私人财产出售。构成初始货币商品的黄金和白银，被人从美洲大量夺走。劳动者即使免于被公然奴役或成为契约奴工，也可能被驱离所居住的土地，成为资本可以自由剥削的“自由”受薪工人。这种种形式的剥夺，是创造资本的基础。但更重要的是，这种情况从未消失。剥夺不但是历史上殖民主义的核心手段，直到今天，剥夺的政治与政策（主要是企业与国家权力的邪恶同盟在执行）仍正导致大量人口失去土地、水和自然资源使用权，全球的大规模抗争运动因此获得支撑力量。非洲、南美洲和亚洲许多地区均出现了掠夺土地的现象，而这不过是剥夺式积累政治失控肆虐（其方式连波兰尼也想象不到）最明显的征兆。在美国，国家利用它对私人土地的征用权，加上金融危机期间，金融业者粗暴地大量没收房贷户的抵押房屋，不但造成巨大的使用价值损失（数以百万计的人失去住家），还导致民众损失藏在房市的辛苦储蓄和资产价值，也造成巨大的退休金、医疗和教育权益损失。这表明公然剥夺的政治经济运作仍生猛地存在于资本主义世界的中心。当然，讽刺的是，当局越来越仰赖改良政治的伪装来掩护种种形式的剥夺，当局的说法是，资本主义病了，必须靠改良政治来恢复健康。

波兰尼指出，把自然分隔出来，“并且利用它制造出一个市场，可能是人类祖先所有事业当中最怪异的一项”。他还说：“把劳动与生活中的其他活动分隔开，使劳动受制于市场法则，是消灭所有的有机生存形式，并以一种不同类型的组织方式、一种原子化和个体化的方式取而代之。”[4] 最后这个结果对本书检视的矛盾的结构运作方式至为重要。很明显，国家与私有财产的矛盾（构成资本的第三个根本矛盾）统一之所以重要，不在于它是促进剥夺式积累的基本工具，而是因为它在事后赋予这种剥夺暴力的结果合法性和制度上的合理性。土地、劳动和货币一旦遭物化、割裂和剥离（使其从文化生活和生命物质的流动中脱离出来），它们便能在宪法权利和法律（基于国家保障的个体私有产权原则）的庇护下，重新缝合起来。

例如土地不是社会劳动产生的商品，但它是英国圈地运动和世界各地殖民统治的核心：当局把土地分割、私有化和商品化，以便土地市场成为势力日大的食租者阶层积累资本和榨取财富的重要场所。所谓的“自然”资源也可以拿来买卖，即使它们本身不是社会劳动的产物。自然的商品化有其限制，因为有些东西（例如大气和波涛汹涌的海洋）不容易圈占和私有化。在海里捕到的鱼可以轻易商品化，而鱼类生活的海域则是另一个问题。但是，人类可以根据用益物权的概念，创造出空气和海洋污染权，或特定海域独家捕鱼权的市场（例如西班牙拖网渔船在大西洋特定海域有独家捕鱼权，但阿根廷宣称拥有该海域的捕鱼权）。

圈占土地、劳动（借由精细分工和社会分工的扩大应用）和货币权力（尤其是虚拟货币和信用货币资本），并且把它们包装成商品，对人类过渡至私有产权制度至关紧要，而这种制度赋予资本运作一种法律基础。国家与私有财产的矛盾，因此排斥有关人与自然关系的多变而鲜活的构想，海德格尔曾经抱怨：人类把自然视为“一个巨大的加油站”。[5] 这一矛盾也排斥公有产权制度和惯有权利（在以前的生产方式下比较常见）背后的所有文化假设（但我想强调，这不代表这种制度和权利所寄居的社会秩序值得怀念）。它以普遍、不证自明和个体化的“人权”学说（致力于追求产生价值），取代世上形形色色的生存和生活方式；如此一来，普世性但又本地化的法律学说，便有效掩饰了剥夺原住民族群权益过程中的可怕暴力。不过，到了今天，反对这一切的人（越来越倾向于被视为恐怖分子）比较可能被关在监狱，而非住在郊区的资产阶级迷你乌托邦。

在这个建构出来的世界里，某些“真理”显得不证自明，其中最重要的一点是：太阳底下的所有事物，只要技术上可行，原则上都应该商品化、货币化和私有化。我们已有理由去评论房屋、教育、医疗和公用事业如何已经朝这一方向发展，如今我们可以把制造战争这件事，甚至是政府本身纳入该范围，因为当局把越来越多的职能发包给私营企业。在此情况下，有钱有势的人可以收买（或窃取）几乎所有东西，无钱无权的大众则将被排斥在外。如今有钱人还可以购买基因序列的所有权、污染权和天气期货；因此，考虑到波兰尼的警告，我们无疑应该阻止这种趋势。但是，问题是这一切似乎已经深植于“自然”和不可动摇的资产阶级事物秩序中。因此，以下情况看来不但是可理解的，也是无可避免的：商业将如常在社会和文化活动的领域支配社会生活，即使这些领域与商业绝对无关。无论在哪里，交换价值都是主人，使用价值则是奴隶。正是在这条脉络下，大众以无法取得足够的基本使用价值为由起来抗争，已成为迫切的要事。

这件要事与剥夺式占有和积累的现行政治所招致的系统性批判和抗争密不可分。这种政治与私有产权的普遍法律原则，处于一种令人困惑且显然矛盾的关系，因为这种法律原则理应合理地调节国家与个体的关系，杜绝强制剥夺、窃取、强夺和诈欺。从过去几年金融和房屋市场发生的事看来，资本主义的合宪性和合法性似乎是以谎言为基础的，或充其量是以令人困惑的虚构为基础的。但是，我们对这个谎言的确切性质并无普遍共识。结果我们往往淡化剥夺式积累的问题，视之为我们无力充分应用、执行和监管市场行为的问题。

基于上述分析，我们还可以得出两点见解。第一，我们怎样才能保证掠夺公共财富的个体会集体行动，以确保公共财富可以再生产出来？个人或私营公司基于自身的短期利益行事，结果往往损害以至摧毁自身的再生产条件。农民可能耗尽自身土地的土壤肥力，雇主也可能导致员工过劳死，或者疲累到工作效率低下。这种问题在环境受损和退化方面尤其严重，英国石油公司2010年在墨西哥湾的漏油事件便是一个例子。第二，如果在市场中循规蹈矩，只能赚取薄利，而违法、掠夺、窃取和诈欺的报酬却异常丰厚（即使这些不当行为会招致巨额罚款），个体还有什么诱因去当模范生？汇丰控股、富国银行、花旗银行和JP摩根等金融机构近年遭当局处以巨额罚款，而且有证据显示金融业的违法行为并未停止。由此看来，这也是公共财富的再生产仍要面对的一个问题。

土地、劳动和资本这些并非商品的东西，皆以非法和强制手段保持其货币化、商品化和私有化，此中的调解（mediation）据称“客观”，但完全是虚构的。这正是资本主义合宪性的虚伪本质，而我们必须看清这一点，才能明白这种合宪性（及其法律条文）如何把非法的东西纳入其基础中。这些虚构的东西和物神崇拜系统性地偏袒特定人群，因此形成建构资本家阶级权力的基础。起初这可能只是事出偶然，但如今它已经成为资本建构出来的整座政治和经济华厦的根本存在理由。资本家阶级权力与这些虚构事物和物神崇拜的内在关系，最清楚展现在劳动力关键的商品化、货币化和私有化上。这正是我们接下来要探讨的议题。

矛盾 5
资本与劳动

某些人占用和剥削其他人的劳动力，是人类组织一个由来已久的特征。为了有权这么做，人类必须建构形形色色的社会关系，例如强制奴役，农奴制，把妇女（有时还有儿童）当作财产买卖，神权社会里信徒出于对上帝或神明的崇拜而自愿做事，忠心的臣民为国从军，或是响应号召，替尊敬的领袖、族长、君主或地方贵族建造金字塔等。这种专制、占用和剥削的社会关系可以种族化、族群化或性别化，也可以针对特定的文化或宗教群体，或是生物学上据称比较劣质的人。这也是一种由来已久的做法。显而易见的是，这些遭专制的人可以被货币化和商品化。奴隶可以当作商品直接买卖，妇女交易附送嫁妆（以关键商品，如牛或货币为度量标准），雇佣兵军团取代了讲究宗教信仰和个人忠诚的军队。此外，无论古今，陷入负债日重的困境均是一种比较危险的情况，可能导致当事人的劳力或劳动成果被社会、政治和金钱势力强大的人占有（例如以劳役偿债的制度和租佃分成制度）。

不过，资本所做的是把劳动力当作一种商品买卖，而这也是这种生产方式的独特之处。劳动者是劳动力这种商品的持有人，他们在据称“自由”的劳动市场出售这种商品。当然，劳动服务的交易在资本主义兴起之前已经出现，而且倘若资本有一天不再是生产和消费的可行方式，这种交易完全有可能继续存在一段长时间。不过，资本学会了系统地持续使用劳动力，并产生剩余（相对于劳动者维持特定生活水平的需要而言），创造出自身的再生产基础（最好是永久的）。这种剩余是货币利润的根基。

这个体制的非凡之处，在于它似乎不仰赖欺骗、偷窃、强取或剥夺，因为资方可以支付劳动者“公允”的市场价值（“市价工资”），同时安排劳动者工作，产生资本生存所需的剩余价值。这种“公允性”是基于以下想法：劳动者对他们当作商品提供给资方的劳动力，拥有个体化的私有产权，而且可以“自由”选择出售劳动力的对象（对资方来说，劳动力这种商品的使用价值，在于它可以产生价值和剩余价值）。当然，对资方来说，劳动者最好没有土地，甚至没有任何生产工具，因为如此一来，劳动者将别无选择，只能靠出售劳动力为生。资本家将设法确保劳动者在劳动过程中，创造高于其劳动力市场价值的商品价值。简而言之，劳动者必须创造高于自身所得的价值，如此才能促成资本的创造和再生产。劳动者创造的附加值成为资方得到的利润；资方把这种附加值存起来，产生日益集中的金钱势力。

劳动力商品化，是解决资本流通当中一个看似棘手的矛盾的唯一方法。在运作良好的市场体制中，没有人使用强制、欺骗和强夺的手段，交换应当基于平等原则：我们相互交换某些使用价值，而这些使用价值的价值应该大致相等。这与以下假定是有矛盾的：所有资本家都能得到更多价值，因为在运作良好的资本体制中，所有资本家都应该赚到利润。那么，既然市场体制原则上仰赖平等交换，构成利润的额外价值从何而来？必须有一种商品可以创造出比它本身价值更大的价值。这种商品便是劳动力，而这正是资本再生产所仰赖的东西。

劳动力商品化，结果便是把社会劳动（我们替其他人劳动）变成异化的社会劳动。资方组织人们工作和劳动，纯粹是为了生产商品交换价值，赚取货币报酬——资方以此为基础，建立他们主宰其他阶级的社会权力。简而言之，劳动者陷入这样的处境：除了借由工作不断创造条件让别人主宰自己外，他们别无可为。这就是资本统治下的劳动者的自由。

虽然劳动者与资本家的关系总是一种个体间的契约关系（拜劳动力的私有财产特质所赐），我们不难明白一件事：在劳动市场和劳动过程中，资本与劳动者之间会出现一种普遍的阶级关系；而且一如所有的私有产权关系，这种阶级关系必然需要国家和法律作为仲裁者、监理者或执法者介入。这是因为个体私有产权与国家权力之间有系统性的矛盾。劳动者个人或集体完全可以为了得到更多而激烈抗争，资本家个人或集体也完全可以致力于降低工资（使劳动者得不到劳动力的公允市场价值），或降低劳动力的价值（手段可以是缩减人们认为劳动者生存必需的一篮子市场商品，或是降低现行该篮子商品的成本）。劳资双方均有权为这些问题而抗争，而如马克思的名言指出："在平等的权利之间，力量就起决定作用。"[1]

资本对付劳动者的努力越成功，其利润越大。劳动者对付资本的努力越成功，他们的生活水平越高，在劳动市场的选择越多。资本家往往致力于提高工作强度和生产力，也可能致力于延长劳动者投入工作的时间。劳动者则致力于缩短工作时间、降低工作强度，以及减少工作过程中身体受伤害的危险。国家的监管机构往往介入劳资关系，例如立法限制每日工作时间，或是制定工作场所的安全标准，包括限制劳动者接触有害的原材料。

有关劳资矛盾的形式和影响，学界已经有大量研究；而且长期以来，这种矛盾对阐明革命或改良式政治斗争的必要性起到了关键作用。因此，我在这一章可以当个宽厚的作者，避免长篇大论，因为我想我的读者多数大致熟悉此一议题。对某些左派分析者（尤其是马克思主义者）来说，劳资矛盾构成了资本的首要矛盾。因为这个原因，人们常把劳资矛盾视为所有有意义的政治斗争的支点，以及所有反资本主义革命组织和运动的温床。有些人还表示，劳资矛盾是所有形式的危机唯一重要根源。有关危机的形成，有所谓的“利润紧缩”理论，而该理论看来确实曾在某些地方应验过。劳方势力膨胀，相对于资方变得非常有力时，劳动者很可能会显著提高工资，导致资本得到的利润减少。在这种情况下，资方的典型反应是罢工、拒绝投资或再投资，以及故意制造失业，借此惩戒劳动者。这种说法可以用来描述北美、英国和欧洲 20 世纪 60 年代末至 20 世纪 70 年代的情况。[2] 但是，资本如果可以非常轻易地剥削劳动者，一样很容易陷入很大的困难；2008 年金融市场崩盘后的情势发展，证明了这一点。

但是，劳资矛盾无法独立地解释危机——在分析上是这样，甚至归根结底讲到政治层面，也是这样。这个矛盾藏在资本的其他矛盾中（甚至包括使用价值与交换价值的矛盾），也倚赖它与其他矛盾的关系。由此看来，所有反资本主义运动都必须改变其政治任务的性质和构想，因为环境约束（例如金钱势力高度集中——资本积聚金钱势力，通常是为了追求自身的目标和保护自身利益）往往限制了工作场所劳资关系根本改变的可能性条件（conditions of possibility）。即使最终制止劳资矛盾和建立非异化劳动的条件，是另类政治抱负的终极目标，如果我们不处理资本的其他矛盾（例如货币形式和私人占有社会财富的能力衍生的矛盾），这些目标（它们与这些其他矛盾有关联）将不能达成。

思考劳资矛盾无疑会令人想到以下政治抱负：设法以其他组织形式（由联合起来的劳动者集体控制他们自己的时间、劳动过程和产品），取代资本在劳动市场和工作场所管制劳动者的情况。为其他人所做的社会劳动不会因此消失，但异化的社会劳动则会。长期以来，人类尝试过许多替代方案，包括劳动者合作社、工人自治（autogestion）、工人管控，以及较近期的团结经济（solidarity economies）。但实践结果显示，这种策略只能取得有限的成效，原因如上所述。生产工具国有化加上中央计划，形成了一些国家安排的替代方案，但它们同样被证实问题重重，甚至可能令人误以为可以达致某种乌托邦状态。在我看来，这两种策略均难以成功执行，是因为劳资矛盾藏在资本的其他矛盾中，而且与其他矛盾密切相关。例如，如果这些非资本主义的劳动者组织形式仍然是以生产交换价值为目标，如果私人借由累积金钱占有社会权力的能力仍然不受约束，则联合起来的工人、团结经济和中央计划型生产体制最终将失败，又或者出现自我剥削的问题。致力于建立非异化劳动的条件，不足以解决问题。

此外，不幸的是，人们对劳资矛盾发生的复杂场域有一些误解。左派思想倾向特别重视劳动市场和工作场所，视它们为阶级斗争的两个核心领域。左派因为认为它们是建构替代方案，取代资本主义组织形式的关键领域。无产阶级先锋理应在这些领域发挥领导作用，促成社会主义革命。我们稍后检视资本流通中生产与实现的矛盾统一时将看到，其实还有同样重要，甚至更为迫切的其他斗争领域。

例如在美国，劳动者阶层通常花约1/3的所得在房屋上。我们之前已经讲过，房屋供给往往是由日趋投机的交换价值操作驱动，而房屋市场是榨取租金（包括土地和房产）、利息（主要形式为房贷还款）、财产税和利润（建造房屋动用的资本得到的报酬）的地方。房市也是一个以大量掠夺式活动著称的市场（例如买卖房屋必须支付律师费和各种其他费用）。劳动者可能经由在劳动市场和工作场所的斗争，争取到可观的薪资增幅，但他们为了在投机驱动的房市取得房屋使用价值，在遭遇无可避免的掠夺活动之后，可能必须耗掉他们全部的薪资增幅。劳动者在生产领域创造的成果，被地主、商人（例如电信公司）、银行业者（例如信用卡费用）、律师和收取佣金的中介偷走，剩下的所得也将有颇大一部分被行政管理当局拿走。一如房屋供给，医疗、教育、供水、污水处理和其他基本服务私营化和商品化，也导致劳动者可自由支配的所得减少，而资本则夺走更多价值。

但这不是全部的真相。所有这些做法构成一个集体场所，剥夺式积累的政治肆虐其中，成为向弱势群体（包括劳动者阶级，无论你如何界定）榨取所得和财富的主要手段。大众曾经取得的种种权利（例如支撑令人满意的社会工资的退休金福利、医疗、免费的教育和充足的各种服务）被偷走，而这种窃取已经成为一种公然的剥夺——以前是以新自由主义观念辩解，近年还以财政正义为名，借由撙节政治强化。因此，组织起来对抗这种剥夺式积累（例如组织反撙节运动），以及追求比较便宜和有效的房屋、教育、医疗和社会服务供给，对阶级斗争的重要性并不低于在劳动市场和工作场所对抗剥削。但是，左派因为执迷于工厂工人代表阶级觉醒和社会主义抱负的形象，基本上未能把上述的另类阶级运作纳入其思考和政治策略中。

资本的矛盾与资本主义矛盾之间的复杂互动，也正是在这里比较充分地展现出来。我稍后将较为详细地讨论这个问题。但是，如果我们不提劳资矛盾藏在资本的其他矛盾中（并与这些其他矛盾密切相关），也不提它与资本主义矛盾（尤其是与种族化、性别和其他形式的歧视有关的矛盾）的明显纠结，便匆匆结束有关劳资矛盾的讨论，那将是愚蠢的，也是不明智的。例如劳动和房屋市场根据人种、族群或其他界限分割和隔离，便是所有资本主义社会形态恶名昭彰的普遍特色。

虽然劳资矛盾无疑是资本主义社会一个重要和根本的矛盾，即使纯粹站在资本的角度，它也不是某种意义上层次高于其他矛盾的首要矛盾。站在资本主义的角度，资本构成的经济引擎中这个重要和根本的矛盾显然有它的关键角色，但它明确的表现形式则是经由其他形式的社会特征（例如人种、族群、性别和宗教联系）过滤，得到调整或相互纠结，以致资本主义当中的实际斗争政治，远比纯粹站在劳资关系的角度观察来得复杂。

我讲这一切，不是为了贬低劳资矛盾在资本种种矛盾中的重要性，因为它确实是一个独特和重要的关键矛盾。毕竟，资本的力量正是经由劳动市场，在工作场所直接冲击劳动者的身体，并且影响劳动者抚养的人（影响这些人的生存机会和福祉）。许多人在这方面所经历的事（在劳动过程中常遇到粗暴的对待，家人可能吃不饱），本质上是令人疏离异化的；这一直是大规模异化发生的途径，因此也是革命爆发的触发点。但是，在我看来，过度强调劳资矛盾，而且把它当作独立存在、与资本的其他矛盾无关，对我们革命性地寻求资本和资本主义的替代选择是有害的。

矛盾 6

资本是一种过程还是一种东西?

曾有一段时间，物理学家不断辩论光应该以粒子还是波的概念去理解。在 17 世纪，牛顿提出光的微粒说，同期还有惠更斯（Christiaan Huygens）倡导他的光波动说。此后舆论在这两种理论之间摇摆，直到量子力学之父玻尔（Niels Bohr）诉诸互补原理，解决了所谓的“波粒二象性”问题。根据玻尔的解释，光既是一种粒子，也是一种波。两种理论并存，我们对光的认识才完整，但我们不必同时使用这两种理论。但是，有些物理学家认为这种二象性是同时存在而非互补的。此外，这种二象性是自然固有的吗？还是反映了观察者的局限？这一问题也引起颇多争论。无论如何，在自然科学的许多领域，我们现在显然已经接受此类双重性作为建构理论的基础，例如心脑双重性（mind-brain duality）便位居当代神经科学的思想根源。因此，我们不应该说自然科学本质上敌视辩证推理，又或者是对矛盾概念“免疫”（不过，我希望马上补充一点：自然科学的辩证推理，与恩格斯和后来斯大林青睐的那种刻板的辩证法截然不同）。传统经济学希望人们普遍承认它是一门科学，但忽略了双重性，真是非常可惜！

那么，我们应该视资本为一种过程还是一种东西？我将说明为什么我们应该持两者皆是的看法。此外，对于资本的这种双重性，我支持二者同时存在而非互补的观点，虽然为了解释事物，我们往往必须选择偏重其一。资本持续流通是一种过程和流动，而另一方面，资本也会以各种物质形式出现（主要是货币、生产活动和商品）。两者合一形成一种矛盾统一。我们的探索因此应该集中研究这种矛盾的性质，以及它可以如何促成创造和改变、动荡和危机。

我们来想一下，在一个简单的资本流动模型中，一名诚实和行为端正的资本家，遵守监管功能正常的资本主义国家有关市场行为的所有法规，大概会怎么做。这名资本家起初掌握一定数额的资金（钱是借来的还是自身所有，在这里并不重要）。资本家使用手上的钱购买生产工具（土地和土地范围内所有资源的使用权，以及原材料、能源和机器等），并且在劳动市场以某种条件雇用工人（例如每天工作 8 小时，每周工作 5 天，工资以周计）。购买生产工具和劳动力，是生产开始之前所做的事。不过，工人通常要等到生产开始一段时间之后，才能领到工资，而生产工具则往往必须在生产开始前付款买下（除非供货商允许赊账）。工人的生产力显然取决于技术（例如使用什么机器）、组织方式（例如生产过程中的劳动分工与劳动合作方式），以及资本家设计的劳动过程强度、效率。生产过程的结果是一种新商品（通常是某种东西，但有时也可能是某种过程，例如运输和其他服务）。资本家把商品拿到市场上，卖给消费者，而他会希望商品售价不但可以使他收回成本，还能赚到一定的利润。

赚取利润是资本家不嫌麻烦做这一切的动机。为了维持生计，资本家会持续做上述的事。不过，他通常还会投入部分利润，扩大生产规模。他这么做是出于多种原因，包括对金钱势力的贪欲，以及担心自己如果不利用盈余再投资以扩张规模，可能会被新进业者打败（最坏的情况可能是公司倒闭）。

这种过程也可能涉及许多非法的事。资本家最初的资金，可能是靠抢劫或暴力得来。土地和资源使用权，可能是靠强制手段获得。生产要素可能是偷来的，而不是在市场上公平购买的。工人被迫接受的契约条件，可能违反合法形成的常规，各种侵害劳动者的事（例如拖欠工资、强迫加班，以及以劳动者做错事为借口处以罚款）可能非常普遍。工作环境可能变得难以忍受，甚至非常危险（例如会接触到有毒物质，又或者雇主把工作强度强行提升至正常人无法承受的水平）。市场中可能盛行各种诡计（手段包括虚假陈述、垄断定价，出售瑕疵品以至危险商品等）。竞争者可能遭杀害，业者可能定出垄断价。因为认识到这种种坏事可能发生，国家介入市场，监管许多事情，例如立法监管职业安全和健康，以及确保消费品不会危害消费者等。近30年来，新自由主义盛行，这种保护措施在新自由主义者（代表人物为里根和撒切尔夫人）执政期间遭严重削弱。

环顾资本主义世界，不法行为几乎在所有地方显而易见。资本合法流通的标准，看来受到各种不法行为很大的影响。这种合法与不法的双重性，因此也影响资本的运作方式。国家权力介入以约束个体的行为，显然是必要的。没有国家的资本主义是不可想象的（见矛盾3）。但是，国家如何干预资本运作，取决于阶级对国家机器的控制和影响力。如果不是国家机器某种程度的疏忽和共谋，华尔街近年的不法行为是不可能发生的。

不过，我们在这里主要是要谈资本作为一种过程的情况，也就是价值经历物质形式转变的持续流动过程。资本在某个时刻是以货币的形式出现，在另一个时刻则是一堆生产工具（包括土地和资源），又或者是一群走过工厂大门的工人。在工厂之中，资本涉入具体的劳动和商品的制造；潜在和尚未实现的价值（社会劳动）及剩余价值包含在商品之中。商品出售时，资本再次回到它的货币形式。在这种持续的流动中，过程与东西相互依赖。

过程与东西的双重性并非资本所特有。我认为这是自然中一种普遍的存在状态，因为人类是自然的一部分，这也是所有生产方式之下，社会活动和社会生活的一种普遍状态。我的生活是一个过程，在此同时，我这个人有东西的特性，而政府正是借此界定我的身份（姓名和某些编号！）。不过，资本以它的特别方式面对和调动这种双重性，这正是我们必须密切注意的地方。资本以价值持续流动的状态存在：价值持续流经我们已经辨明的物质形态（以及我们还未认识的其他形态）。持续流动是资本的首要生存条件：资本必须流通，否则将会死亡。资本的流通速度也很重要。如果我的资本可以流转得比你快，我将占有某种程度的竞争优势。因此，资本家承受着加快资本周转速度的显著竞争压力。在资本的历史上，加速的倾向显而易见。我们可以看到，很多技术和组织创新的目的，是加快事物的速度和减少物理距离造成的障碍。

不过，这一切皆假定从一个时刻过渡至另一个时刻是不会有问题的。但事实并非如此。举个例子：我有钱，希望制造钢铁。我因此必须马上拥有生产钢铁所需的要素（劳动力和生产工具）。但是，铁矿和煤仍然藏在地下，把它们挖出来需要很长时间。炼钢厂附近可能没有足够的工人愿意出售他们的劳动力。我必须建一个鼓风炉，而这也需要时间。与此同时，我为生产钢铁准备的资金闲置着，未能产生任何价值。资金要转化为生产所需的东西，受诸如此类的潜在障碍阻挠，而损失时间将导致资本贬值，甚至直接损失资本。只有在克服所有障碍之后，资本才能流入实际的生产中。

生产过程中也有各式各样的潜在问题和障碍。生产钢铁需要时间，需要多少时间则受工作过程的紧凑程度影响。虽然资本家可以尝试以各种组织和技术创新缩短生产时间，物理障碍令生产时间无法缩短至零。此外，工人不是机器，他们可能罢工或怠工。为了持续生产，资方必须建立对员工的控制，并且与员工协调合作。

钢铁生产出来后，必须卖出去。商品可能闲置在市场上一段时间，然后才有买家出现。如果所有人手上都有够用数年的钢铁，则可能很长时间都不会有买家。假如这样，以商品形式存在的资本将变成死资本，因为它已经不再流通。生产商为了自己的利益，会希望顾客每隔一段时间便必须购买新商品，而且这段时间最好还能不断缩短。钢铁厂商可以考虑的一种做法，是生产很快生锈的钢铁，使得顾客必须快速替换钢材。不过，对手机和电子产品厂商来说，缩短消费者替换产品的时间容易得多。按计划报废、创新，以及不断改变的潮流，在资本主义文化中已是根深蒂固。

资本亟欲超越或绕过流通障碍，而且也非常渴望周转顺利和加快周转速度，资本家为此想出各种策略和快捷方式。例如生产商可能希望马上卖出他们制造出来的商品。对他们来说，把商品打折大量卖给中间商是比较轻松的事（因为进货价打了折，中间商有机会分享到剩余价值）。中间商（批发商和零售商）承担把商品卖给最终消费者的成本和风险。借由追求效率和规模经济（同时剥削员工），中间商能以较低的成本把制造商与最终消费者联系起来（所谓成本较低，是相对于制造商自己负责营销而言）。中间商因此令资本的流动变得比较顺畅，并且使制造商得到比较可靠的市场。但消极的一面是，中间商最终可能对制造商有相当大的影响力，他们可能迫使制造商接受较低的收益率（这正是沃尔玛的策略）。另一方面，制造商也可以试着利用未售出的商品，取得贷款或预付款。但是，在这方面，银行业者、金融业者和折扣商可能发挥他们的自主权力，成为影响资本流通和积累的一个活跃因素。旨在维持资本持续流动的社会策略是一把双刃剑。这种策略或许能达到促进流通的直接目标，但也会制造积极发挥影响力的权势集团，包括中间商（例如沃尔玛）和金融业者（例如高盛），而这些权势集团可能会追求自身的特殊利益，而不是为资本的整体利益服务。

资本流通中固定与移动之间的紧张关系，也因为一些纯粹物质面的问题而加剧。此类问题集中在固定资本的长期投资上。为了使资本得以在空间和时间中自由流通，我们必须创造出固定在某些空间的实体基础设施和人造环境，例如固定在土地上的道路、铁路、通信塔和光纤电缆、机场和港口、工厂大楼、办公大楼、房屋、学校和医院等。比较可以移动的固定资本也有很长的寿命，例如船只、卡车、飞机和火车、工厂机器和办公设备，以至我们日常使用的刀叉、盘子和烹饪用具等。我们浏览圣保罗、上海或曼哈顿的城市景观时会发现，这些固定资本规模庞大，而且多数是不可移动的；至于可移动的固定资本，如果要在它们还能使用时替换，必然会损失价值。资本积累的矛盾之一，是随着时间的推移，相对于持续流动的资本，这些为了生产和消费而创造出来的长寿且往往不可移动的资本将越来越多。资本永久面临这样的危险：因为需要越来越多的固定资本，假以时日，资本将会僵化。

固定资本与流通资本有矛盾，但它们相互依赖，缺一不可。如果流通资本要加速流动，则促进流通的资本的流动必须放慢。但是，不能移动的固定资本（例如集装箱码头）必须有人使用，才能实现其价值。没有船只使用的集装箱码头是无用的，投资在码头上的资本将血本无归。另一方面，如果没有轮船和集装箱码头，商品将无法运到市场上。固定资本构成支持资本流通的物质世界，资本流通则使我们得以回收投资在固定资本上的价值。

固定与移动之间的根本矛盾，也造成另一层面的困难。旨在令资本流动比较顺畅的社会策略（例如中间商的活动，以及影响力更大的金融业者的活动）结合土地固定的物理问题，使得连着土地的财产得以占有部分剩余价值。这种基于不动产的特别资本榨取租金，主导土地投资，同时冷酷地从事土地、自然资源和房产价值方面的投机。

在 20 世纪 30 年代，凯恩斯曾开心地期望“食租者的安乐死”。[1]凯恩斯期望能实现的这个政治理想包含所有拥有资本的人，而这一理想至今当然仍未实现。例如土地现在是更重要的一种虚拟资本，而土地所有权（或分享未来租金收入的权利）是可以在国际上买卖的。现在的“土地”概念，当然包含过去累积下来的所有基础设施和人为改造结果（例如伦敦和纽约逾一个世纪前兴建的地下铁路），以及尚未摊销完的近期投资。食租者和土地权益所有人压制经济活动的潜在威胁，如今甚至更严重，尤其是因为它们受金融机构的支持，而金融机构沉迷于租金、房价和地价不断上涨带来的报酬。我们之前已经谈过的房价大涨和崩盘，便是典型的例子。值得玩味的是，这种现象至今仍未消失。它们如今已经演变成世界各地惊人的土地掠夺（从资源丰富的印度东北部到非洲，以至拉丁美洲许多地区）：机构和个人都希望借由拥有土地和土地上的所有资源（包括“自然”和人造的），保障自身的财务前景。由此看来，我们未来可能将面对土地和资源稀缺的情况（基本上是一种自我实现的情况，基于一种垄断和投机力量——正是石油公司长期以来发挥的那种力量）。

食租者阶级的权力仰赖它对固定物的控制，但与此同时，它也利用流动的金融力量在国际上兜售其商品。近年房市发生的事，正是典型的例子。美国内华达州的房屋所有权卖给世界各地的投资人，他们最终被骗走数以百万美元计的金钱，而华尔街和其他金融掠夺者则享受他们的奖金，以及靠不正当手段取得的利润。

因此，我们必须思考的问题是：流动与固定，以及过程与东西之间的紧张关系，何时及为何会演变成一种绝对矛盾（尤其是食租者阶级占有过多权力这种情况），进而酿成危机？这种矛盾显然可能发展成局部的压力和危机。如果商品不再流动，协助流动的东西将变成必须抛弃的无用之物，租金报酬将崩跌。漫长且痛苦的去工业化历史，已经导致一些城市（例如底特律）严重流失经济活动，因此损失极多价值；与此同时，另一些城市（例如中国深圳和孟加拉国达喀尔）则成为某些经济活动的中心，若要成功必须大量投资于固定资本，加上榨取租金和兴旺的房地产市场。资本的历史不乏局部的繁荣和崩坏的故事，而在很多此类例子中，固定资本与流动资本、固定与移动之间的矛盾是十分重要的因素。在这种例子中，资本的创造性破坏作用，在人类所处的物质景观中彰显无遗。创造与破坏之间的平衡往往难以辨识，但去工业化、房产价值与地租的波动、撤资和投机型营建活动强加在一地全体人口身上的代价，全都源自固定与移动之间永久存在的根本紧张关系；这种紧张关系偶尔会在特定地方变成一种绝对矛盾，进而酿成严重的危机。

那么，我们可以从上述分析中推导出怎样的另类政治抱负？一个显而易见的当前目标，是禁止房地产所有人利用他们控制的固定资产榨取租金。食租者顺畅地跨地域买卖不动产合法产权的能力，也必须受到约束；近年来房屋抵押贷款被包装成担保债务凭证，在世界各地买卖，便是这种交易的一个例子。土地、资源和已摊销的人造环境，应归入公共财产资源的类别，替使用和倚赖它们的群体当作公共物品来管理。最近一段时期常见房价、地价不断高涨的情况，但人们整体而言完全没有因此得益。金融投机与实体基础设施（和其他形式的固定资本）投资的关联也必须切断，以便实体基础设施的建造和使用不再受金融考虑支配。最后，基础设施的供给，必须优先考虑使用价值。如此一来，社会秩序只能探索政治集体（political collectivities）可以如何理性地规划，确保社会可以创造和维持必要的实体设施使用价值。只有这样，过程与东西、固定与移动之间显然总是复杂的关系，才能妥善协调以服务公益，而非被利用来支持无止境的资本积累。

矛盾 7
生产与实现的矛盾统一

资本流动时，会经过两个主要关卡，它们记录资本达成数量增长（利润的根源）的表现。在劳动过程或同等的过程中，工作增加价值。但是，增加的价值是隐含的，直到商品在市场上卖出才得以实现。资本的持续流通，有赖资本成功通过两个关键时刻（成功的程度以利润率衡量）：首先是劳动过程中的价值生产，然后是市场上的价值实现。但是，资本流通过程中这两个时刻的必要统一，是一种矛盾统一。那么，这一矛盾的主要形式是什么呢？

在《资本论》第一卷的分析中，马克思为了研究支撑利润的剩余价值如何产生，假设市场上价值实现的问题完全不存在。假设其他条件相同（当然，我们知道实际上永远不会相同），我们会预期资本有很强的动机尽可能降低付给劳动者的工资，尽可能延长劳动者的工作时间和工作强度，尽可能使劳动者承担自身的再生产成本（借由家庭活动和工作），以及令劳动者在劳动过程中尽可能听话和守纪律（必要时动用强制手段）。为此，资本若能有大量受过训练但闲置的劳动力（马克思称之为“产业后备军”）可以随时利用，那便再好不过（虽然这或许并非必要），因为这可以令有工作的人不敢有太高的期望。如果现实中没有这样的剩余劳动力，则资本必须把它制造出来（以下两股力量因此非常重要：技术演变造成大量劳动者失业，某些国家忽然为全球市场增加许多劳动力，例如近 30 年来的中国）。对资本来说，以下两件事也很重要：尽可能阻止劳动者以任何形式组织起来，动用所有可行手段阻止劳动者发挥他们对国家机器的政治影响力。

马克思推断，资本的这些作为最终将产生一种两极化的情况：资本家的财富越来越多，劳动者阶层则不但日趋贫穷，地位日低，还越来越没有尊严和影响力，尽管财富实际上是劳动者制造出来的。

在《资本论》第二卷中（连有造诣的左派学者也多数不熟悉这一卷），马克思研究价值实现的条件，假设价值生产过程中没有问题。他推断出一些令人不安的初步结论（他没有写完这一卷）。如果资本一如《资本论》第一卷的分析，用尽所有手段确保剩余价值能生产出来，并由资本家占有，则劳动者在市场上产生的总需求将倾向受限，甚至是有系统地遭削弱。此外，如果家庭被迫承担劳动者的社会再生产成本，劳动者将不会在市场上购买商品和服务。讽刺的是，劳动者承担越多自身再生产的成本，他们替资本工作的动机将越弱。此外，庞大的产业后备军（失业人口）也不能支持总需求增长（除非国家提供慷慨的收入补贴），一如工资下跌（包括国家减少对社会工资的贡献）不能支持市场扩大。

这当中有严重的矛盾：

> 工人作为商品的购买者，对市场来说是重要的。但工人作为其商品（劳动力）的卖方，则受制于资本主义社会尽可能压低工资的倾向。还有一个矛盾：资本主义产能全力开动的时期，通常就是生产过剩的时候；因为产能运用受到的限制，并非只是价值的生产，还有价值的实现。但是，商品的销售，商品资本的实现（因此也就是剩余价值的实现），不是受限于一般社会的消费者需求，而是受限于绝大多数人总是贫穷且必须总是贫穷的那种社会的消费者需求。[1]

市场上有效总需求（有别于贫穷的群体对必要的使用价值的社会需求）不足，对资本持续积累构成严重的障碍。这会导致利润萎缩。劳动阶级的消费需求，是有效市场需求的重要一部分。

资本主义这种社会形态，永远面临这种矛盾。资本体制可以尽可能促进剩余价值的生产，不惜危及资本在市场上实现剩余价值的能力；它也可以令劳动者得到赋权，借此维持强劲的有效市场需求，但这可能危及它借由生产活动创造剩余价值的能力。换句话说，如果资本像《资本论》第一卷分析的那样顺利运作，站在《资本论》第二卷的角度，它很可能会陷入困境，反之亦然。1945 年至 20 世纪 70 年代中期，发达资本主义国家的资本运作方式，比较接近《资本论》第二卷指示的需求管理立场（强调价值实现的条件），但在这一过程中，它在生产剩余价值方面遇到越来越多的问题（尤其是组织良好、政治势力强大的劳动阶级运动造成的问题）。因此，20 世纪 70 年代中期，这些国家的资本在经过与劳动者的激烈斗争之后，转向比较符合《资本论》第一卷分析的供给侧立场，强调创造有利条件，促进剩余价值的生产（手段包括降低实质工资、镇压劳动阶级组织，以及普遍剥夺劳动者的权利）。20 世纪 70 年代中期以来的这种趋势，我们如今称之为新自由主义。它解决剩余价值生产的主要问题，但代价是制造出市场上的价值实现问题。

以上所述，当然是一种粗略的过度简化，但它很好地说明：生产与实现的矛盾统一，在历史上何其显而易见。这例子也清楚地显示出危机形成和解决的过程，因为危机被人在生产与实现之间来回转移而紧密相连。有趣的是，经济政策和理论也出现相应的转变。例如在 20 世纪 60 年代，凯恩斯学派的有效需求理论（大致符合《资本论》第二卷的分析）支配主流经济思想，但约从 1980 年起，占主导地位的变成货币学派的供给侧理论（大致符合《资本论》第一卷的分析）。在我看来，把这些经济思想和公共政策的历史，放在两卷《资本论》所反映的生产与实现矛盾统一的脉络下来理解，是很重要的。

不过，生产与实现的矛盾，可以借由一些方法调和。首先，即使薪资下跌，我们仍有办法增加需求，包括扩大劳动人口的规模（例子之一，是中国约从 1980 年起，动员闲置劳动力投入生产），扩张资产阶级的炫耀性消费规模，或是创造出不从事生产但有可观购买力的阶层（政府官员、军人、律师、医生和教师等等），并扩大其规模。调和矛盾还有一种更重要的方法：利用信贷。原则上信贷完全可以用来在同等程度上支持价值（和剩余价值）的生产与实现。这一方法最明显的例子，是金融业者放款给房地产开发商去建造投机性质的房屋，同时发放房贷给消费者去购买这种房屋。问题当然在于这种做法很容易造成投机泡沫，一如导致 2007~2009 年市场崩盘的那种泡沫（主要发生在美国房市，但也出现在西班牙和爱尔兰）。建筑业兴旺、泡沫化和崩盘的悠久历史，证明此类现象在资本的历史上十分重要。

不过，信贷系统的介入在某些方面显然是有益的，也确实在困难时期发挥过支持资本积累的作用。生产与实现的矛盾，因此被推回到货币与价值形式的矛盾。生产与实现的矛盾在信贷系统中被内化，而这系统一方面从事疯狂的投机活动（导致房市泡沫的那种投机），另一方面则减轻资本流动的许多困难，使资本得以跨越生产与实现的矛盾统一，稳定地持续流动。限制信贷运作，会加重生产与实现之间的潜在矛盾；解除对信贷系统的管制，则会导致不受约束的投机活动，尤其是围绕着资产价值的投机。使用价值与交换价值、货币与货币代表的社会劳动之间的矛盾一天不能化解，根本问题就一天无法解决。三种不同矛盾之间的相互关联，是频繁发生的金融和商业危机的根源。

生产与实现的关系还连着一些次要矛盾。价值增加无疑是拜生产行为所赐，而价值增加多少主要取决于资本在劳动过程中对劳动者的剥削；尽管如此，拜流动的持续性所赐，价值和剩余价值的实现，得以发生在流通过程中一些不同的环节。组织生产价值和剩余价值的资本家，未必是实现价值的人。中间商、银行和金融业者、地主和房产所有人，以及税务部门的介入，令价值和剩余价值得以在多个不同环节实现，而这种实现有两种基本形式。例如中间商和金融业者可以对生产商施加巨大的压力，借此把直接生产商的收益率压至某个最低水平，自己则坐享厚利，譬如沃尔玛和苹果公司在中国便是这么做的。在这例子中，价值的实现不但跨领域，还跨越重洋发生在另一个国家（创造出一种相当重要的跨地域财富转移）。

处理生产与实现矛盾的另一种做法，是把劳动者替自己争取到的那部分剩余价值收回来，办法是收取过高的价格，或是对劳动阶级收取费用、租金或税金，显著压低他们可自由支配的所得和生活水平。这种方法也可以借由操控社会工资去做，目的是收回劳动阶级在退休福利、教育、医疗和其他基本服务上争取到的权利，借此支持剥夺式积累的政治操作。目前许多国家诉诸撙节政治，正是希望达到这个目的。资本或许会在生产环节对劳动者的要求让步，但可能借由在生活中过度压榨劳动者，连本带利收回在生产环节让渡或损失的利益。高昂的租金和居住成本，信用卡公司、银行和电信公司收取的过高费用，医疗和教育私营化，以及对使用者收取费用和罚款等等，上述这些都会对弱势群体造成经济负担，即使这些成本并未因为各种掠夺手段、任意课征的税项、累退税、过分的法律费用或其他因素而显著增加。

此外，这些行为是主动而非被动的。借由社区中产阶级化、强迫搬迁，甚至有时会动用暴力清场手段，把低收入和弱势群体驱离高价值地段（或试图这么做），在资本主义的历史上是一种行之已久的做法。里约热内卢遭驱逐的贫民区居民、首尔自建房屋的住户、因国家征地而失去住家的美国人，以及南非简陋木屋的居民，均曾面对上述手段。在这例子中，生产是指生产空间，而实现则是指因地租和房产价值上升而获得资本利得——获益的因此通常是房地产开发商和食租者，而非其他资本。

生产与实现的矛盾统一，除了影响劳动者，还同样影响资本。合理的推论是：工作和生活这两个领域的阶级冲突和阶级斗争，也必须有一种矛盾统一。可惜左派大致上不重视这个结论，甚至完全忽略它。

这个矛盾衍生的政治抱负，是把生产与实现的关系反转过来。实现应代之以发现和说明整个群体需要的使用价值，然后再精心安排生产活动以满足这些社会需求。这种改变或许难以迅速做到，但基本需求的供给逐渐去商品化是可行的长期计划，非常符合以下观念：经济活动的基本驱动因素，应该是满足使用价值需求，而非无止境地追求增加交换价值。如果你认为这一目标高不可攀，重温一些历史经验应该是有用的：欧洲的社会民主国家（尤其是斯堪的纳维亚国家）自 20 世纪 60 年代起，把经济导向需求面管理，以求稳定资本体制。虽然这些国家并非全心全意这么做，它们仍然在某种程度上反转了生产与实现的关系。这么做，是过渡到反资本主义经济的必须要求。

SEVENTEEN
CONTRADICTIONS
AND THE END OF CAPITALISM

第二部
变化的矛盾

以变动的矛盾而言，我们必须先描述矛盾的本质，然后再大致评估它目前的形式。了解矛盾的演化轨迹，就能推测未来的可能情况。这种演化并非预定的，也不是随机或偶然的。

SEVENTEEN

CONTRADICTIONS AND THE END OF CAPITALISM

资本的根本矛盾并非互不相关。它们以多种方式密切联系起来，为资本积累提供基本架构。使用价值与交换价值的矛盾（矛盾1），有赖货币的存在，而货币与社会劳动这种价值是有矛盾的（矛盾2）。交换价值及其度量标准（货币）假定交易双方有某种法律关系，我们因此接受个体拥有私有产权，并且需要一种法律架构或一套惯例来保护这种权利。这导致个体化私有产权与资本主义国家集体性之间的矛盾（矛盾3）。国家垄断暴力的合法使用权，以及法定货币（首要的交易工具）的发行权。货币形式的永久性与私有产权的永久性之间有很深的关联（有前者就必须有后者，反之亦然）。非公共个体可以借由交易，合法和自由地占有社会劳动的成果，也就是占有公共财富（矛盾4）。这构成形成资本家阶级权力的货币基础。但是，资本必须仰赖劳动力商品化，才能有系统地再生产资本。劳动力商品化解决了以下问题：基于平等原则的市场交易体制，怎样才能产生不平等的利润？这个方法意味着我们必须把社会劳动（我们替其他人所做的劳动）转化为异化的社会劳动（纯粹为资本的生产和再生产所做的劳动）。结果是资本与劳动之间产生一种根本的矛盾（矛盾 5）。这些矛盾决定了资本经历多种物质形式的持续流通过程，而这意味着在资本的范畴中，固定与移动之间的紧张关系不断加深（矛盾 6）。在资本的流通中，资本的生产与实现必须有一种矛盾统一（矛盾 7）。

这些矛盾界定了一个政治疆域，我们可以据此设计一种替代方案，取代资本创造出来的世界。政治运作应倾向使用价值而非交换价值，倾向采用一种抑制私人累积财富和权力的货币形式，倾向瓦解国家与私有财产的联结体，建立多个互有重叠的集体管理的公有产权制度。私人占有公共财富的能力必须受到抑制，阶级权力的货币基础必须削弱。资本与劳动的矛盾必须化解，办法是着重联合起来的劳动者从事非异化劳动的能力，由他们在替其他人生产必要的使用价值时，决定自身的劳动过程。固定与移动之间的矛盾永远无法彻底解决，因为这是人类存在的一种普遍情况。但我们必须设法管理固定与移动关系，对抗食租者的权力，帮助我们持续和可靠地满足所有人的基本需求。最后，我们不应再为生产而生产，迫使人们投入疯狂和异化的消费主义世界；我们应理性地组织生产，提供必要的使用价值，使人人都能得到适当的物质生活水平。实现应转化为一种基于需要的需求，而生产则以满足这种需求为宗旨。

这些长远政治思考的大方向，是要帮助我们建构一种资本的替代物。我们应当根据这些大方向，评估具体的策略和提议。

无论何时何地，以上根本矛盾都是资本固定不变的特征。我们接下来要谈到，这些矛盾唯一不变的是它们持续在变。由此衍生的政治经济学，因此与自然科学模型有本质上的不同；在自然科学中，可以大致假定我们阐明的原理在所有时空皆成立。如阿瑟（Brian Arthur）在他富洞察力和教育意义的著作《技术的本质》（*The Nature of Technology*）中指出，“基本定律”（以本书而言则是“根本矛盾”）的表现方式“随着时间的推移而改变，它们形成的形态假以时日也会改变并形成新的形态。每一个新形态，每一套新安排，会产生新的经济结构，取代旧结构，但构成结构的基本要素（也就是基本定律）则一直不变”。[1]

以变动的矛盾而言，我们必须先描述矛盾的本质，然后再大致评估它目前的形式。了解矛盾的演化轨迹，就能推测未来的可能情况。这种演化并非预定的，也不是随机或偶然的。但因为演化中改变的速度通常较慢（通常是数十年而非数年，虽然有证据显示改变的速度正在加快），我们除了谈当前的困境外，还可以展望前景。

掌握变动的意义在政治上极其重要，因为不稳定和变动造成重要问题之余，也创造出政治机会。某时某地适用的政治思想和策略，换了时间和地点便未必适用。许多政治运动宣告失败，原因正在于它们诉诸早已过时的思想和抱负。逝世已久的政治理论家有些见解早已失效，我们不能抱着迎合这种无效见解的心，去研究和推测当前的政治策略和当代政治抱负。但这不代表研究历史就没有意义，也不代表历史记忆和传统不能带给我们解决当前难题的灵感。我们确实有责任以当下资本快速演变的矛盾为背景，写下我们自身未来的诗篇。

矛盾 8
技术、工作和人的可弃性

在传统马克思主义者的构想中，社会主义、共产主义要解决的核心矛盾，是生产力（可大致理解为技术能力和力量）惊人增长，但资本无法利用这种能力增进人类的共同福祉，因为资本决意维持现行阶级关系，而且阶级再生产、阶级压迫和阶级统治的相关机制也妨碍资本这么做。这理论认为，若任其发展，资本必将制造出日趋脆弱的寡头和财阀统治阶级结构；在这种结构下，世界上多数人口必将为生计奔波劳碌，或是被饿死。因为对这种物资充裕但分配越来越不平等的情况感到绝望，群众将自觉地组织反资本主义革命（根据列宁主义者的说法，是由一个先进的政党领导），摧毁阶级统治，然后重新组织全球经济，令地球上每一个人都能享受到资本惊人的生产力原本有望带来的好处。

虽然上述分析说对了不止一点点（例如我们目前似乎已相当接近制造出一个全球财阀统治阶层），而在转变机制方面，革命热情也并非只有一点点，但我总是觉得以上说法过于简化，甚至可能有根本的缺陷。不过，有一件事是很明确的：资本使生产力惊人增长，构成一种矛盾中的一个方面，而这种矛盾总是有可能忽然恶化成危机。并不完全清楚的是，与此对立的确切是什么。这正是我们接下来要讨论的问题。

技术可以定义为利用自然过程和事物，制造产品满足人类的目的。技术从根本上界定了一种与自然的具体关系——一种动态和矛盾的关系。我们稍后将深入讨论这个极其重要的矛盾（见矛盾 16）。在这里我们只需认识到它的存在，以及它的流动性和动态性质。相对于其他力量（例如军队、国家机器和公民社会里的各种其他机构），资本直接和独特的目的是追求利润，而这体现在社会上是无止境的资本积累，以及资本家阶级权力的再生产。这是资本最强烈追求的目标。资本家为此不断调整和改造技术硬件（机器和计算机）、软件（机器使用的程序），以及他们的组织形式（尤其是管理劳动力运用的命令与控制结构）。资本的直接目的是提升生产力、效率和利润率，以及创造新的产品线（如有可能，还希望不断提高产品线的利润率）。

考虑技术演变的轨迹时，记住以下这一点是极其重要的：软件和组织形式一如硬件那么重要。组织形式［例如当代公司的控制结构、信贷系统和准时制（just-in-time）输送系统］和机器人使用的软件、数据管理、人工智能与电子银行，对赢利能力一如各种硬件那么重要。举一个当代的例子：云计算是组织形式，Word是软件，而我用来写作的这台Mac计算机则是硬件。计算机技术结合了硬件、软件和组织形式这三个要素。根据这个定义，货币、银行业、信贷系统和市场全都是技术。这个定义或许显得太宽了，但我认为维持这样的定义是绝对必要的。

个别生产商之间的竞争，最初迫使资本的技术经历内部转变（至少理论上是这样）。资本主义企业彼此竞争，致力于提升自身的效率和生产力，以求赚取比对手丰厚的利润。成功者茁壮增长，失败者则被抛在后头。但是，比较优秀的组织形式、机器或（例如）较严格的库存管理，造就的竞争优势（较高的利润）通常只能维持较短时间。竞争对手很快便能采用新技术（当然，技术受专利或垄断力保护，则是例外情况）。结果将是各领域出现跳跃式技术创新。

我在这里带一点怀疑的语气，因为资本的历史显示，资本强烈偏好垄断而非竞争，而这对创新不是那么有利。不过，我们发现，在所有资本主义企业，无论是否有竞争这股驱动力，资本家当中均出现一种追求提升效率和生产力的强烈集体偏好（可说是一种文化）。供应链某环节的创新（例如利用动力织布机生产棉布），需要其他环节的创新（例如轧棉机）配合，整体生产力才能改善。但是，一个领域的经济活动有时需要一段时间，才能基于新的技术基础重新组织起来（至今仍然是这样）。最后还有相当重要的一点：个别资本家和公司认识到，产品创新是赚取垄断利润（如果受专利保护，则是垄断租）的一种重要手段，虽然这只能维持一段时间。

资本向来不是追求技术优势的唯一原动力。国家机器的各个分支一直深涉其中。最明显的当然是军方对良好军备和组织形式的追求。战争和战争威胁（军备竞赛）一直与技术创新浪潮有极大的关系。在资本主义早期历史中，这种创新的来源很可能发挥了主导作用。但是，国家的各个行政部门也参与开发新技术形式，而且它们发挥的作用一如资本主义企业那么重要，甚至犹有过之。这些行政部门关注的事包括赋税的课征，土地和财产权的定义，契约的法律形式；它们也希望建立治理、货币管理、地图测绘、监控、治安和其他控制民众的技术。国家与私营部门合作研发军事、医疗、公共卫生和能源方面的技术，是相当普遍的事。公共领域的创新惠及资本运作的例子数不胜数，反之亦然。

简而言之，资本主义中的技术变革，源自数种不同原动力和体制的活动。资本促进技术变革，同时也贪婪地利用其成果。对资本来说，这些创新创造出一个巨大的领域，其中有很多维持或提升赢利能力的可能性，而且这种可能性不断在变。

久而久之，技术变革的过程改变了技术的性质。技术自身成了一个特别的商业领域。该领域兴起，显然可追溯至机械工具产业在 19 世纪的兴起。为了适用多个产业，一些通用技术被开发出来，例如蒸汽机及其衍生产品。在这种技术开发过程中，核心考虑是蒸汽机制造商的赢利能力，而不是使用蒸汽机的各产业（例如运输、棉纺厂和矿场）的赢利能力，虽然两者的赢利能力显然互相倚赖。很快，人们便不但追求更新更好的蒸汽机，还追求更新更好的能源和电力应用方式。

追求几乎处处适用的通用技术（近年的例子包括计算机、准时制生产方式和组织理论等领域的技术）成了一种重要的活动。巨大的发明创新产业兴起了。该产业照顾所有技术需求，包括消费、生产、流通、治理、军事、监控和行政方面的技术需求。技术创新成为大生意，而“大”未必是指有规模庞大的企业集团（虽然农业、能源和医药等领域如今有很多巨无霸企业的例子），可能是指有很多家公司致力于为创新而创新，其中有很多小型初创企业和创投资本支持的公司。资本主义文化变得沉迷于创新的力量。技术创新成了反映资本家欲望的一种拜物对象。

无论如何，自 19 世纪中叶起，这股因为拜物而追求新技术形式的力量，也促进科学与技术的融合。两者此后维持一种辩证的密切关系，共同发展。科学知识的增长向来有赖新技术（例如望远镜和显微镜）的支撑，而另一方面，新技术纳入科学知识则是技术创新产业的核心做法。

这个巨大的技术产业，越来越懂得强迫不情愿的顾客采用创新技术（这些顾客有时必须为此付出高昂的成本），而国家的法规也往往对技术产业有利；法规的要求往往倾向有利于大公司，因为法规遵循成本通常会随着业务规模扩大而减轻。例如欧盟的法规出于税务和记账考虑，强迫小商店和餐馆采用电子机器处理现金交易；结果这些小店家与连锁店竞争时，必须承受成本上的劣势。新技术的推广宜刚柔相济。另一方面，军事技术的发展实际上已成为一种可耻的敲诈：巨大的军事工业复合体为创新而创新，无止境地榨取公款。

技术演变的路径并非随机或偶然的。如阿瑟在《技术的本质》中指出，新技术成为一种组件，“用于开发更新的技术，而最新技术又可能成为开发新技术的组件。就是这样，经过长时间的逐渐发展，最初的少数技术衍生出许多技术，而比较简单的技术则建构出比较复杂的技术。整体而言，技术靠自身力量发展，从少到多，从简单到复杂。我们可以说技术创造技术。”阿瑟把这个过程称为“组合演化”（combinatorial evolution），而我认为这名字取得好。不过，新技术“是先构想，然后再实际创造出来的”；审视其中的心智和构思过程，我们可以看到，技术演变是把心智上的问题解决过程付诸实践。我们遇到某个问题，辨明它之后，需要一种解决方案，而解决方案总是以新的方式结合以前的方案和其他问题。这种新方式往往会产生外溢效果，因为它创造出阿瑟所称的“机会利基”——在这个场域中，某方面的创新或许可以有意义地应用在另一方面。[1]

如雅各布斯（Jane Jacobs）等评论者早就指出，创新中心自发地发展出来（某些地区、城市或小镇有惊人的创新纪录），是因为阿瑟认为创新所需的各种技能和知识，刚好一起出现在那些地方；这种情况比较可能发生在看似混乱的经济体中，它们的特征是有无数的小企业和精细的分工。[2] 相对于单向的企业城镇，这种环境产生创新技术组合的可能性向来大得多。不过，比较近期的情况，则是资本主义国家和资本主义企业刻意把研究型大学、研究机构、智库和军事研发单位安排在特定地区，以此作为借由创新建立竞争优势的基本运作模式。

有关技术演变的道理，阿瑟的阐述提供了许多有益的资料，但奇怪的是，他完全回避讨论和批判人类利用技术希望达到的各种目的。例如他非常兴奋地谈论F-35 闪电II战斗机的设计如何复杂精密，但完全不提它与战争和支配地缘政治的“人类目的”的关系。对阿瑟来说，这款战斗机不过是代表人类克服了一组艰巨的技术挑战。

阿瑟同样没有批评经济具体采用的资本主义形式，当然也没有质疑资本如何刻意地追求利润极大化、无止境的资本积累，以及资本家阶级权力的再生产。尽管如此，阿瑟有关技术相对自主演化的理论，对我们了解资本这种经济引擎如何运转有深刻的意义。它对我们了解技术变革如何令资本的永续和再生产面临种种矛盾，有相当大的帮助。目前有一些重要的转变正在发生。

以前人们认为经济体像一组机器，如今则认为经济体是一种有机体。这种观念转变对经济理论有多方面的影响。“作为解释现象的概念，开放性、未定性和持续求新正压倒秩序、封闭性和均衡。”[3] 阿瑟在这里本能地呼应了怀特海（Alfred North Whitehead）的敏锐观察：自然本身总是一直在求新，人性亦然。[4] 阿瑟接着指出，结果是“技术正取得一些我们认为属于活着的生物的特性。随着技术变得可以感知周遭环境并做出反应，随着技术变得能够自我组合、自我设定、自我疗愈和有‘认知’能力，它们越来越像活着的生物。技术越是精密和‘高科技’，便越像生物。我们现在开始意识到，技术的代谢性质与机械性质一样重要”。

从机械比喻转向有机（或化学）比喻，是有重要意义的转变。相对于启蒙运动以来流行的机械理性世界观，阿瑟眼中的“新经济”看来比较自然。这无异于观念上的一种逆转（“复原”可能是比较好的说法），改为以比较古老的观念去理解技术与自然的关系。但这不是变得保守，也不是怀旧。它也避开所谓“新时代”（new age）文化思想的感伤和神秘主义。阿瑟暗示，经济学必须采纳的“新原则”是思考和理论基于流程（process-based）的有机形式。讽刺的是，这正是马克思很久以前在《政治经济学批判大纲》（*Grundrisse*）中开创的政治经济学形式！（阿瑟听到这句话，无疑将感到震惊。）阿瑟认为只有这样，我们才能理解“现代技术的特性、联结性、适应能力、演化倾向、有机性质，以及它混乱的活力”。[5]

这种有关技术的分析，对我们如何理解资本这种经济引擎演变中的性质，有很深的影响：

> 新技术面世，不但因为找到了新的组合方式，令我们使用的物品和方法有更好的替代品，因此打破了现状，还带来一系列的技术便利和新问题，因而创造出新的机会利基，驱使人们提出新的组合方式，创造出更多新技术和新问题……经济因此永远处于一种欢迎改变的状态，永远在求新。经济永远处于一种自我创造的过程中，永远不满足……经济永远都在自我建构。[6]

新的技术形态取代旧形态，因此启动汰旧换新的阶段——经济学家熊彼特对此有个著名的说法：“创造性破坏”。[7]生活、存在和思考方式都必须大幅改变，我们才能欣然地以新汰旧。去工业化的近期历史，以及与此相关的戏剧性技术形态变化，是个明显的例子。技术变革既非没有代价，也不是没有痛苦，而代价和痛苦并不是平均分担的。因此，我们总是要问：在创造性破坏中，谁从创造中得益？谁因为破坏而首当其冲？

那么，资本的特殊需求和要求，在这过程中扮演怎样的角色？说来奇怪，阿瑟的研究触觉敏锐，却忽略了这一问题的具体情况。在我看来，根据资本的历史和逻辑，技术有 5 个必要任务，它们互有重叠。以下逐一简述。

第一，合作的组织和分工方式，应尽可能促进效率、赢利能力和资本积累。亚当 · 斯密提到的制扣针的工厂，是早期的简单例子。组织和分工方面的技术随后大有长进，包括目前管理和组织理论的多数内容，以及一些公司管理技巧。阿瑟提到的与日俱增的复杂性和流动性在此随处可见，其中涉及的技术永远在变，越来越重视软件和当代各种形式的资本采用的组织形式。命令与控制结合市场协调，虽不稳定，却是有效的。

第二，资本流通的每一个阶段都有必要加快，而且资本也有必要“经由时间消灭空间”，这种需求已经促成一系列的惊人技术革命。在资本的历史上，主要受竞争压力驱使，缩短资本在生产过程和市场上的周转时间，以及缩短消费品的寿命（这种努力的极致，是从生产耐用的商品转向生产昙花一现的奇观），一直是必要的。技术与“自然的生产”（the production of nature）的关系在此至为明显：绵羊养 1 年便可以宰杀取肉，不需要 3 年；肉猪的繁殖速度也越来越快。运输和通信的速度越来越快，减少地理距离造成的摩擦和障碍，使资本的空间性和时间性成为社会秩序中一种变动而固定的特性。资本真的创造出它自己的空间和时间，以及它自身独特的性质。各种形式的资本（生产、商品、货币）和劳动力的流动性，也总是可能经历革命性变革。我们稍后将再讨论这个问题（见矛盾 12）。

通信和运输这两个领域同时发生革命性变革，近年演变的速度快到难以置信。随手可得的实时信息和新闻，令这种技术成为影响政策和政治的强大力量。控制通信手段对资本家阶级权力再生产至关紧要，而就阶级斗争而言，新的媒体技术（尤其是社群媒体）既有潜能，也有陷阱——这一切在开罗、伊斯坦布尔和世界各地其他城市近年的激烈民众抗争中展现无遗。

第三，生产和传播知识的技术，储存和取用数据和信息的技术，对资本的生存和永续至关紧要。这些技术不但提供价格信号和其他形式的信息，以引导投资决策和市场活动，还保存和发扬必要的世界观，借此促进生产活动，引导消费者的选择，以及刺激新技术的产生。

资本的记忆库不可或缺。它目前已经非常庞大。记忆库的规模快速增长之际，处理相关资料并据此行动的精密技术也必须快速增长。土地登记、契约、法院判决、教育和医疗记录等包含的基本资料，长期以来对资本的运作极其重要。此外，此类数据提供建构国家经济模型所需的原始数据；这种模型是有用的，但它们有许多方面是虚构的。这种数据（失业人口数据、贸易收支、股市的波动、经济增长数据、制造业活动，以及产能利用率等）使我们得以评估国家经济的健康状况，也为企业和国家机构提供策略决策的基础（虽然这未必是好事）。世界银行和国际货币基金组织等机构，有时便似乎被它们制造出来的大量数据淹没。大批“专家”应运而生，帮助我们了解相关趋势。新的数据处理技术面世，例如华尔街使用的计算机化交易技术（以及近年很受关注的纳米技术），可能对资本的运作方式产生巨大影响。

第四，金融和货币是资本运作的一个关键领域（见矛盾2）。只有以货币为记账单位，我们才能够精确地计算盈亏，而多数经济决定是基于对金钱得失的评估做出的。货币方面的技术在历史上很长一段时间大致不变，但自 20 世纪 30 年代起，该领域的创新步伐无疑加快了。近年来，随着计算机化技术、电子货币、网络银行和大批新投资工具的涌现，金融和银行业的创新呈现出爆炸性增长的倾向。创造虚拟资本的趋势已显著加速，而在这些资本自由流通之际，信贷系统中出现各式各样的掠夺行径，促进剥夺式积累和资产价值投机的浪潮。我们在所有其他领域都无法看到以下三个要素如此激烈的互动：新的硬件技术能力，新的组织形式（私募股权公司、对冲基金，以及受国家监管的许多复杂机构），还有以惊人速度发展的软件技术。世界货币和金融体系的技术既是剧烈的压力来源，也是资本家努力奋斗的关键领域（其重要性和“混乱的活力”超过所有其他领域）。

第五，最后一个问题，是关于对工作和劳动的控制。这是资本的一个关键“竞技场”，我很快将详细讨论。

历史上技术的演化方式是必然的吗？我们显然做过一些抉择，解放了技术创新的力量，消除了以往曾在许多地方抑制新技术应用的阻力（中国历史上很长时间未能善用技术发明，是新技术应用受抑制最明显的例子）。当然，历来也不时有人基于伦理和道德理由，强烈抗拒新技术应用：从反对使用机器的卢德分子（Luddites）①，到反对研发核武器的物理学家，都是这方面的例子。基因工程和转基因食品是否合乎伦理、是否明智，目前也有激烈的争议。但是，这些问题似乎未能阻止技术延续其演化轨迹。这就是为什么我把这种矛盾称为“变动的”矛盾：它们并不稳定，也非永恒，而是一直在变。因此，我们极有必要评估技术变迁的过程目前处于什么阶段，以及未来可能如何发展。

例如阿瑟便提出以下问题：“技术持续演化、经济持续再造的这种过程，是否有一天将停止？”阿瑟认为理论上答案是肯定的，但实际上我们距离这一天极其遥远。技术演化分散的动力非常强劲，自然中可能不断产生新发现的领域非常广，技术和经济演化短期内因此绝不可能停止。

> 未来 10 年将出现的技术，大致上是可预料的。现行技术未来将如何改良，或多或少也是可预料的。但整体而言，一如我们无法根据目前的生物物种预料很久以后的整体物种情况，很久以后经济中的整体技术状况也是无法预

① 卢德分子指 19 世纪初英国一群捣毁新引进的纺织机的工人，引申为强烈反对机械化或自动化的人。——译者注

料的。我们不但无法预测将出现哪些组合方式，也无法预测技术发展将创造出哪些机会利基。而因为潜在的组合方式以惊人的速度增加，这种不确定性也将随着技术的集体发展而增加。但是，我们现在很难预测 50 年后的技术状况。[8]

那么，在这种“组合演化”的过程中，有什么矛盾可能危及资本的赢利能力，以及无止境的资本积累？我认为有两个矛盾对资本的前景非常重要。第一个矛盾是关于技术与自然的动态关系。这将是矛盾 16 的主题。第二个矛盾是关于以下三者的关系：技术变革、未来的工作情况，以及劳动相对于资本的角色。这是我们接下来将审视的矛盾。

控制劳动过程和劳动者，向来对资本维持赢利能力和资本积累的能力非常重要。资本在其历史上发明、革新和采用的一些技术形式，主要是为了增强资本在劳动过程和劳动市场中对劳动的控制。资本不但试图控制实际劳动效率，还控制所雇劳动者的自律、市场上供应的劳动者的特质，以及工人的文化习惯和心态（与雇主期望他们做的工作，和他们预料将收到的工资有关的部分）。

许多产业创新者以控制劳动为他们的首要目标。在法兰西第二帝国时期，一位因为机械工具创新而闻名的实业家便公开宣称，他的三个目标是提高劳动过程的精确性、促进生产力，以及削弱劳动者的权利。马克思无疑正是因为这个原因，提出这样的观点：技术创新是阶级斗争的关键武器，而资本采用创新技术，许多时候只是为了破坏罢工。资本无疑随之出现一种拜物信念，认为不断提高赢利能力的方法，是不断利用技术创新来规训劳动者和削弱其权利。工厂制度、泰勒主义（试图把劳动者贬为“受过训练的大猩猩”）、自动化、机器人化，以及最终完全取代活劳动（living labour），都是在响应资本的上述欲望。除了在科幻小说里，机器人不会抱怨、回嘴、生病、怠工、分心、罢工、要求加薪、担心工作环境、想喝下午茶，或是干脆旷工。

资本完全控制劳动和劳动者的梦想，根源在于物质环境，尤其是生产过程内外所有形式的阶级斗争的动态。借由技术应用制造失业以调控工资；寻求越来越便宜的商品以助劳动者维生（沃尔玛现象），借此使低薪变得比较可以接受；攻击所有倡导保障基本社会工资的意见，指责这种做法鼓励劳动者懒惰度日——诸如此类的行为构成阶级斗争的一个领域，而技术的介入和调解在其中至关紧要。这正是阿瑟的叙述显得奇怪的原因，因为他阐述确实对技术变革有关键具体影响的组合演化时，完全没有提到这些明显的基本历史事实（卓别林电影《摩登时代》对此有生动的讽刺）。

其中的核心矛盾是：如果社会劳动是价值和利润的最终来源，则无论在政治还是经济上，以机器或机器人劳动取代社会劳动都是毫无道理的。但我们可以非常清楚地看到，是什么机制令这个矛盾恶化成危机。个别的企业家或公司认为节省劳动力的创新技术，对他们相对于竞争对手的赢利能力至关紧要，由此产生的总体效果，是钱越来越难赚。

马丁 · 福特（Martin Ford）在他最近一本著作中，针对这一问题提出了他的看法。他指出，随着尖端技术发展，从机械和生物系统转向人工智能，我们将看到不但制造业和农业的职位供给大受冲击，服务业和各种专业也无法幸免。随着职位和收入大量消失，对商品和服务的总需求将因此锐减。大量人口将变得“多余”和闲置；除非国家能以某种方式进行收入再分配，为这些人提供补贴以求刺激经济，上述情况将对经济产生灾难性的冲击。

高兹（André Gorz）从一个不同的政治角度，早于马丁 · 福特提出完全相同的论点：

> 根据个体经济学的逻辑，公司如果能够节省工作时间，就会希望节省工资支出：这些公司降低生产成本，将变得更有“竞争力”，（在某些情况下）将能卖出更多产品。但是，站在总体经济学的角度，一个经济体如果因为使用越来越少的劳动力，分配越来越少的工资给劳动者，必将掉进难以逃脱的失业和贫穷化陷阱。为了制止这种沉沦，家庭的购买力必须不再取决于经济消耗的劳动量。虽

然工作时数越来越少，人们整体而言，必须赚到足够的钱去购买产量日增的商品：工作时数减少，不能导致购买力减少。[9]

马丁·福特引用令人印象深刻的具体事例，来支持他的总体观点。明确的实证证据显示，计算机的能力和速度势不可当地快速增长——最近 30 年左右，约 2 年便增加 1 倍。这种计算机能力的增长，并不仰赖建构出有能力像人类一样思考的技术。它只是源自以下事实：计算机“快得不可思议”，而且还一直在加快。如前所述，站在资本的立场，加速是技术创新的一个关键目标，而计算机世界也不例外。因为计算机能力以惊人的速度增长，“一些传统工作类别在不太遥远的未来，可能将高度自动化”。有些人认为新技术将创造出大量职位，足以弥补自动化造成的职位损失，但这种想法“纯属幻想”。此外，有些人认为自动化只会消灭低薪的例行工作，高薪的技术工作（例如放射科医师、医生、大学教授和飞机机师）将不受影响，但这种想法同样是错误的。“在未来，自动化将严重影响知识工作者，尤其是高薪劳动者。”马丁·福特的结论是：“容许数以百万计的这种职位被消灭，同时完全没有具体方案处理由此产生的问题，显然将造成灾难。”[10]

但是，我们可能面临怎样的灾难呢？站在资本的立场，以生产商品所需的劳动力而言，世上富余人口的比例将越来越大；他们在物质和心理上，都将面临生存困境。在资本界定的必要劳动领域，这些人将完全找不到有意义的生存方式，因此必须另谋出路，建立有意义的生活。另一方面，经济产出将持续增加，但相应的需求增长将来自何方？这是最困扰马丁·福特的问题。

> 谁将挺身而出，买下所有的新增产出？……自动化势将产生全面的冲击——几乎每一个产业，各式各样的职业都将受影响；硕士或以上学历的劳动者，以至连高中都没毕业的人，都将无法置身事外。发达国家和发展中国家，都将经历自动化的冲击。驱动市场的消费者，几乎全都是有工作的人，或靠他们供养的人。如果有很大一部分人失去工作，支撑市场的需求将来自哪里？[11]

这是凯恩斯学派会问的有关需求管理的典型问题。这问题若处理不好，资本恐将面临 20 世纪 30 年代蹂躏全球经济的那种危机。如果我们以生产与实现的矛盾统一为背景，重述马丁·福特的观点，将会发生什么事？有趣的是，马克思发现类似的难题，但他是从生产的角度出发。随着越来越多的节省劳动力的技术投入使用，产生价值的社会劳动在数量上将倾向减少，最终摧毁社会必要的劳动和价值的生产，因此也摧毁赢利能力的基础。审视生产与实现的矛盾统一，无论我们从生产或实现哪一面出发，都得到同样结果：赢利能力将受损，无止境的资本积累将崩垮。马丁·福特在其著作的附录中承认，他的论点与马克思的说法可能有一些相似处，但他不知道哪里相似；马丁·福特因此费心说明，希望可以避免因为牵扯到马克思而受到不好的影响。但是，从这个矛盾统一的不同面向出发，看来会推论出非常不同的反制力量和方案。

例如马丁·福特便极其关心如何拯救资本，以免它在可能来临的灾难中灭亡。他实际上支持消费主义普及（无论这件事是多么愚蠢，以及将造成多大的异化效果），借此消化完全自动化的资本所能生产的、越来越便宜的产品。他希望借由以下方法，解决供给与需求不相等的难题：建立一种国家规定的税制，回收新技术创造出来的生产力增长成果，把这些税收当作购买力，分配给遭剥削的大众，而国家期望接受补贴的人从事一些创造性或有价值的社会活动，对公益有所贡献。现实中已经有这种方案。阿根廷和巴西便借由一些穷人补助方案进行收入再分配：穷人只要能证明自己的孩子在上学，便能获得国家补助。这种激励性再分配方案要设计得有效可能相当困难，但马丁·福特认为避免依赖文化极其重要——纯粹的福利支出或无条件保障某水平的收入（无论当事人是否工作），往往容易衍生出一种依赖文化。不过，我们只能借由收入再分配和创造购买力，创造出足够的需求，来消化不断增加的商品与服务供给。高兹也同意，这是“令社会的必要劳动量减少变得有意义的唯一方法”。[12]

另一方面，马克思则看到，资本或许可以因由一些手段，应付节省劳动力的技术创新而造成的利润率下跌倾向，例如开创劳力密集的全新产品线；塑造一种同样重视节省资本和节省劳动力的创新形态；进一步剥削目前受雇的劳动者；维持一个不生产任何东西的消费者阶层，或创造出这样一个阶层；借由整体劳动力的惊人增长，在资本的个别收益率下跌之际，支持资本的增长。至于马克思是否认为这些抗衡力量足以无限期阻止生产价值和利润下跌，则并不清楚。

一段时间以来，这种发展方式有效地阻止利润下跌。约从 1980 年起，中国、印度、东南亚多数国家（以及土耳其、埃及和一些南美洲国家，而非洲则仍有大量未利用的劳动力储备）的农民融入全球劳动力市场，加上苏联加盟共和国的融入，全球领取薪金的劳动力人数的增长（而非减少），远远超过人口自然增长的部分。孟加拉国、越南和其他一些国家出现极差的劳动条件，则体现了剥削程度的加深。而需求问题则主要借由大幅扩张信贷规模应付。

因此，无论是就生产还是实现而言，目前都没有恐慌的理由。但是，就资本长远的未来而言，全球资本体制确实似乎走到了吸收劳动力的“最后阶段”。近 50 年来，发达资本主义国家有大量女性投入劳动市场，而目前国际上还有大量劳动力储备的地方已经相当少（主要是在非洲、南亚和中亚）。像最近数十年如此巨幅的全球劳动力扩张，未来将不可能再发生。此外，自动化和人工智能在例行服务上的应用（例如航空公司的值机服务，以及超市的结账作业）加速发展，则看来只是趋势的开端。自动化应用目前已经出现在高等教育教学和医疗诊断等领域，而航空公司也正在试验无人驾驶的飞机。节省劳动力的技术迅速发展，这种情况与价值生产的矛盾正走进越来越危险的领域。这种危险不但导致许多人长期失业（“闲置人口”的规模将越来越大），还危及资本本身的再生产（连马丁·福特也清楚地看到这一点）。

例如在美国，自 20 世纪 90 年代初以来，最近三次经济衰退之后，经济复苏均未能显著带动就业增长，人们因此称之为“失业型复苏”。最近一次严重衰退造成的长期失业，其规模是 20 世纪 30 年代以来最大的。我们在欧洲也能看到类似现象，而中国增加就业（中国的一个关键政策方向）的能力看来是有限的。无论是看有关最近趋势的证据，还是评估未来的可能，我们都看到一个方向：大量的人将成为多余的人口，而他们可能将躁动不安。

这种发展在理论上和政治上均有重要意义，有必要详细阐述。货币（见矛盾 2）是社会劳动价值的一种表现形式（我们把社会劳动价值理解为经由交换价值市场体系，提供给其他人的劳动量）。如果我们迈向一个不再有社会劳动的世界，将没有价值需要表现。如此一来，历来用来表现价值的货币形式，将完全不再需要代表它本身以外的任何东西。新古典经济学者认为，马克思的价值劳动理论是不相关的，因为资本只对货币信号有反应，并不理会价值关系（此派学者也可能完全不关心这问题）。他们认为价值概念即使看似有理（他们多数不认为是这样），也不值得为此费心。我认为他们这个判断是错误的。但是，如果上述的发展确实发生，反对价值论的新古典经济学观点将变得越来越正确，最后连最正统的马克思主义者都将必须放弃价值论。传统经济学家无疑将为此得意扬扬，但他们并未认识到，如此一来，约束资本、阻止资本堕落至无法无天状态的那个因素将会消失。资本体制当中无法无天的掠夺行为近年四处蔓延，这是社会劳动的规范作用弱化的一个迹象，而这种情况已经发生一段时间。这方面的一个关键事件，是世界货币体系在 20 世纪 70 年代初期抛弃其金汇兑本位：自此之后，世界的货币与社会劳动的关系，最多也只是微弱的，而 20 世纪 70 年代中期之后，世界各地一连串的金融和商业危机便是证据。

近 40 年来，货币形式已经获得很大的自主权。各国央行创造出来的法定货币和虚拟价值，已经占据主导地位。这促使我们反省在此描述的技术演化路径，与货币技术演化的关系。网络货币如比特币兴起，在某些例子中似乎是为了替非法活动洗钱，而这只是货币体系无可避免地坠向混乱状态的开端。

技术问题引起的政治问题，可能是反资本主义斗争最难面对的。一方面，我们非常清楚技术演化是一门大生意（虽然这种演化显然很受阿瑟描述的那种自主的“组合演化”逻辑影响），而在这当中，阶级斗争、资本家之间和国与国之间的竞争，对维持军事主导地位、阶级权力和资本永续积累的“人类目的”有主导作用。我们也看到，资本的行动正使资本越来越接近这样的深渊：资本丧失社会劳动的规范作用，因此坠入无法无天的状态。另一方面，我们也知道，要对抗全球环境退化，社会不平等和贫困，异常的人口趋势，全球的健康、教育和营养赤字，以及军事和地缘政治紧张情势，莫不需要动用我们目前可用的许多技术，来达成非资本主义的社会、生态和政治目的。现存的技术组合虽然充满资本寻求阶级宰制的心态和做法，但也包含解放的潜能——我们必须设法动员这些潜能，用在反资本主义斗争上。

当然，短期而言，左派必将捍卫受威胁的工作和技能。但是，一如20世纪70年代和80年代对抗去工业化运动的悲痛历史证明，打从一开始，这很可能便是一场注定失败的对抗新兴技术形态的战争。在当前这个紧要关头，反资本主义运动必须围绕着以下概念重新组织自身的思想：对于资本主义的经济引擎如何运作，社会劳动正变得越来越不重要。左派目前希望保护的许多服务业、行政和专业工作将逐渐消失。站在资本的立场，世界上多数人口正变得闲置和无关紧要，而资本将越来越仰赖虚拟资本的流通，以及以货币形式为核心、存在于信贷系统中的价值崇拜。可预期的是，有些群体被视为比其他群体更容易受到歧视和伤害，结果是女性和有色人种目前承受多数负担，而且在可见的未来很可能将承受更多负担。[13]

马丁·福特正确地提出这个问题：在这种情况下，那些闲置和多余的人将如何生活（遑论提供一个市场）？所有的反资本主义运动都必须发挥想象力，针对这一问题提出可行的长期方案。运动组织者必须彻底想清楚要以怎样的有组织行动和计划因应新的可能性，以及如何提供足够的使用价值，然后逐步执行计划。在此同时，左派也必须发起顽强的战斗，对抗剥夺式积累日趋掠夺性的技术、进一步的去技术化（deskilling）、永久失业的来临、不断加剧的社会不平等，以及正在加速的环境退化。资本面对的矛盾，演变成必然内化于反资本主义政治中的一种矛盾。

矛盾 9
分工

分工理应被视为资本运作的一个根本特征。之所以有分工，是因为人类有能力把复杂的生产和再生产活动分拆为比较简单的明确操作，由不同的个人当作临时或长期的工作去完成。许多个体的专门作业，通过有组织的合作联合起来，构成有效的整体作业。历史上的分工方式一直在改变和演化，具体情况取决于影响社会的内部和外部环境。分工衍生的核心问题，在于部分与整体之间的关系，以及是谁担起整体演化的责任（如果有这个人的话）。

资本在其历史上掌控了分工作业，大幅加以改造以追求资本自身的目的。正因如此，我把分工的矛盾归入“变动的矛盾”中，因为在资本控制的世界里，分工方式总是处于革故鼎新的过程中。相对于很久以前（例如 1850 年），目前的分工方式已经变得截然不同。不过，资本世界中的分工演化有其独特性质，因为一如所有的其他资本运作，它的首要目的是维持竞争优势和赢利能力，而这可能与改善工作和生活质量完全无关，甚至可能与增进人类福祉的大目标完全无关。如果工作和生活质量根本改善了（事实显然如此），那只是一种连带效应，又或者是倔强和不满的群体提出政治要求、施加政治压力的结果。毕竟，更有效率的分工方式促成日益便宜的商品产量大增，总要有人以某种方式消费它们，生产出来的价值才能实现。另一方面，我们也不能忽略这种运作的许多连带损害（例如环境遭受的破坏）。

分工之中的矛盾多不胜数。不过，技术分工与社会分工之间有重要的一般差异。我讲技术分工，是指复杂的一连串作业中，理论上人人都可以做的个别工作，例如看管一台机器或拖地；我讲社会分工，则是指受过足够的训练或具有一定社会地位的人才可以做的专门工作，例如医生、软件程序设计师，或五星级饭店的女主人。我举最后这个例子是想强调，现行的分工和定义方式除了取决于技术专长外，社会、文化和人际技巧以及自我表达，是同样重要的标准。

在此之外，还有许多值得注意的区分方式，例如出于自然（例如生育）或文化（例如女性在社会中的地位）；城市与乡村；脑力劳动与体力劳动；社会整体分工与一家公司内部的具体分工；蓝领与白领；技术与非技术；生产与非生产；家庭劳动与受薪劳动；以及象征与实质等。产业也有级别之分：第一级是农业、林业、渔业和矿业，第二级是工业和制造业，第三级是服务业、金融保险业和房地产业（近代崛起、极受重视的产业），以及某些人认为属第四级、越来越重要的文化和知识产业。统计调查使用的产业和职业分类，往往超过100个项目，就像嫌上述分类方式还不够仔细似的。

这种区分和对立如果造成紧张和敌对关系，便可能卷入矛盾之中，或加剧成为矛盾，对危机之形成和解决产生某种作用。当然，我们审视反抗运动时，几乎总是会发现，运动的起因和积极参与者，与某种对立关系或某些产业的问题有关。当然，在社会主义理论中，工业无产阶级（“具有生产力”的劳动者）向来特别受重视，被视为革命性变革的先锋。银行职员、家政工人和清洁工人从未被视为革命行动者，而矿工、汽车厂工人、钢厂工人以至学校教师，则被视为可以成为革命先锋。

这些二元论（dualism）多数只是粗糙的区分，对我们了解这个时常经历革命性变革、越来越错综复杂的世界帮助不大。但是，一开始便辨明这些彼此区分的技术和社会基础如何交汇，是有用和重要的，因为分工定义中的分类总是混合了技术和社会考量，往往造成混淆和误导。例如历史上很长一段时间，技术与非技术工作是按照性别界定的：只要是女性可以做的事，无论有多困难或复杂，都被归入非技术工作之中（仅仅是因为女性能做）。更糟的是，女性往往因为所谓的“自然”原因（从灵巧的双手到据称天生的顺从和耐心个性等等），被分派做这些工作。因为这个原因，在法兰西第二帝国时期，巴黎工场的男性强烈反对雇用女性，因为他们知道，这会导致他们的工作被改划入非技术工作中，只能领较低的报酬。虽然当年的问题非常特别，但在当代全球劳动市场，这几乎肯定是决定各种工作薪酬水平的一个关键因素。世界各地的低薪劳动力和贫穷人口有普遍女性化的趋势，该事实清楚证明上述那种评断有重要意义，即使它们完全没有技术根据。性别问题也已进入有关家务劳动（相对于受薪劳动）的恰当角色之广泛讨论中。虽然这是资本主义中的一个重要议题，而且无疑与家庭之中的许多个人危机有关，但它对资本的发展没有什么直接影响，唯一的例外是存在已久的以下一般趋势：借由把越来越多家事（例如烹饪、清洁、洗头，以及修甲美甲）商品化，扩大市场。无论如何，站在反资本主义的立场，替家务劳动争取薪酬看来是犯了严重错误，因为这只会加深货币化和商品化对日常生活亲密领域的渗透；我们应该做的，应该是以家务劳动为工具，尽可能追求各种社会供给的去商品化。

资本的矛盾和资本主义的矛盾在此交织。长期以来，某些职业往往主要是特定的族群、宗教或人种群体在做，有时甚至是只有这些特定群体在做。决定职业分工的，并非只是性别因素。至今仍明显存在的这些关联，并非只是复杂历史的残余。

许多程序设计师和软件开发者（一个全新的职业类别）来自南亚，菲律宾则专门输出女佣到许多国家（从美国到海湾地区，以至马来西亚）。历史上和近年大规模的劳动者迁徙，往往被导致把特定来源地与劳动者输入国的特定职业连接起来。如果不是接收来自前大英帝国属地的各种移民，英国的国民医疗服务体系（NHS）根本无法运作。近年欧洲许多国家（包括英国）大量招揽东欧移民（主要是女性，来自波兰、立陶宛和爱沙尼亚等国家），从事各种“休闲产业”的工作（包括饭店清洁工、女服务生和酒吧招待等）。在美国东西两岸从事农作物收割工作的，则主要是来自墨西哥和加勒比海地区的移民。

分派不同的人做不同的工作，涉及不同的薪资水平。民族、种族、宗教和性别偏见与歧视，深刻影响整个劳动市场如何区块化和碎片化，也影响薪酬如何决定。例如人们认为肮脏和低贱的工作，往往薪资微薄，多数是留给最弱势和脆弱的移民（尤其是非法移民）。来自南亚、有软件工作资历的移民，则自动获得技术劳动者地位。更令人不满的是，即使是同一行业相同的工作，薪资也可能因性别、人种和族群而有所不同。

分工之中围绕着地位和技能认可的斗争，实际上是劳动者争取较好人生机会的斗争，延伸出去是资本家维护赢利能力的斗争（这是问题的核心）。站在资本的立场，劳动市场区块化、碎片化和内部竞争激烈，显然非常有用，甚至至关重要，因为这可以阻碍形成一致和统一的工会组织。资本家可以刻意采用分而治之的手段对付劳动者（例如通过助长和煽动族群之间的紧张关系），而他们确实也经常这么做。促使各社会群体为了追逐较有利的工作地位而激烈竞争，成了资本剥夺劳动者的整体权力，更有力和全面控制劳动市场和工作场所的一种主要手段。典型的工会组织方式是在各行业分别成立工会，而不是成立某地区的跨行业工会。这种组织方式也妨碍劳动者统一行动，即使工会本身努力尝试扩大服务范围，不再仅照顾组织内部会员的利益。

资本体制当中围绕着技能、技能规格及其酬劳的整体阶级斗争历史，是迄今未曾从批判的角度好好撰写的最重要历史之一。以下评论因此是一些初步观点。

资本作为原始积累首要形式，发现它必须控制工业生产中的劳动过程。此时资本发现，各行业之中有根深蒂固的分工方式和技能结构，十分依赖工匠。劳动者可以在“屠夫、面包师和烛台制造师”这样的职业中磨炼技能，希望他日掌握技能，赢得一定的社会地位。在资本主义的早期阶段，欧洲人多数务农（自耕农或无土地的农工），或是替王室、拥有土地的贵族和商业资本家服务（主要是当家政佣工和侍从）。这种服务有其自身的人际、家政和社会政治技能要求。城镇里的工匠从事各种职业，当中有些受公会和学徒制度规管。公会制度垄断了专门技术能力的供给。木工通过木匠公会学会如何使用他们的工具，宝石工匠、钟表匠、炼铁师、织布工、铁匠、挂毯师、鞋匠、钉子和枪炮制造者也都是这样。借助社团式公会组织，一群群的劳动者可以得到和维持较高的社会地位，并且替自己的工作争取到较高的酬劳。

在此情况下，劳动者垄断对生产条件和劳动过程的控制权。资本显然必须与劳动者争夺这种权力。资本在两条战线作战。首先，资本逐渐把它对私有财产的垄断权扩展到生产工具上，令劳动者失去在资本的监督和控制以外自我再生产的工具。如此一来，资本家便可以召集许多类型的工匠，指挥他们从事集体劳动，生产从钉子、蒸汽机到火车头等各种物品。虽然个别作业的狭义技术基础和相关技能并未大幅改变，分工合作的组织方式集合多种不同作业，促成效率和生产力的大幅提升。市场上的商品成本快速下跌，在竞争上压倒传统的工匠生产方式。

亚当·斯密在他1776年出版的《国富论》(《国民财富的性质和原因的研究》)中，不但广泛分析这种分工方式，还热烈赞美它。在著名的制扣针厂例子中，他强调生产过程中有组织的分工，如何促成技术效率和劳动生产力的惊人提升。资本家借助这种企业内部的“精细分工”(这是马克思后来使用的名词)，利用工人不同的技能和才干，提升整体生产力和赢利能力。亚当·斯密据此推论，企业之间和产业之间普遍的社会分工，也必将产生类似效果。就这一点而言，后来马克思相当用心地指出，社会分工的协调机制，不再可能是个别资本家根据理性设计原则组织合作活动，而将是一种比较混乱和无政府的协调方式——市场中波动不定的价格信号，成为不同企业和产业定量理性（quantitatively rational）生产分工的关键决定因素。亚当 · 斯密认识到这一点，因此提醒国家尽可能避免干预市场价格（公用事业和自然垄断产业例外），并且奉行自由放任政策，以求市场的无形之手能以最高效地发挥作用。直到今天，许多理论家和政策制定者仍错误地深信“效率市场假说”，深信市场不但能有效地协调生产活动，还能协调好金融活动（尽管金融体系在 2008 年 9 月灾难性地失灵）。马克思推断，市场混乱的无政府状态，将不断扰乱价格的均衡状态，而这将令社会分工变得不稳定，甚至可能不时引发危机。

对劳动者潜在垄断权力的另一种攻击，则是源自资本家驱使的技术变革，而我认为这种攻击的影响更加深远。这种技术变革多数是以削弱劳动者在工作场所和劳动市场的权力为直接或间接目标。技术变革始终偏向损害劳动者的利益，尤其偏向损害劳动者借由掌握罕见和可独占的技能而取得的那种权力。劳资关系的一个重要方向，向来是去技术化（deskilling）；马克思在《资本论》中提到这个现象，而布雷弗曼（Harry Braverman）1974 年出版、富影响力和争议性的《劳动与垄断资本》（*Labor and Monopoly Capital*）令此现象再度备受关注。[1] 布雷弗曼认为资本（尤其是垄断型资本）为了自身的利益，会希望贬低技能，进而摧毁替资本工作可能会有的自豪感，同时削弱劳动者的权力（尤其是在生产过程中）。劳资双方为此有长期的斗争。在 19 世纪，马克思大量引用资本主义思想家的理论［尤其是巴贝奇（Charles Babbage）和尤尔（Andrew Ure）］，以此证明资本强烈偏好去技术化。布雷弗曼则很重视泰勒（Frederick Taylor）的科学管理努力；泰勒希望把生产过程分解为许多简单的生产作业，最好是简单到“受过训练的大猩猩”也可以做。这种“科学”是结合工时学（motion and time studies）和专门化技法，简化所有作业，希望借此在任何一个产业或个别企业，尽可能提升效率和降低成本。

马克思和布雷弗曼均认识到，为了执行大量劳动力去技术化所涉及的组织和技术广泛变革，某种程度的再技术化（reskilling）是必要的。工厂引进装配线，会使负责安装和管理装配线的工程师获得权力；负责引进机器人或计算机应用的工程师，也需要掌握一些新技术才能执行任务。马克思和布雷弗曼的批评者正确地指出，巴贝奇、尤尔和泰勒所写的，实际上是一些从未完全实现的理想构思，而这一方面是因为劳动者强烈抵制去技术化，另一方面是因为技术演变从来不是以控制劳动为唯一目的。

新技术往往要求重新界定技能，某些劳动者可能因此获得优势。事实证明这一现象远比马克思或布雷弗曼所想的重要。资本想做的，不是消灭技能本身，而是消灭可独占的技能。新技能（例如计算机程序设计）变得重要时，资本想做的可能不是消灭这种技能（程序设计这种技能，最终或许可以利用人工智能消灭），而是通过大量提供培训机会，防止这种技能被某些劳动者独占。掌握程序设计技能的劳动者，如果从相对稀缺变成非常充足，这种技能便失去其独占性，而资本雇用这种劳动者的成本也将大幅降低。计算机程序设计师供给非常充裕时，资本家将乐于视其为他们雇用的一种技术工人，甚至愿意支付较高的薪酬（相对于社会平均水平而言），而且在工作场所给予较多尊重。

一如技术在其自发动力驱使下，演化出越来越复杂的形态，分工方式也快速增加，而且经历性质上的转变。这不是简单的线性演化，部分原因在于阶级斗争的动力也牵涉其中，虽然这种斗争通常是资本占优势。例如在 20 世纪 20 年代，美国钢铁业有很多种专业技能（因为是专业，某程度上是可独占的技能），但随后大幅减少，尤其是在 20 世纪 30 年代国会立法成立全国劳动者关系委员会之后；该委员会的权力，包括解决有关特定行业之中，哪些技能可以做哪些工作的跨管辖区争端。当代钢铁业的技能组合比以前精简得多。另一方面，某些行业（例如医疗、银行和金融）中的专业工作激增，而与电子和计算机化有关的全新领域出现，也衍生大量的各种新职业和工作规格。近年来，国家监管机构（例如美国的食品药品管理局、金融监理局和证券交易委员会等）之中的专业工作，也出现惊人的增长。

精细分工和社会分工快速扩展，复杂性也暴增，这已经成为现代资本主义经济的基本特征。这种演化并不是整体的有意识设计和决策的结果（并没有“分工部”这种国家机关命令大家怎么做），而是与技术和组织变革（受前述的系统力量驱使）同时发生。尽管某些产业（例如钢铁业和汽车业）的工作规格显著简化，而且某些职业遭到时代淘汰（例如点灯人，以及发达国家的运水工和拾荒者），分工仍出现上述演化。受这些方法影响，劳动生产力大增，生产活动的产量和产品种类也大幅增长。此外，各经济体的相互依赖程度也因此日益加深，影响的群体的规模越来越大，涉及的地域范围越来越广。一种必须注意的国际分工现象也出现了。这意味着社会分工当中的协调问题日益明显，而且波动的市场信号越来越有可能造成层层扩大的乱局。因此，在某些生产领域，借助命令、控制和商品供应链中的契约供应关系协调生产，成为比较普遍的做法：企业明确指定需要哪些投入要素（例如汽车制造业需要引擎、零件、轮胎、挡风玻璃和电子装置等），然后把这些要素的供给外包给市场上的厂商。但是，个别作业日趋简单、协调工作日趋复杂，结果便是失败和产生意外后果的风险不断增加。这促成一层全新的分工，产生大量新职业，涉及物流、法律、金融、营销、广告和其他商业服务。安全问题（从航空到医药到食品等）也变得比较迫切，各种活动的监控和质量控制手段也是如此。经济中的分工迅速发展，而与此同时，监管和行政权力的官僚分工也迅速发展——不但发生在典型的国家机器中，也发生在许多机构（例如医院、大学和学校系统）内部。

整体而言，分工在最近半个世纪经历蜕变。因此，19世纪批评家如马克思、滕尼斯、涂尔干和韦伯等人对分工问题的探索，并未触及一些重要的当代议题。以往有关分工的研究主要探讨特定国家的工业组织和工厂劳动，这些研究的发现至今无疑仍然有效。但是，分工日趋复杂，涉及的地理范围大幅扩大，协调问题因此出现性质上的骤变。国家监控和官僚职权大增，加上公民社会的组织形式广泛改变，造成更多问题。许多劳动和权力分工方式紧密相连，互相支持，还有一些分工方式则形成某种层级结构。我们越来越受制于米歇尔（Timothy Mitchell）所说的“专家统治”。[2]在资本的历史中，专家知识向来有其关键角色，专家的权力很难挑战。这方面的早期迹象（“组织人”、官僚管治等），引人注意分工当中浮现的专制和层级化特质。近十年来，专家的作用可说是经历惊人的增长，这对我们所处世界的透明度和可辨识度构成严重问题。我们全都依赖专家修理我们的计算机、诊断我们的疾病、设计我们的交通系统和保障我们的安全。

在20世纪70年代，所谓“新国际分工”的兴起，为有关分工的讨论引进一个新观点。李嘉图（David Ricardo）谈论的比较优势理论，早就声称各国各有专业（专门生产某些东西），然后借助贸易互通有无，可以因为效率提升而获益。国际分工受自然因素影响（加拿大不能种植香蕉和咖啡，如同无铜无油的地方无法开采铜矿和石油），也受制于社会特征如劳动力技能、制度安排、政治体制和阶级形态，以及殖民和新殖民掠夺、地缘政治和军事力量等残酷事实。

但是，约从1970年起，国际分工情况无疑经历了戏剧性变化。西方工业区（1850年之后资本全球霸权的心脏地带）遭遇破坏和瓦解。生产资本开始转移到海外，日本、韩国、新加坡以及中国台湾地区和1980年之后惊人崛起的中国大陆，还有墨西哥、孟加拉国、土耳其和世界许多其他地区的工厂，成为新的工厂劳动中心。西方国家大致上去工业化，东方和南半球则成为工业价值生产中心，同时维持初级商品生产者和为工业世界供应资源的传统角色。这些变化有个奇怪的特征：工业化以往确实可以提升人均所得，但如今在某些地方（例如孟加拉国）却倾向于维持普遍贫穷的状态，而非帮助多数人致富。一些国家因为石油或矿藏等天然资源而变得重要，但也遇到类似问题：它们受“资源诅咒”困扰，租值和权利金遭到精英阶层掠夺，大众则极度贫困（查韦斯掌权之前的委内瑞拉便是一个例子）。西方国家越来越致力于通过发展金融、保险和房地产业，加上知识产权、文化产品和独占企业（例如苹果、孟山都、大型能源公司和药厂等）构成日益巩固的体制，榨取租值。基于知识的活动也变得比较重要，这种活动利用受过瑞奇（Robert Reich）所称的“象征劳动”（相对于体力劳动）训练的劳动力。[3] 随着上述种种变化的发生，全球经济中的权力关系和地缘政治形态看来也出现缓慢的结构转变。财富从东方流向西方的趋势持续约两个世纪之后，情况发生了逆转，而随着西方在 2008 年金融体系崩溃之后失去大部分动能，中国日益成为全球资本体制最富活力的中心。

那么，这一切当中的核心矛盾是什么？财富流动逆转和地缘政治权力格局改变，显然衍生出以前没有的全球冲突风险。虽然这种冲突的根源在于经济状况，而且冲突对经济状况有重大影响，我不认同经济和军事冲突源自资本矛盾本身的看法。在全球国家体系之中，国家权力的地域逻辑（territorial logic）运作缺乏起码的自主程度一致性，简单的经济决定论因此根本不适用。例如中东如果爆发大规模冲突，根源无疑在于石油生产的现实情况，在于为了开发石油这种地球上的关键资源，而集结在这里的各种地缘政治和地缘经济势力，而且冲突无疑也将产生巨大的经济冲击（一如 1973 年针对以色列的石油禁运）。但如果我们据此推论，声称资本的矛盾本身是这种冲突的一个根本原因，则是错的。

此外，分工日趋复杂无疑造就新的脆弱性。供应链当中的小状况可能造成重大后果。某地区一家关键的汽车零部件工厂发生罢工，可能令其他地区的整个生产系统被迫停工。不过，我们也可以很合理地提出以下论点：全球分工方式日趋复杂，分工关系扩散到世界各地，远比以前能有效防止局部地区的灾难酿成悲剧。在资本主义兴起之前，如果俄罗斯谷物歉收，当地很可能会发生饥荒。但现在我们有一个世界谷物市场，必要时可用来解决局部地区谷物歉收的问题。正是因为全球分工的运作方式，当前没有发生局部地区饥荒的技术理由。饥荒确实发生时（可悲的是饥荒还是太常发生），总是社会和政治原因造成的。中国上一次大饥荒（发生在“大跃进”时期）之所以发生，恰恰是因为中国当时政治上的抉择，自我孤立在世界市场之外。这种事现在不可能再次发生在中国。对那些把反资本主义信念寄托在实践本土粮食主权、地方自给自足和脱离全球经济等理念上的人来说，这应该是个有益的教训。摆脱为了资本和帝国主义势力的利益而组织起来的国际分工链是一回事，以反全球化的名义脱离世界市场，则可能是自我毁灭的做法。

资本利用分工而产生的核心矛盾，不是一种技术矛盾，而是一种社会和政治矛盾。该矛盾可以用一个词概括：疏离／异化。资本通过组织精细分工和社会分工，无疑在生产力、产出和赢利能力方面取得惊人增长，但代价是资本雇用的劳动力牺牲了他们的精神、情感和身体健康。例如马克思便表示，工人因为被束缚在日益复杂的分工体系中的一个固定位置，往往被贬为“局部的人”。工人遭孤立和个体化，因为竞争而彼此疏离，也疏离了与自然的感官关系（疏离了人类的热情敏感天性，也疏离了外在的自然世界）。随着智能机器日趋普及，劳动的脑力和体力统一被打破。工人被剥夺运用智力解决难题或从事创造活动的机会，变成机器的操作者、机器的附属品，而非自身命运的主人。人丧失完整性和个人自主的感觉，难免会损害情感上的满足。工作彻底失去创造性、自发性和魅力。简而言之，替资本工作这种活动变得空洞和无意义。而人类无法活在完全没有意义的世界里。

对于资本统治下人类状态的这种看法，并非马克思所独有。类似见解也可以在韦伯、涂尔干和滕尼斯的著作中找到。甚至连亚当·斯密（分工的重要拥护者，热烈歌颂分工对人类效率、生产力和增长的贡献）也担心，在复杂的分工体系中指派工人负责单一作业，很可能令工人变得无知和愚蠢。后来的一些评论者没有亚当·斯密那么在乎“道德情操”，所以他们比较不担心这问题，例如泰勒便完全可以接受所有工人表现得像受过训练的大猩猩，而非热情洋溢的人类。小说家狄更斯指出，资本家也喜欢把他们雇用的工人视为只是“人手”，乐于忘记他们有肚子和脑袋。

但是，如那些敏锐的 19 世纪批评家指出：如果人们工作的时光便是这么度过，他们晚上回到家之后怎么可能有不同的想法？他们怎么可能建立一种道德共同体或社会团结意识？怎么可能建立集体和有意义的归属与生活方式，不受工作场所无所不在的残忍、无知和愚蠢污染？劳动者每天的生活所需，非常依赖于一大群遥远的、未知和在许多方面不可知的人；在此情况下，他们究竟如何才能发展出自己为自身命运主人的意识？

资本统治下分工日趋普及且复杂，使得劳动者没有什么个人发展和自我实现的余地。我们自由探索人类这个物种的潜能的集体能力，似乎受到严重的限制。但是，连马克思也在资本主导的分工所支配的情况中看到一线希望，尽管他在描述资本利用分工导致的异化时，显得非常悲观。马克思认为，劳动者的前景并非完全黯淡，部分原因在于资本本身必将提供一些劳动者可以寄予希望的条件。他指出，在技术变革洪流影响下，分工方式的快速演化将需要灵活、有适应力和受过某种程度教育的劳动力。“这种可怕的情况必须改变：配合资本不时变动的剥削需要，悲惨、可弃的备用劳动人口，必须以绝对可配合各种劳动要求的个人代替之；局部发展、只能承担一种专门社会职能的个人，必须以全面发展、可交替发挥各种社会职能的个人代替之。”[4]资本因此将需要受过教育和有适应力的劳动力，而非只能做某种工作的工人。如果劳动者必须受过教育，谁知道这种“全面发展的个人”可能会读些什么东西，以及建立怎样的政治思想呢？1864年的英国工厂法案加入教育条款，对马克思来说是清楚的证据，显示国家有必要介入，替资本确保国家在“全面发展的个人”的教育上有所行动。工业革命时期，女工遭虐待的情况也很容易观察到和详细论述，但马克思在此同样看到长远的进步可能：资本在工作场所对女性既有要求，也会提供一些条件；在此基础上，家庭生活和两性关系有望建立“一种比较高尚的新形式”。

这种构想当然涉及以下问题：“全面发展的个人”会希望或需要知道些什么？谁来教导他们？这是社会再生产的一个核心问题，而我们很快就会讨论社会再生产。不过，我们至少要在这里提一下这问题。站在资本的立场，劳动者只需懂得遵从指示，在资本设计的分工体系中做好自己的工作便可以了。但一旦劳动者懂得阅读，资本便面临这样的危险：劳动者将接触到来源非常多元的种种思想，产生各种向往，甚至付诸行动。因为这个原因，针对知识和信息之流通执行意识形态管制，同时培养支持资本和资本再生产要求的“正确”观念，对资本来说便是必要的。但是，受过教育、全面发展的个人很难（甚至是不可能）不去思考以下问题：我们的劳动在这样的社会里只是非常微小的一部分，这种人类社会的完整性本质为何？世界分崩离析到我们很难直接感受到生命的意义，在这种世界里，作为一个人的意义何在？我估计正是因为这个原因，连资本也同意，文学、艺术、文化理解、宗教和道德情操方面的温和人文主义教育，或许有助于化解劳动意义丧失造成的焦虑。资本不断增加职业的种类，必然导致劳动分工和社会破裂，而这已经造成严重的心理问题。但新自由主义时代令人震惊的是，当局以节简政策为名，轻蔑地取消这种对人类需求的温和让步。国家对文化活动的补助遭到取消，迫使这种活动依赖有钱人出于自利考虑的慈善捐助，或是同样出于自利考虑的企业赞助。如今文化活动就像少不了IBM、英国石油、艾克森等公司的赞助似的。

此外，事实证明，劳动者本身对自己的客观处境和主观心理状态都有话想说，毕竟他们本质上是热情和喜欢社交的人类。劳动者通过抗争，把握机会使劳动过程和一般雇用条件人性化，甚至不需要资本的帮助，就能扭转异化的客观状态。在实际受到剥削的同时，劳动者可以要求雇主尊重他们，有时雇主甚至会主动予以尊重。主观上，在矿坑里或高炉旁生存所需的团结和工友情谊，则转化为出色地完成危险和困难工作的自豪感。社群团结反映这种感情，有助于对抗利伯维尔场过程倾向重视的个人孤立状态。即使在资本的铁腕统治下，劳动者仍然可以为自己的工作和角色感到自豪，认同自己是某种工作者的身份。如同所有其他人，他们确实会明白地问以下问题：我们被迫过的这种生活有何意义？劳动市场的变迁有时令我们沦为失业和可有可无的人，有时给予我们听起来非常奇怪、令人无法理解而且也显然毫无意义的职称，是什么主导这种演化过程？资本雇用的劳动力不必觉得自己处于彻底疏离异化的状态。但是，有意义的工作消失之后，劳动者除了清楚意识到自己受到剥削外，还会越来越强烈地感受到一种彻底的疏离（疏离自己在穷忙世界里的无意义工作），而这两种感受结合起来是危险的。

这并不代表异化与应付／折中之间的均衡是固定的。在发达资本主义国家，例如美国、英国、德国、加拿大、日本和新加坡，劳动分工的趋势是偏向培养受过教育的劳动者，希望他们可以灵活地参与多种不同的劳动过程。这种趋势加上围绕着劳动者权利的长期抗争历史，包括针对资本造成劳动异化的大量抗争，已经产生可观的成果：在这些国家，较大比例的劳动者至少受过扎实的基本技能训练，而且即使薪资不算丰厚，至少可以过上体面的生活。相对之下，在孟加拉国的制衣工厂、墨西哥近美国边境的加工出口工厂，或是印度尼西亚的化工厂，劳动条件却相当接近马克思非常熟悉的那种情况。我们如果把这些工厂反映的当代劳动条件穿插到《资本论》之中，也不会显得格格不入。

20 世纪 70 年代末以来，新自由主义反革命在整个发达资本主义世界愈演愈烈，由此造成的工作和社会生活蜕变，已经严重冲击了较大比例的人口：技术变革和产业外移令他们跟不上时代的步伐，成为资本眼中多余的一群人。许多人迷失在长期失业、社会基础建设破败、社群丧失团结精神的世界里，变得非常疏离，时常沉溺在被动的愤恨中，偶尔通过涉及暴力和看似不理性的抗议宣泄不满。从瑞典郊区到伊斯坦布尔再到圣保罗的暴烈抗议，只需联合起来，便能暴露出愤恨火山底下沸腾的大量疏离岩浆。届时资本将面临政治危机，如果不动用残酷专制的镇压手段，局势将几乎不可能控制，但这种手段只会令大众更加不满。分工体系中地域发展不均衡，各社群的人生机会也越来越不平等，该现象正在加重这种疏离感，而如果这种疏离感从被动转为主动，现行的资本再生产方式无疑将受到重大威胁。届时社会将必须在不可能的改革与不大可能的革命之间，做出不得已的抉择。

矛盾 10

垄断与竞争：集中与分散

阅读任何一本经济学教科书或替资本主义辩护的通俗读物，你几乎很快便会看到“竞争”一词。无论在这种通俗读物还是比较严肃的著作里，我们都可以看到资本主义的这个“伟大成功故事”：资本主义理解人类的竞争天性，把它从社会的束缚中解放出来，然后以市场驾驭它，创造出一个充满活力和进步的社会体制，为所有人的利益而运转。垄断力（例如谷歌、微软和亚马逊如今拥有的那种势力）和类似情况，像是寡头垄断（例如全球主要石油公司中的“七姐妹”拥有的势力）和专卖政策（例如沃尔玛和苹果公司垄断的供货商享有市场营销权力），全都倾向于被说成是异常情况（如果有提到它们的话），是不幸偏离美满均衡状态（理论上可以在完全竞争市场中达到）的情况。

我坚持认为这种观念是一种偏见。反托拉斯和反垄断法及相关委员会的存在，支持了这种偏见。反垄断机关宣称垄断非常有害，不时着手打破垄断，以免公众受害。例如在 20 世纪初，美国在不屈不挠的老罗斯福总统领导下，便执行了一波解散托拉斯的运动。在 20 世纪 80 年代，美国电话电报公司（AT&T）在美国电信业的垄断势力，便被当局下令打破。如今在欧洲和北美，谷歌、微软和亚马逊过高的市场垄断行为，也正受到质疑。至于所谓的“自然垄断”（主要是公共事业和诸如运河和铁路这种交通设施，竞争在这些情况下不适用），亚当 · 斯密建议政府加以管制，防止垄断者收取过高的价格。公共政策明言的目标，是防止垄断定价，确保大众可因资本家之间的竞争，获得创新、生产力提升和价格便宜的红利。国家以行动维持有竞争的环境，普遍被宣传为所有健康的资本主义经济体的一种必要政策立场。尤其值得注意的是，时常有人表示，在国际贸易中取得有竞争力的地位，是公共政策的一个重要目标。据说只要可以创造出一个纯粹和完全竞争的市场，不受垄断力扭曲，一切都将很好。

在《国富论》中，亚当 · 斯密非常精彩且极富说服力地讲述了这个竞争故事。自此之后，这个影响力大得惊人的故事，支配经济思想超过两个世纪。它构成自由主义经济理论的“创派神话”。自 18 世纪末起，自由主义政治经济学家发起运动，反对国家干预市场定价，也反对垄断力。凯恩斯并未大幅偏离此派思想。更令人惊讶的是，马克思在《资本论》中认为这是好事，不过他的理由是：如果亚当 · 斯密的乌托邦论述是正确的，事情发展下去将不是人人受益；结果将是财富和权力的阶级鸿沟加深，而资本在变得更有力的同时，也将更容易引发危机。

受 2007~2009 年危机的冲击，经济学家很难再坚持传统的竞争论述。追求自身私利的银行家，显然对大众福祉没有贡献，而在美国，美联储拯救银行而非民众。如今这已令多数人承认，垄断力并非只是一种异常情况，而是源自经济学家所称的“寻租”活动的一种系统问题。经济学家斯蒂格利茨（Joseph Stiglitz）表示：“坦白说，致富有两种方法：创造财富，或是夺取别人的财富。前者对社会有贡献，后者则通常有害，因为在夺取别人财富的过程中，财富会遭到破坏。”[1]“寻租”其实就是我所讲的“剥夺式积累”，只是听起来温和，且相当中性。

斯蒂格利茨针对寻租（或剥夺式积累）的解释稍微简短一些，其好处在于它认清了一个重要事实：经济交易中的垄断力与政治过程中的垄断力平行运作，配合得天衣无缝。以美国为例：累退税和各种可扣税的项目；监管俘虏（安排狐狸管理鸡舍）；以折扣价收购或租用国家或私人资产；与国家机关签订成本加成合同时夸大成本；立法保护或补助特定利益集团（例如能源和农业企业）；通过选举政治献金收买政治影响力——所有这些政治运作，全都是赋予巨富和垄断势力自由，允许他们掠夺公款，损害纳税人的利益。此外，土地和房地产也有传统的寻租活动；资源、专利、牌照和知识产权也会产生租金；垄断定价则会产生超额报酬。然后还有各种看似合法但有争议的方法，可以创造超额利润。金融市场完全不透明或信息披露不足，会制造出误解的迷雾，导致卑劣行径无法制止。做假账也可以创造出真实的金钱，安然公司（Enron）便是一个戏剧性的例子。加上各种不正当的做法，例如房屋市场的掠夺式放款（导致以 10 亿美元计的资产价值，从公众转移到金融从业者手上）、不当的信用卡操作、隐蔽的收费（例如电信和医疗费用），以及各种规避法规乃至违法的行为，我们可以看到，大公司和巨富有大量手段可以快速增加财富，即使整个经济体崩溃而后停滞也不例外。如斯蒂格利茨所言："最近 30 年最重要的商业创新中，有一些并不是以提升经济效率为宗旨，而是希望能更好地保护垄断力，更好地规避政府旨在调和社会收益与私人报酬的管制。"[2]

斯蒂格利茨解释既得利益者如何把寻租当作一种策略时，忽略一个重点（但他阐述寻租的社会后果时提到了这一点）：民众广泛的民主权利遭到破坏，包括获得退休金和医疗服务的经济权利，免费获得教育、治安和消防等关键服务的权利，以及得到国家救济的权利（例如美国政府的营养补充和食物券计划，使低收入人群得以维持差强人意的生活水平）。新自由主义对这些权利和服务的攻击是一种剥夺，把省下来的公共费用送给“不缺钱但贪婪”的企业高管和富人阶级。这些手段诉诸一种已巩固的阶级权力来执行；这种权力垄断经济和政治运作，也垄断大部分媒体，把传说中的“观念的利伯维尔场”贬为绕着琐事兜转的派系争吵。但正统的经济思想仍坚持利伯维尔场是我们必须相信的神，垄断则是不幸的异常现象——只要用心，垄断是可避免的。

我则认为垄断力是资本运作的基本特征而非异常现象，而且垄断与竞争构成一种矛盾统一。这是很不寻常的观点，远远超越斯蒂格利茨的论述，但我们有理由相信这个构想是正确的。此论触及资本历史上垄断与竞争的矛盾统一，并符合以下独特事实：如果可以选择，多数资本家会希望垄断某个市场而非与别人竞争；他们也将持续努力，试图建立垄断势力，永不嫌多。

那么，要如何理解这个矛盾统一？我们显然可以从垄断与竞争无法区分的状态讲起（讲得准确一点，是两者混合、矛盾潜伏而非已经发作的状态）。这种状态藏在私有财产的本质中：私有产权赋予商品主人使用该商品的垄断权力，而这种垄断力构成交换的基础，延伸出去也就是构成竞争的基础。你或许会觉得这是基本概念，甚至有点琐碎，但如果你认识到以下事实，可能便不会这么想了：资本的阶级权力完全依赖集合种种个别的垄断产权，构建出资产阶级占主导地位的社会秩序；在这种秩序中，资产阶级有别于劳动阶级，在于它集体垄断生产工具（在当代还包括融资手段）。人们讨论垄断问题时，通常忽略阶级垄断力（资本的集体权力）的概念和事实，包括阶级垄断租金，而经济和政治过程均受这种阶级垄断力影响。

明白这一点，就能比较清楚地看到标准叙事（突显竞争并忽略垄断）的作用。它掩盖阶级权力的垄断基础（资产阶级垄断私有财产），轻易地回避阶级权力和阶级斗争的问题（一如几乎所有经济学教科书）。这种标准叙事把资本的运作理想化，说成是个别的资本家在经济活动的混乱海洋里自由游走，寻找获利机会，因此产生一连串奇妙的竞争碰撞。国际竞争据说对所有人都非常有益，但事实上这种竞争压低薪资，让资本受益！

技术变迁大致可合理地描述为进步和不可逆转的，垄断与竞争间的均衡则不是这样：它不规则地来回游移，有时看似有某种周期性而非单向移动，另外也受制于政治奇想和国家管理与干预的倾向。马克思认为竞争的终点必将是垄断力，而资本之集中可能有特别的规律，但他并未详细说明。列宁则提出著名观察：资本在20世纪初进入与帝国主义融合的最高阶段，大型工业卡特尔与金融资本结合，支配主要国家的经济（这些集团正是老罗斯福总统当年致力于打破的托拉斯）。这种观点在20世纪60年代再度出现，代表著作是巴兰（Paul Baran）和斯威齐（Paul Sweezy）在美国出版的《垄断资本主义》[3]，而同期欧洲各共产党的理论家也出版了一些反映这种观点的著作。高涨的垄断力再度与集权式帝国主义的洪流汇合。在 20 世纪 60 年代，大型企业（例如底特律三大汽车公司或欧洲的国有企业）支配所在国家的市场，许多人认为它们行使过度的垄断权力。一些大公司则在国际上行使垄断权力，例如中美洲的联合水果（United Fruit）和智利的ITT，支持政变和军事政权（例如在智利），而这些政权听命于帝国主义势力。

阿里吉（Giovanni Arrighi）指出，资本在两个极端之间游移，一端是不受监管的竞争，另一端是垄断和寡头垄断造成的权力过度集中状态，两者理论上都是灾难性的。[4] 20 世纪 70 年代的危机（呈现的表象是经济停滞与通货膨胀的奇特结合）被普遍解释为垄断资本的典型危机，20 世纪 30 年代的通货紧缩危机则可说是毁灭性的竞争造成的。无论在哪个阶段，垄断与竞争的矛盾统一处于何种状态，都须求证才能回答，不可擅自假定答案。始于 20 世纪 70 年代的新自由主义时期，虽然通过全球化开创新的国际竞争形式，经济中许多产业［医药、石油、航空、农业、银行、软件、媒体（尤其是社群媒体），甚至是零售］目前则呈现出迈向寡头垄断（甚至是垄断）的强烈倾向。在某些圈子，某种程度的垄断权力（例如谷歌行使的权力）如今被视为偏离完全竞争状态的有价值情况；这或许有助于证明此一矛盾变动不定的特质。某种程度的垄断力可造就理性计算、标准化和事先规划，不必依赖不确定世界里混乱和不稳定的市场协调。另一方面，谷歌滥用垄断地位（允许国家安全当局取得个别用户数据），则彰显出权力集中的潜在危害。

土地和房产所有权特别能说明私有财产中的垄断力。这种产权所垄断的不只是土地和房产，还有独特的空间位置。我的工厂已经占据的地方，再没有任何人可以在那里盖工厂。如果我占有某个有利的位置（能优先连接交通网络和市场，以及取得资源），我与其他人竞争时便享有某种垄断力。传统经济学家如果被迫研究这个现象，最终必须承认，这会产生一种名为"垄断性竞争"的奇特竞争形式。这名词很贴切，因为它描述了这样一种情况：经济活动上的竞争，全都以具有独特性质的特定空间为基础。这种竞争形式自然被当作经济理论的一个脚注，而非经济生活的基本情况，尽管所有生产型经济活动最终都是构建在空间上。标准的经济思想偏好这样的模型：所有经济活动发生在一根针的针头上，不会因为空间位置而产生垄断的情况；空间特质的差异（较肥沃的土地，较优质的资源，较有利的位置）显然不重要，而空间关系结构不断在变，主要不是基础建设（例如交通系统）投资造成的。

这些不足之处，严重影响了人们对竞争与垄断的矛盾统一如何运作的理解。例如人们往往假定，许多小企业生产类似的商品，代表一种激烈竞争的状态。但在某些空间条件下，情况并非如此。两家面包店如果相隔 300 码（约 274.3 米），竞争可能相当激烈。但如果两家店由一条水深且湍急的河流隔开，则它们将各在河的一边享有垄断力。如果国王建了一条连接河流两岸的桥，这种垄断力将消失。但是，如果当地统治者收取高昂的过桥费，又或者那条河成了政治边界，跨河买卖面包必须支付很高的关税，则垄断力将会恢复。因为这个原因，18 世纪的政治经济学家发起反对收取路桥通行费和关税的运动，因为他们知道这种措施妨碍竞争。美国在 1945 年之后追求全球自由贸易体制，最终促成多国签订世界贸易组织协议，便是这种政策的延续。

但运输成本保护地方垄断势力的作用，早已开始消减。在资本的历史上，这种成本锐减至关重要。20 世纪 60 年代起的航运集装箱化趋势，以及贸易的政治壁垒减少，对改变竞争的地理范围有关键作用。在 20 世纪 60 年代，底特律三大汽车公司支配美国汽车制造业，构成看似无比强大的寡头垄断势力。但是到了 20 世纪 80 年代，随着贸易关系的空间条件在物质和政治面均出现戏剧性改变，三大汽车公司的势力因德意志联邦共和国和日本的竞争遭削弱。“全球型汽车”在 20 世纪 80 年代出现：汽车零部件可在世界各地生产，只需选个地方（如底特律）组装。激烈的国际竞争和自动化趋势，最终导致底特律严重没落。啤酒业的历史，是我爱引用的另一个例子。该产业在 18 世纪非常本地化，19 世纪中期拜铁路所赐走向区域化，20 世纪 60 年代全国化，20 世纪 80 年代则因航运集装箱化而得以全球化。

垄断性竞争这一领域显然在改变，而如同地域发展不均衡的情况，生产、运输和消费的空间和地理组织，本身是编排垄断与竞争矛盾关系的一种方式。现在我可以在巴黎吃来自加州的蔬菜，可以在匹兹堡喝来自世界各地的啤酒。随着空间障碍因资本家热烈追求“用时间消灭空间”而减少，许多地方工业和服务业失去本地的保护和垄断特权。它们被迫与其他地方的厂商竞争；竞争对手起初来自邻近地区，然后越来越远。

照理说，资本家应该欢迎这种恢复竞争的情况。但如我稍早指出，如果可以选择，多数资本家会希望垄断某个市场。因为这个奇特的事实，资本家必须找到其他方法，建立和维护一种他们梦寐以求的垄断地位。

第一种显而易见的方法，是把资本集中在巨型企业，或建立较松散的联盟来支配市场（例子可在航空运输业和汽车制造业找到）。我们已经见过许多这种例子。第二种方法，是通过规范全球贸易的国际商业法律，取得越来越牢固的私有财产垄断权利。专利和“知识产权”因此已成为重要的斗争领域，确立各领域的许多垄断力。制药业是这当中的典范：从业者通过大规模集中资本，以及专利和授权协议的保护，建立非凡的垄断力。制药业者也正饥渴地追求更多垄断力，争取把各种遗传物质（包括热带雨林中原住民采摘的一些罕见植物）化为其财产。第三种方法是建立知名品牌，以便印上勾形商标的球鞋和印有酒庄名字的葡萄酒可用垄断价卖出。

某种垄断特权被削减时，从业者将会尝试各种做法，希望保护和另创特权。不过，如今仍有一些市场受空间障碍保护，以致某些服务仍可采用垄断定价：美国人到比利时做髋关节手术要花13 360美元（包括往返机票），但在美国做一样的手术却要超过78 000美元！相对于比利时，美国的垄断定价程度显然很高（几乎肯定是因为两国的监管政策不同）。此类个人服务很大程度上仍可避开空间竞争，尽管医疗旅游服务兴起，而且许多服务已经外包给海外（例如印度）的客服中心。但是，这些受保护的市场将来可能因为人工智能的应用而瓦解。

我们可以说资本热爱垄断。资本喜欢垄断型工作和生活方式带来的确定性、平静生活，以及悠闲审慎改变的可能性，喜欢可以置身于混乱的竞争之外。资本因此热爱独特的商品，最好是独特到可以采用垄断定价。资本特地费心占有此类商品和促进其生产，时常以纯粹审美乐趣的外衣包装它们。资产阶级建立艺术市场（垄断定价绝对是该市场最重要的定价方式），作为一个投资领域，一如他们投资在职业运动如足球、冰上曲棍球和篮球那样。如果可以的话，资本家甚至会把独特的自然事物商品化，在私有产权制度中赋予它们货币价值。早在1866年，信奉无政府主义的地理学家邵可侣（Elisée Reclus）便曾抱怨：

在海边，最美最迷人的悬崖和海滩，往往被贪婪的地主或投机客夺走；他们以货币商人替金块估价的精神去鉴

> 赏自然之美……每一样稀奇的自然事物，无论是石头、洞穴、瀑布、冰川的裂缝乃至某种回声，都可以成为个人财产。商人可能租下瀑布，以木栅栏围起来，防止不付费的游客观赏奔流直下的大水。然后他们大卖广告，阳光与四溅的水点共舞、雾帘随风飘扬这种景观，也就化为钱币清脆的叮当声。[5]

同样的情况，也发生在独特的文化物品，以及文化和历史传统上。历史、文化和传统商品化，可能显得非常可恶，但这种商品化支撑巨大的旅游业；真实性和独特性在旅游业极受重视，而与此同时，它们均受制于市场评价的霸权（价值由市场决定）。更重要的是，商人有系统地把许多消费品品牌化，宣称它们独一无二、非常特别（即使这种说法是可疑的），以便可以向消费者收取垄断费用。当然，人造的物品或效果不能特别到完全无法以货币计算；因此，连毕加索的画作、考古文物和原住民艺术品，都必须可以标上价格。至于较常见的商品，商人的目标是建立与众不同的品牌，使消费者认为某牌子的牙膏、洗发水或汽车比较高级。这种操作是以产品差异化为手段，追求收取垄断价。商品的名声和公共形象，因此变得像商品的物质使用价值那么重要，甚至更重要。广告因此变得极其重要，而广告业无非是希望帮助厂商在原本激烈竞争的市场收取垄断定价。现在美国近 1/6 的职位是在广告或销售业，而这一产业通过替某些商品树立形象和声誉，产生垄断租金。

上述现象也有个有趣的地理版本。例如巴塞罗那、伊斯坦布尔、纽约和墨尔本等城市，便凭借自身的特色和特殊文化性质，成为有品牌光环的旅游胜地或商业中心。一个地方如果没有诱人的特色，可以请著名的建筑师，例如盖里（Frank Gehry），盖一座地标建筑（例如西班牙毕尔巴鄂的古根海姆美术馆），借此塑造当地的独特景观。[6] 无论在何处，商人均把历史、文化、独特性和真实性商品化，卖给游客、有志成为企业家的人和企业领袖，为土地利益集团、房地产开发商和投机客产生垄断租金。纽约、香港、上海、伦敦和巴塞罗那等城市的土地价值和房产价格上升，由此产生的阶级垄断租金对资本极其重要。世界各地因此获得解放，进入中等收入阶层的过程，是经济运作关键的一部分；剥夺式积累对这种经济运作的重要性，不亚于借助新的城市投资创造财富。

资本因为培养垄断力，实现了对生产和营销的广泛控制。资本可以稳定商业环境，以便做理性的盘算和长期计划，降低风险和不确定性。在资本主义的历史中，企业的“有形之手”［钱德勒（Alfred Chandler）的说法］向来与亚当·斯密的“无形之手”一样重要，至今仍然如此。[7] 国家权力的“有力之手”广泛支持资本，也发挥重要的作用。

垄断力与资本集中强烈相关。另外，竞争通常意味着权力和资源之分散。在这里，把政治经济活动集中与分散之间的这种同源关系（cognate relation），视为垄断与竞争矛盾统一的一个从属部分，是有用的。在这个例子中，把集中与分散的关系视为一种矛盾统一，也是非常重要的。例如事实往往证明，分权是维持高度集权的最好方法之一，因为这种手段以个体自主和自由的表象，掩盖集权的本质。在某种意义上，这正是亚当·斯密所倡导的：集权的国家释放分散的个体化市场自由，可以积聚的财富和经济力量大得多。

政治经济生活中集中与分散的矛盾统一，可从两种角度去思考。首先是部门（sector）的角度。它主要关注联合起来的资本力量（尤其是资本主义企业的有形之手），以及作为“阶级共同资本”（马克思的用语）的货币资本之积聚——尤其是在信贷和金融体系中。[8]但是，如果没有国家权力异乎寻常的支持，后者根本无法运作。“国家金融联结体”（在美国是中央银行与财政部的联合体）位居此结构的顶端，赋予最高的垄断力去支持银行业和金融体系，必要时可牺牲其他的一切（包括人民）。在意识形态上，该体制受倡导亲资本主义和右派观点的无数智库支持，包括传统基金会（Heritage Foundation）、曼哈顿政策研究所、凯托研究所（Cato Institute）和约翰·奥林基金会（John M. Olin Foundation）。政治光谱上的左派和极右派，对这种阶级垄断力的高度集中均有大量批评。美联储和国际货币基金组织完全致力于保护金融寡头的阶级垄断力，如今已是无可否认的事实。虽然证据确凿，上述智库和媒体替这些机构建立了正面形象，令许多人以为它们是个体市场自由的重要保护者，对掩饰其阶级性质大有帮助。“阶级共同资本”借助金融体系的集权而组织起来，我们因此再度面对货币形式中的重大矛盾。

集中与分散的强劲力量产生冲突的第二个领域是地理上的，它导致地域发展不均衡，以及阶级联盟在某空间的经济、政治和军事力量投射到另一空间。垄断、集中、帝国主义和新殖民主义的内部关系由此而生。我们明确讨论地域发展不均衡这个问题时，将从这个角度进一步探讨。

资本的集中和分散倾向产生作用的两种方式，并非互不相关。集中的金融势力积聚在全球主要金融中心（纽约、伦敦、东京、上海、法兰克福和圣保罗等），是有重要意义的。新兴地区（例如硅谷、巴伐利亚、20 世纪 80 年代的“第三意大利”）创新兴盛的悠久历史，同样有重要意义。在这些地方，表面上的运作自由和宽松的管制造就了许多事情；换成在其他地方，国家和膨胀的企业资本的强大势力，将显著抑制创新。这当中的紧张状况普遍又显著，以致政策制定者如今尝试利用集中的主动措施，支持政治经济力量的分散和法规松绑，借此把握知识型、文化和创意经济的机会。中国和印度的中央政府创立“经济特区”，正是希望做这种事。在其他地方，发展靠地方的主动措施推动，负责其事的地方政府或区域都会机构越来越富创业精神。当局希望复制出引发数字革命、造就 20 世纪 90 年代“新经济”的那种环境；当年的新经济虽然在 21 世纪初崩溃，但根本地重塑了资本主义技术的秩序。创投资本集中在硅谷等地区，理论上正是要成就这件事。这种政策成效不一，此事发人深省。不过，这种情况也很好地说明资本如何抓住某些矛盾（例如集中与分散间，或垄断与竞争间的矛盾），把它们转化为对资本有利。

那么，上述发现对反资本主义政治有何意义？首先，我们必须认识到，在处理垄断与竞争、集中与分散之间的矛盾这件事上，资本大致非常成功，可以将这些矛盾转化为对资本有利的情况，虽然资本有时必须通过危机去做这件事。在我看来，未来任何一种可行的另类社会秩序，都无法消除这些矛盾。因此，有意思的问题只有一个：如何处理这些矛盾？但我们必须避免把这些对立视为彼此独立的情况，因为它们其实是矛盾统一的情况。例如假定分散必然民主、集中必然不民主便是错误的。追求绝对分散这种幻想（目前某些左派人士正是习惯这么做），很可能替隐蔽的集中垄断控制创造机会。另外一些左派人士追求彻底理性的集中控制，则可能造成不可接受的极权式停滞。资本已经以有机的方式找到一种方法，利用资本失衡导致的危机，达到垄断性集中与分散竞争倾向的平衡和再平衡。

资本也学到其他相当重要的东西。资本懂得改变它运作的层级，使权力和影响力集中在对资本的权力再生产最有利的层级。例如在美国，在 20 世纪上半叶，当城市和州的权力变得过度集中时，资本主要转向联邦层级寻求支持。但到了 20 世纪 60 年代末，联邦政府变得过度倾向于干预和监督经济运作，资本便逐渐转向支持州的权力；目前共和党支持资本主义的民粹行动，最猛烈的部分正是发生在州这一层级。在这方面，反资本主义左派与资本对抗之余，可以从资本身上学到很多东西。有趣的是，相对于社会民主左派，许多反资本主义左派目前倾向于在微观层面抗争（自治和无政府主义构想和方案，在这个层面最有效），使得宏观层面几乎全无与资本对抗的力量。太多人过度害怕集中和垄断，结果便是反资本主义抗争软弱无力。垄断与竞争之间辩证但矛盾的关系，未能有效地化为反资本主义斗争的力量。

矛盾 11

不均衡的地域发展和空间生产

资本致力于塑造地理景观，促进后续其自身的再生产及演化。这一点很自然也不奇怪：毕竟蚂蚁和水獭也都这样做，资本为什么不这么做呢？但是，在自然变化的可能性极多的世界里，各种技术、经济、社会和政治压力导致资本主义的地理景观恒常不稳定。资本必须适应这个猛烈演变的世界，但资本对塑造这个世界也有关键作用。

资本与劳动、竞争与垄断、私有财产与国家、集中与分散、固定与移动、动态与惰性、贫穷与富有，以及不同活动规模之间的矛盾，在地理景观中全都显而易见，而且实际存在。但是，在这种种多样的力量之中，我们必须特别重视以下两者的结合：时空之中资本无止境积累的过程（指创业者和企业参与资本的流通和积累，因此从事的竞争活动的例行消长），以及国家通过行使权力，以某种有系统的方法组织景观空间的尝试。

资本塑造的地理景观并不只是一种被动的产品。它根据某些粗略的规则演变，而这些规则有其自主但矛盾的逻辑，如同监管技术的组合演化的规则。景观如何演化，影响资本积累，也影响资本和资本主义的矛盾在空间、地方和时间中的展现方式。地理景观独立的演化方式，在危机的形成中起关键作用。如果没有不均衡的地域发展及其矛盾，资本早已僵化并陷入混乱。这是资本不时自我再造的一种关键手段。

在创造资本主义活动所需的空间和地点这件事上，资本和资本主义国家发挥着关键作用。例如建一条铁路便需要大量资本。这条铁路若要有利可图，其他资本必须使用它，而且最好是在铁路投资的整段时期内一直使用它。若非如此，这条铁路将会破产，投入的资本将消失或至少损失一部分。因此，铁路一旦修好，资本就必须使用它。但为什么资本需要一条铁路？

对资本来说，时间就是金钱。跨越空间既耗时又花钱。节省时间和金钱对赢利能力至关重要。因此，技术、组织和物流上的创新，如果能降低跨空间移动的成本和时间，将特别受重视。新技术的生产者很清楚这一点。他们自主努力来做一件事：开发新技术，降低资本流通的成本或加快其速度。能达成这些目标的技术，马上就会有市场。马克思所称的“用时间消灭空间”，是资本努力追求的远大理想之一。

资本流通所需的成本和时间，可用两种方式减少。第一种涉及运输和通信技术的持续创新。在资本体制下，历史上这种创新（从运河开发扩建到喷气式飞机）有杰出成就。但是，技术创新的影响，取决于我们移动的资本之类型。信贷形式的货币如今瞬间便能在全球流转，但以前可不是这样。受先进的信息技术影响，货币资本的移动性（mobility）大增，是当今时代的一个特征。商品的移动性则普遍较低。世界杯足球赛现场直播，与瓶装水、钢梁、家具或易腐坏的食物（例如水果、猪肉派、牛奶和面包）的运输有巨大差异。商品的移动性因商品的特性和可运输性而异。除了某些例外情况（例如运输本身），生产型资本是移动性最低的资本形式。生产所动用的资本往往固定在某个地方一段时间（有时候是相当长一段时间，例如造船这种生产便是）。不过，血汗工厂里用来制衣的缝纫机，显然比钢铁厂或汽车厂里的机器容易移动。而因为显而易见的原因，农业、林业、矿业和渔业等初级产业的地点限制是非常特别的。

运输和通信成本降低，有助于各种活动分散到越来越大的地理空间。因为选址决定几乎可以完全不考虑运输成本和时间，资本得以探索许多不同地方的各种赢利机会。一家公司之内的分工，可以分散到多个不同地点。业务外移（offshoring）

成为可行的选择，竞争中的垄断元素减少了。地区专业化和分工变得更加显著，因为成本上的小差异（例如因为地方税赋有差别），便可能带给资本较高的利润。

生产上的新地理形态往往源自激烈的空间竞争，而这种竞争则因为运输和通信成本降低、效率提升而加剧。例如韩国的初创企业便淘汰老工业区一些成本较高、效率较低的产业，如匹兹堡和谢菲尔德（Sheffield）；因为劳动成本较低、原料和市场较易取得等优势，韩国生产钢铁的成本低得多。在汽车业，底特律受挫不但是因为外国业者加入竞争，也因为田纳西和阿拉巴马兴建新车厂，而当地劳动成本较低，工会的势力也较弱。在 19 世纪，来自北美的便宜粮食严重损害英国和欧洲的农业利益。这是因为约自 1850 年之后，当年新建成的铁路和蒸汽轮船大大降低了农产品运输所需的成本和时间，如同 1970 年之后航运集装箱化对世界贸易的贡献。去工业化（地域扩张的阴暗面）已经持续很长时间。

降低移动的成本和时间的第二种方法，是资本家明智选址，尽量压低运作成本，包括取得生产工具（包括原料）和劳动力，和把产品运送到市场的成本。许多不同的资本聚集（例如汽车零部件和轮胎厂设在汽车厂附近），“聚集经济”（agglomeration economies）便产生。不同的公司和产业可以分享设施、劳动技能、信息和基础建设。因此产生的一些好处，是所有公司可以共享的（例如某公司培训过的员工，其他公司请过来便马上可用，不必再提供培训）。这些富有活力的中心提供的机会，也将吸引劳动者前来，即使没有力量驱使他们离开故土。都市聚集（urban agglomeration）实际上是建构出来的空间环境，有利于集体维持某些类型的生产活动。

聚集产生地理上的集中。资本积累的分子过程汇聚在一起，产生经济区域。这种区域的边界总是模糊和可渗透的，但区域内交错的流动产生足够的结构一致性（structured coherence），赋予该地域某种特色。在19世纪，提到棉制品，人们自然会想到兰开夏郡（曼彻斯特），讲羊毛则自然想到约克郡（利兹），不锈钢是谢菲尔德，金属加工则是伯明翰。结构一致性通常远非仅限于经济交易，还会延伸至态度、文化价值观、信念以至宗教和政治联系。因为必须生产和维护若干集体财产（collective goods），这种经济区域必须建立某种治理制度，而且最好能形式化并融入地区行政体系。如果政府尚未存在，资本将必须建立类似政府的体制，以便促进和管理资本自身生产和消费的集体条件。各种优势阶级或霸权阶级联盟可能形成，赋予区域内的政治和经济活动某种特质。

区域经济体形成不均衡地域发展的一个松散拼接体；在这个拼接体里，有些地区倾向越来越富有，而贫穷地区则越来越穷。这是缪达尔（Gunnar Myrdal）所称的循环累积因果（circular and cumulative causation）导致的。[1] 先进地区能替自己吸引到新的活动，因为它们的市场充满活力，物质和社会基础建设比较强大，而且比较容易取得必要的生产工具和劳动力。它们有资源（展现在越来越大的税基上），可以进一步投资在物质和社会基础建设上（例如公立教育系统），而这会吸引更多资本和劳动者涌入。以先进地区为中心的交通路线产生，因为交通流量正是集中在这些地方。交通改善的结果，是吸引更多资本涌入。相对而言，其他地区并未获得足够的照顾，可能流失越来越多的活动。它们可能陷入萧条和衰败的恶性循环。结果是财富、权力和影响力分布不均，集中在若干地区。

但是，聚集导致的持续集中是有限度的。过度拥挤、污染加剧、高昂的行政和维护成本（税率和各种收费越来越高）均会对聚集造成损害。本地生活成本增加，将促使劳动者要求越来越高的薪资，最终可能令整个地区丧失竞争力。劳动者集中在若干地区，可能有助于他们更好地组织起来对抗剥削。土地和房产价格高涨，因为食租者阶级将尽可能利用他们控制的日益珍贵的不动产赚钱。纽约市和旧金山是充满活力但生活成本高昂的地方，底特律和匹兹堡现在则已经不是这样。目前洛杉矶的劳动者组织优于底特律（在 20 世纪 60 年代则相反）。

一个地区的成本快速上涨时，资本家将在全球经济中寻找其他地方开展他们的业务。新的技术和生产组合兴起、劳动者抗争激烈时，情况尤其如此。例如从 20 世纪 60 年代末起，硅谷便逐渐取代底特律，成为美国资本主义经济的中心。类似情况也发生在其他国家，例如在德国是巴伐利亚取代鲁尔的地位，在意大利是托斯卡纳取代都灵。此外，全球经济的参与者如新加坡、韩国，以及中国香港、台湾地区和较晚起步的中国内地，则在某些生产领域取得巨大的竞争优势。这些变化造成多场贬值危机，影响波及全球经济的其他地区。美国中西部的“锈带”曾经是该国的工业资本重镇，没落之后便与新兴的“阳光带”地区形成鲜明对比。区域的就业和生产危机，往往标志着关键时刻：在塑造资本的地理景观的种种力量之中，某种势力转移正在发生。这通常意味着资本本身的演化出现根本的转变。

资本必须经得起旧事物毁灭的冲击，并做好在废墟上建立新地理景观的准备。为了做到这件事，我们必须有剩余资本和劳动力可用。好在资本的本性就是一直努力创造这种剩余——往往体现在庞大的失业人口和资本过度积累上。通过地域扩张和空间重组吸收这些剩余，有助于解决剩余资源没有出路（找不到有利可图的用途）的问题。都市化和区域发展成为资本主义活动的自主领域，需要大规模的投资（通常靠举债融资），而且这些投资需要多年时间才会成熟。

资本往往在危机时期，利用这种方式吸收资本和劳动力剩余。政府往往选择在危机时期启动国家出资的基础建设计划，希望借此重振经济增长。在 20 世纪 30 年代，美国政府便在当时尚未开发的一些地区，推动未来导向的公共建设，希望借此善用剩余的资本和失业的劳动者。当时约 800 万名美国人受雇于工程进度管理署（WPA）的建设项目。同一时期，纳粹政府也基于类似原因，在德国兴建高速公路。2008 年金融市场崩盘之后，中国政府为了弥补出口下跌的损失，投入数十亿美元的巨资用在城市和基础建设上，吸收剩余的资本和劳动力。当局设计和建造了许多全新的城市。中国的景观因此出现根本和戏剧性的转变。

正是这样，资本发展出我所称的各种“时空修复手段”（spatio-temporal fix），解决剩余资本和劳动力的吸收问题。[2] 我在这里使用“fix”一词有双重含义。首先，全体资本当中有一部分真的是固定在土地上相当长一段时间（固定是fix的其中一个意思）。此外，地域扩张中的长期投资，也为资本过度积累的危机提供了一个解决方案（这是fix的另一个意思）。那么，这两种意思如何冲突？何时冲突？

新的区域分工、新的资源复合体，以及作为资本积累动态空间的新地区，这三者之组织全都提供了产生利润、吸收剩余资本和劳动力的新机会。但是，这种地域扩张往往威胁到已经固定在其他地方的价值。这个矛盾是不可避免的。资本只有两个选择：出走，任由遭离弃的地方破败和贬值（底特律是一个例子）；又或者留在原地，无可避免地产生剩余资本，最后这些资本因为找不到有利可图的出路而泛滥成灾。

诉诸信用融资本来是希望解决矛盾，但这一手段也导致矛盾加剧。信用贷款令许多区域容易受投机资本的流动伤害，因为这种资本流动既可以促进资本主义的发展，也可以破坏其发展。约从 1980 年之后，区域负债变成一个全球问题：许多较贫穷的国家发现自己根本无力偿债，连一些重要国家（例如 1998 年的俄罗斯，以及 2001 年之后的阿根廷）也陷入这种境地。许多穷国（例如厄瓜多尔和波兰）在有心人的引诱下，变成剩余资本的“水槽”，必须为因此承担的债务负起责任。债务国必须承受随后资本贬值的代价，债权国则获得保护。如此一来，债权人便可在严苛的偿债规则下掠夺债务国的资源。目前希腊的情况，便是这种过程走到极端的一个恐怖例子。债权人做好了准备：一旦有国家鲁莽到落入他们的控制之中，他们将狠狠地加以蹂躏并吃干抹净。

相对于信贷“游资”的移动，资本出口至其他地方，往往能产生较长期的影响。剩余资本和劳动力输出到新地区，在那里启动资本积累的过程。英国在 19 世纪产生的剩余资本和劳动力流到美国和南非、澳大利亚、加拿大等殖民地，创造出新的、富有活力的资本积累中心，产生对英国商品的需求。

在这些新区域，资本体制很可能需要很多年时间，才能成熟到开始产生剩余资本（如果真有这一天的话）。因此，资本输出国可以期望在一段并非微不足道的时间里，受益于这种过程。铁路、道路、港口、水坝和其他基础建设投资，需要较长时间才成熟，尤其有望令资本输出国长期受益。但是，这些投资的收益率，最终还是取决于接收资本的地区能否演化出强劲的资本积累动力。在 19 世纪，英国以这种方式提供资本给美国。很多年之后，美国通过马歇尔计划援助欧洲（尤其是德意志联邦共和国）和日本；美国当局显然看到，美国自身的经济安全（且不谈冷战的军事方面）有赖这些其他空间的资本主义活动积极复兴。

因为这些富有活力的资本积累新空间最终将产生剩余资源，而这必须借助进一步的地域扩张来吸收，矛盾便产生了。这可能引发地缘政治冲突和紧张情况。最近数十年，我们见识到层叠扩散的时空修复手段，主要是在东亚和东南亚。在 20 世纪 70 年代，日本产生的剩余资本开始在世界流动，寻找有利可图的出路；此后很快便轮到韩国的剩余资本这么做，然后到 20 世纪 80 年代中期是中国台湾地区。虽然这些层叠的时空修复手段是以区域之间的关系留下记录，它们实际上是区域之内地区之间的物质和社会关系。

资本流不时被改变方向，从某个地方转向另一个地方。资本主义体制整体而言保持相对稳定的状态，即使体制中某些部分不时会遇到困难（例如某地可能经历去工业化，另一地则出现部分贬值现象）。这种地区间波动的整体效果，是暂时减少过度积累和贬值的总风险，即使局部地区可能陷入严重的萧条。从 1980 年以来的地区波动，基本上属于这种类型。当然，每一步都会遇到以下问题：接下来资本流向哪里才能赚到钱？接下来将是哪一个地方遭遗弃和贬值？原因何在？整体效果可能误导人：因为资本总是在某些地方表现良好，许多人误以为只要我们能把资本的形式调整到像日本和德意志联邦共和国（20 世纪 80 年代）、美国（20 世纪 90 年代）或中国（2000 年之后）的主流资本形式那样，则所有地方都将万事大吉。资本永远不必处理它的系统缺陷，因为它可以把问题在各地域之间转移。

但第二种可能结果，则是国际分工体系中的国际竞争日益激烈，因为多个富有活力的资本积累中心在世界舞台上竞争，处于过度积累的洪流之中（因为缺乏实现价值的市场），又或者必须追逐稀缺的原料和其他关键的生产工具。因为它们不可能全部成功，结果是最弱者屈服，陷入严重的局部贬值危机，又或者是地区和国家之间出现地缘政治斗争。后者的形式包括贸易战争、货币战争和资源战争，而军事对抗的危险是挥之不去的（这种危险酿成 20 世纪资本主义强权之间的两次世界大战）。在这种情况下，时空修复手段变得十分险恶，因为它把局部和地区的贬值和资本毁灭危机转移出去，由其他地方去承受（1997~1998 年间，这种情况在东亚、东南亚和俄罗斯大规模发生）。但是，这种情况如何及何时发生，受以下两个因素同样重要的影响：国家权力采取的政治行动的明确形式，以及空间和时间之中资本积累的分子过程。地域逻辑与资本主义逻辑之间的辩证，在此完全展现。

那么，相对的空间固定性和地域权力（展现在国家上）的独特逻辑，与时空之中资本积累的流动动力如何共处？资本的一种激烈和持久的矛盾，可能是固定（国家）与移动（资本）矛盾的最高点，不就是在此发生吗？我们之前讲过：“为了使资本得以在空间和时间中自由流通，我们必须创造出固定在某些空间的实体基础设施和人造环境。”随着时间的推移，相对于持续流动的资本，这些固定资本的总量将越来越多。资本必须时不时地突破它建构出来的世界所造成的约束。对资本来说，僵化是致命的危险。简而言之，在某个年代有利于资本积累的地理景观构建出来后，到了下一个年代便成了资本积累的束缚。因此，资本必须促成既有地理景观之中多数固定资本的贬值，才能建立面貌不同的全新景观。这会引发激烈且毁灭性的局部危机。在美国，这种贬值最明显的例子是底特律。但是，在所有发达的资本主义国家和另外一些地方（甚至包括中国北部和孟买），许多老工业城市因为经济基础遭到来自其他地方的竞争侵蚀，同样必须自我改造。这当中的运作方式是：资本创造出符合它某一时期需求的地理景观；一段时间之后，为了促进资本的进一步扩张和性质转变，资本必须破坏它之前创造出来的旧景观。资本对所在的土地释放出“创造性破坏”的力量。某些群体受惠于这当中的创造，另一些群体则因为当中的破坏而首当其冲。至于何者受惠、何者受损，则总是涉及阶级不平等的问题。

那么，国家权力在这一切之中位居何处？国家权力根据怎样的独特逻辑介入景观形成的过程？国家是一种有边界的地域实体（bounded territorial entity），在与资本基本无关的情况下形成，却是地理景观的一个根本要素。国家在其领土内，拥有使用合法暴力的垄断权力、法律和货币主权、对各种制度（包括私有产权）的监理权，以及征税和重新分配所得与资产的权力。国家组织行政和治理结构，最低限度必须处理资本和比较分散的公民之集体需求。国家主权之中，最重要的权力可能是界定法律之下的公民权，并把这些公民权授予领土之内的居民。此举产生了非法移民这个人口类别。这群人有别于公民，容易受到资本难以想象且不受限制的剥削。因为国家是一种有界的实体，其边界如何确立和巡逻（关乎人员、商品和资金的移动）至关重要。国家的空间性与资本的空间性困难地并存，经常相互抵触，例如移民政策便能彰显这一点。

资本主义国家的利益并不等同于资本的利益。国家不是一个简单的东西，国家各部门并非总是一致的，虽然国家的关键机构确实往往直接支持资本经济的管理（财政部通常会与央行联合起来，构成国家金融联结体）。国家的治理取决于其政治制度的性质，而该制度有时会假装民主，也往往受阶级和其他社会斗争的动态影响。国家执行权力的种种做法，远非一体（monolithic），甚至并不一致；这意味着我们不能把国家理解为执行独特权力的单一“东西”。政府是各种做法和过程以无限种方式组合起来的结果，因为国家与公民社会在某些领域（例如教育、医疗或住房）是高度相通的。资本并非国家必须响应的唯一利益，国家承受来自各种利益集团的压力。此外，国家干预背后的统治意识形态（通常表现在经济和政策正统观念上）可以大有不同。各国之间也有一个体制。视情况而定，国家之间的关系可以是敌对的，也可以是合作的。但无论如何，总是会有地缘经济和地缘政治关系与冲突反映国家的独特利益，并导致国家采取一些可能符合，也可能违背资本利益的行动。

国家权力的地域性逻辑与资本的逻辑截然不同。国家感兴趣的事情之一，是地域基础上的财富和权力积累。在这方面，亚当·斯密发挥其天才，提出以下看法并普遍说服了政治家：国家做这件事最好的方法，是在其领土内释放资本和利伯维尔场的力量，并令其合理化，同时打开国门，与其他国家开展自由贸易。资本主义国家大致奉行亲商政策，尽管国家的统治意识形态，以及公民组织动员的无数种不同的社会压力，均会产生制衡作用。不过，国家也试图把资本的力量合理化，并用来支持它的管理统治力量，管好可能倔强的人民，同时在高度竞争的国际体制中增强自身的财富、权力和地位。这种国家理性与资本理性显然不同，后者主要是追求私人占有和累积社会财富。建构出来的公民对国家的忠诚，原则上与资本只忠诚于赚钱这件事是有冲突的。

国家经常强加的那种理性，展现在政府的都市和区域规划做法上。这种国家干预和投资，试图遏制不受监管的市场发展可能产生的混乱结果。国家在行政、法律、税务和个体识别上采用笛卡儿式结构。但是，以资本主义现代性之名，采用技术专家和官僚的做法生产空间，一直受到极其激烈的批评［列菲弗尔（Henri Lefebvre）的批评尤为突出[3]］。这种方式生产出来的，通常是一种没有灵魂、合理化的地理景观，不时激起人们的反抗。但是，国家权力用来做这些事，从来都不顺利，很容易遭金钱利益颠覆、挪用和腐化。另一方面，国家的一些根本利益可能遭资本颠覆，例如国防利益便被转化为永远的利益输送，满足资本家的野心；资本的发展历史因此出现恶名昭彰的“军事工业复合体”。

国家可以利用其权力精心安排经济生活，手段并不仅限于控制基础建设投资，还包括建立或改革基本制度。例如 19 世纪的英国和法国，地方银行遭全国型银行取代之后，货币资本在整个国家的自由流动便改变了地区的动态。较近期的例子发生在美国：政府废止限制发展的地方银行法之后，出现一波地区银行并购潮，改变了美国的整体投资风气，从比较本土的模式转向比较开放和流动的区域格局。最近 40 年来，国际银行业的组织改革加上信息科技的进步，根本改变了金融资本的全球移动性。

长期以来，有一种推动力希望改变界定资本主义活动的地理规模。19 世纪，铁路和电报技术面世，完全改变了地区专业化的规模和多样性。近代的各种创新（从喷气式飞机、航运集装箱化到因特网），也已经改变了经济活动连接的规模。在 20 世纪 80 年代，“全球汽车”曾经是人们大做文章的话题：这种汽车的零部件几乎可在世界上任何地方生产（然后在某地组装），不必仅限于最后出厂的地方。如今在许多生产领域，这已经是常态做法，以致“美国制造”的标签已不再有太多意义。企业转向全球规模如今远比以前有力。

最近数十年来，国家对资本和货币流动的主权权力无疑受到侵蚀。这并不意味着国家失去了权力，只是国家的权力变得比以前更仰赖金融资本和债权人的权力。国家的各种权力和做法，越来越倾向满足企业和债权人的需求，往往不惜牺牲公民的利益。国家为此强力支持创造对资本有利的良好商业环境。结果便出现许多这种情况：国家境况很好，但人民的生活却相当差。有点出人意料的是，像德国这样的国家也是这样：劳动阶级的消费因工资遭压缩而受到抑制，而与此同时，以德国为基地的资本和德国的财务状况则看起来非常好。

资本分子运动（molecular movement）的变化，也对国家权力可能建构的规模产生强大压力。像欧盟这种政治地域重新界定的做法，不但变得比以前可行，在经济上还越来越有必要。这些政治转变并非空间关系中物质变化的简单函数：事情远比这复杂。但是，资本流通和积累方面的空间关系变化，确实可能促成新的政治格局，例如促成北美自由贸易协议

（NAFTA）、南方共同市场（Mercosur）、欧盟，而重要的国际决策体也从七国集团（G7）扩张为二十国集团（G20）。

资本主义（而非资本）的地理景观，显然是由大量的各种利益塑造出来的；在这个过程中，个人和群体试图替自己界定空间和位置，而这件事的背景是不均衡地域发展的总体经济过程，而这个背景是资本积累和国家权力的规则共同造成的。当然，资本对它剥削的群体的需求必须有某种程度的敏感，即使它没有，社会和阶级斗争也必将迫使资本与批评者妥协，并且抑制资本一些比较疯狂的野心。但是，资本撤离某地时，我们很容易怪罪受害者。主流观点认为是贪婪的工会、挥霍的政客，以及拙劣的经理人等逼走了资本。但是，遗弃底特律、匹兹堡、谢菲尔德、曼彻斯特和孟买等地，迫使这些地方去工业化的，是资本而非人民。某些地区或城市确实有管理不善和阶级冲突加剧的显著例子，但如果认为这可以解释世界各地许多工业区（它们在多个世代里，是资本积累的支柱）为何彻底毁坏，则无疑是荒谬的。这种荒谬说法源自始于20世纪70年代、随后加剧至今的新自由主义反革命。

不均衡的地域发展轻松地掩饰了资本的真实本质。希望是可以长存的，因为即使世界灾难重重，我们总是可以找到某个兴旺发达的小区、地区或国家。总体危机被分解为局部事件，其他地方的人不怎么关心，甚至根本不了解。印度尼西亚或阿根廷发生重大危机，其他地方的人多数只会说“太糟了”或

“那又如何？”，主流思想认为危机是局部事件而非系统问题。根据这种观念，阿根廷、希腊或底特律应该厉行改革，资本则没有责任。

在当代生活和政治中，资本的景观有关键的意识形态作用，而该景观还有另外一些值得注意的地方。例如资本主义城市本身被当作一件艺术品那样建造，充满精彩的建筑和彼此竞争的标志意义。“宇宙的主人”如今在全球金融中心闪亮的摩天大楼里宫殿般的办公室工作，住在高楼大厦与豪宅里，这些建筑与传统工厂较老旧的工业建筑形成鲜明对比。消费主义的壮丽宫殿，以及不断被创造出来的后现代都市奇观，与无序扩张的市郊住宅区和设有门禁的小区形成鲜明对比，后者又与廉价公寓、劳动阶级和移民小区，以及世界各地许多城市中大量的自建房屋形成鲜明对比。资本主义城市是资本显得文明和代表人类最崇高抱负的最积极尝试。

这种说法在某种意义上是成立的。我们可以为巴黎、巴塞罗那、香港和上海的存在及其美景赞叹不已，部分原因在于这种都市景观掩蔽了产生它的过程和劳动。资本显然不想有自身的独特形象。从反资本主义漫画看来，这形象绝不会是讨人喜欢的！资本主义的城市景观是一种转移注意力的形象，反映另一个世界——它比较接近人类渴望和欲望的某种超越意义。凝视威尼斯、罗马、伊斯坦布尔、旧金山、巴西利亚、开罗或拉各斯，形同凝视人类奋斗的希望、成就和慢性失败。而且并非只有这些重要城市是这样。世界各地创造出来的各种乡村景观可以激起的感情、忠诚和赞叹，不逊于任何一个城市。英国的乡间、法国的农村、托斯卡纳的村庄、阿根廷的大草原、小亚细亚底格里斯河流域起伏的旷野、爱荷华一望无际的玉米田，以及巴西种植大豆的农庄，全都是人类奋斗的记录，而人类的奋斗在越来越大程度上是资本动员（尽管绝非只是资本）来服务资本的。

不均衡的地域发展刺激资本自我再造的力量有多大？如果没有不均衡的地域发展，资本无疑将失去活力，屈服于它的僵化、垄断和专制倾向，完全丧失它作为社会动力引擎的正当性；这个社会有各种文明的伪装，同时面临陷入野蛮状态的危险。解放都市之间、地区之间和国与国之间的竞争，不但是汰旧换新的一种主要手段，还是一种重要的脉络：在这种脉络下，寻找新事物（被宣传为追求竞争优势）对资本自我再生产的能力至关重要。不均衡的地域发展最重要的作用，是令资本的系统缺陷得以从一个地方转移到别处。这些缺陷是一种不断移动的目标。

从这个角度看来，各国央行和数家国际机构（如国际货币基金组织）主导的国际秩序所强加的同构型，可能重创资本未来的生存机会。如果出现一个强大、集权的全球政府，资本将无法长久存活，除非这个政府像中国那样，协调并解放地区之间和都市之间的竞争。考虑到国际纪律机构强加在希腊、葡萄牙、西班牙和意大利身上的限制，这些国家绝对没有机会像“二战”之后的德意志联邦共和国和日本那样，从颓败中崛起，重振资本体制的活力。它们可能会稍有起色，但也只可能是疲弱的复苏。解放不均衡的地域发展，如今可以独立解决资本的各种难题吗？这是大有疑问的，因为系统性停滞的乌云正日趋密布，令未来显得黯淡。我们反而看到国家权力正与金融资本中掠夺性的部分组成邪恶联盟，创造出一种“秃鹰资本主义”。在这种资本体制中，同类相残（剥夺式经济）和强制贬值，与达成和谐的全球发展一样重要。像对冲基金和私募股权基金这些秃鹰，为了觅食，必要时将不惜摧毁整个区域的生活方式。

资本生存之道，不但有赖于一系列的时空修复手段吸收剩余资本（投入生产或其他有益用途），还有赖于贬值和破坏（作为处理落后者和无力偿债者的纠正手段）。有些人认为不负责任的放款者也必须承受风险，但这个意见当然马上遭否定，因为这涉及要求各地富有的资产阶级负起责任，而非只懂得捍卫他们不可剥夺的私有产权和无限累积资本的权利。时空修复手段恶毒和毁灭性的一面（看看希腊正如何受到掠夺和蹂躏），和它创造性的一面对资本同样至关重要；资本必须靠它们来建造一个新景观，以助力无止境的资本积累和无止境的政治权力积累。

那么，这一切对反资本主义运动有何意义？首先，认清以下这件事极为重要：因为不均衡的地域发展，资本总是一个移动的反对目标。所有反资本主义运动都必须学会处理这个问题。一地的反对运动，常常因为资本转移到其他地方而失效。反资本主义运动必须摒弃追求地区平等的一切想法，也不要妄想向某种社会主义和谐理论靠拢，因为这是在追求一种不可接受也无法实现的全球单调状态（global monotony）。反资本主义运动必须释放和协调自身的不均衡地域发展动力，产生差异的解放空间，以求发挥创造力，探索和再造资本的地区替代物。从斯德哥尔摩和开罗到圣保罗、上海、巴黎和伦敦，资本的不均衡地域发展架构，正衍生出各种社会运动和抵抗力量。它们构成由不同的温床松散连接起来的集合体，或许能帮助我们改造资本主义，迎向反资本主义的未来。如何把它们拼凑起来，是我们必须解决的问题。我们活在混乱多变的时代，不均衡的地域发展尤其造成很多混乱和变化。期望抵抗和反对运动同样混乱、多变和具有本地特色，并非不合理。

矛盾 12
收入与财富的不平等

2012 年纽约市的所得税申报数据显示，该年度占所得税申报 1% 的顶层申报人的平均所得为 357 万美元，但在这个租金极贵、生活成本极高的城市，一半的人口年所得不超过 3 万美元。纽约市收入最高的 1%，3 天的所得已超过多数纽约居民全年的所得。如此严重的收入不平等，以任何标准衡量都是惊人的：纽约无疑是全球收入最不平等的城市之一。另一方面，我们不应对此感到惊讶，因为该城市有一些顶尖的对冲基金经理人收入惊人（在金融危机爆发后的 2009 年，其中 5 人人均赚到超过 30 亿美元），而且这里的大银行经常向员工发放巨额奖金。整个美国的收入不平等情况当然没这么夸张（这是可想见的），尽管收入不平等情况自 20 世纪 70 年代以来已显著恶化。

我们在这里只需非常简单地叙述一下财富和收入不平等的全球总趋势。自从资本主义出现以来，围绕着社会财富分配的斗争便持续不断。不同的群体为了取得对其他群体的优势而斗争，也为了对抗占主导地位的群体和阶级而斗争，力争他们认为公平合理的社会劳动成果份额，而各国、各地区和各城市的斗争结果差异很大。因为国家有权征税和重新分配财富与所得，斗争结果很大程度上取决于哪个派系或政治联盟掌握国家权力，以及如何利用这些权力。

财富和收入分配的斗争往往相当激烈，结果则难以预测。政变之后（例如 1973 年的智利），因为支持政变的精英要获利套现，分配不平等严重加剧是可以预期的事。在俄罗斯，1989 年共产党政权崩溃之后，一小群寡头惊人地掠夺了国家的多数天然资源。前苏联地区是世界上亿万富翁最密集的地方之一，形成货真价实的寡头体制。但在英国，1945 年之后执政的工党政府建立了国家福利体制，支持社会最底层，一如此前斯堪的纳维亚国家的做法。在“冷战”期间，资本主义国家的社会政策受共产主义强烈影响，加上这些国家出现强劲的社会民主浪潮（源自劳动阶级组织的历史和强化的阶级意识），以致资本主义国家普遍必须保障全体国民起码的生活水平。但由此产生的福利国家体制远非社会主义。它有很强的性别偏见和家长作风，甚至非常偏向资本主义，以致它对自身的服务对象刻薄、严厉和官僚。虽然某些国家福利（例如社会保障制度和养老金）带给全体国民更多保障，但在福利国家体制下当一个受其保障的人，往往是不愉快的，会受到不人道的对待。进步左派批评这种体制，政府在 20 世纪 80 年代的新自由主义（由奉行撒切尔主义的阵营主导）期间也乐于废除这种体制。社会主义阵营 1989 年崩溃，资本主义国家承受的外部压力消失了：它们即使不再照顾国民的福利，也不必面对强烈的政治反对。

即使没有这种戏剧性的局势转变，阶级之间和种族民族之间的社会斗争，加上经济兴衰造成的环境波动，对分配安排也有重大影响，而世界各地的分配安排差异很大。例如北欧国家的收入和财富分配，直到现在仍远比美国平等；甚至在里根政府开始从照顾劳动者转向补贴和奖励资本之前，情况便已如此。但是，美国和瑞典都是不折不扣的资本主义国家。资本看来可以在各种分配模式下运作良好。

资本这种灵活适应复杂分配模式的能力，置入资本体制中社会群体不可思议的复杂性和多样性，可以产生双重作用。性别、性、种族、民族、宗教、文化、国家和地域差异随处明显可见，地位、技术、才能、价值观，以及对成就的重视和仰慕，使个人和资本主义社会形态中不同民族、种族、性别和宗教的社会群体获得不同的机会。这些特征与不同的就业机会和薪资水平相结合，便产生广泛的经济和政治权力差异。

资本主义体制中的经济差异，并非全都可归因于资本。不过，资本并非完全不会挑起社会群体之内和之间的冲突。这是资本可以用来巩固它对劳动者的控制的一种关键手段。另一方面，对于支持或反对特定的社会差异，资本往往显得漠不关心。资本倾向于支持任何获得有力支持的社会解放形式（例如近年的同性恋权利和多元文化主义），只要这并不妨碍资本控制劳动者的整体策略，而且可以形成一个可利用的独特利基市场。但是，这些社会差异具有经济和物质形式，而这无可避免地导致社会中各群体在分配问题上竞争激烈。这是那种有时令人混淆困惑的关键互动点之一：资本和资本主义在此无法明确分开。种族问题尤其如此。在许多地方（例如美国），种族问题与阶级问题纠结在一起，导致两者互相加重，甚至难以区分。

社会对以下问题的主流看法也至关重要：何谓“公正”或“道德上可接受”的财富和收入不平等？不公正的情况可以如何纠正？关注这种问题的，并非仅限于劳动者。在悠久的资产阶级改良主义传统中，可怕的不幸和贫困即使不会危及公共卫生（像霍乱疫情便不会受阻于阶级界限），也会被视为所有文明社会无法接受的事。例如许多调查一再显示，多数美国人的平等观念很强，而且他们不但支持机会平等（这是右派惯常坚称支持的立场），还支持结果平等。2005 年一项调查访问超过 5 000 名美国人，结果显示，受访者无论政党倾向或收入高低，平均认为顶层 20% 人口拥有的财富不应超过全国的 32%。调查人员出示瑞典（顶层 20% 拥有 38% 的财富）和美国（顶层 20% 拥有 84% 的财富）的财富分配数据，但未说明两组数字各属哪个国家，结果有92%的受访者表示比较喜欢瑞典的分配情况。受访者原来很不了解美国实际的财富分配情况。他们以为美国顶层20%人口拥有58%的财富，而不是实际的84%。无论如何，这两个数字都远高于他们认为公平的32%。[1]

那么，既然美国人如此重视分配平等，为什么美国追求纠正这种不平衡分配的政治运动那么少？答案主要在于美国人普遍强烈反对国家干预。如此一来，国家便未能有效发挥它纠正所得和财富不平等的能力。例如在有关奥巴马医保法案的辩论中，共和党人并不反对全民皆可享受体面的医疗保健这一原则，但他们激烈反对“保姆国家”立法确立这一原则，也反对国家强制规范管理个人行为。任何税务提案若是希望劫富济贫，同样会遇到这种强烈的反对。近年来，收入和财富再分配实际上是在劫贫济富，而政府做这件事的名义包括控制开支、缩减财政赤字、减税、缩小政府规模和减少政府干预。我们很难不这么推论：这些预算和财政手段的背后，是资本压低薪资的强烈意愿。

围绕着财富和收入分配的斗争，并不是唯一重要的分配斗争。目前持续中的斗争所追求的，还包括认可、尊重、法律之前的真正平等、公民权和文化与宗教自由、适当的政治代表、教育机会、工作机会，甚至是懒惰的权利。许多此类斗争是由某些群体集体发起，寻求救济或某种优势（这些群体包括女性，同性恋、双性恋和跨性别社群，种族、民族或宗教上的少数，老人，工会，商会，当然还有希望捍卫劳动者权益的社会和政治机构）。这些社会斗争的演变产生非常多样的结果，很多时候对财富和收入分配有附带影响。例如教育机会是否普及和平等，对未来的收入分配显然有重要影响。

整体而言，资本主义充斥着此类冲突和斗争。但我在这里想问的问题要窄得多。如果我们把资本理解为资本流通和积累的经济引擎的组织，那么资本是如何根据某些基本原则来分配财富和收入？近 40 年来收入分配明显而巨大变化，是否可归因于资本内部矛盾的重新组合？最后，贫富之间的矛盾明显加剧，是否威胁到资本的再生产？

统计数据证实资本有能力适应差异极大的分配模式。不过，虽然站在资本再生产和增长的立场，显然没有一种所得和财富再分配的方式堪称理想，但也没有人相信可以做到完全平等的分配。另一方面，一直有人认为严重失衡的分配会产生很大的问题——不仅是因为这可能导致社会动荡不安，国际货币基金组织和世界经济论坛（全球资本主义精英在瑞士达沃斯的聚会）便经常表达这种忧心，还因为历史证据显示，严重的不平等可能是总体经济危机将要来临的前兆。之所以如此，是因为如果价值的实现仰赖有钱人难测的非必要消费，而不是劳动阶级牢固、可靠的必要消费，则生产与实现之间的矛盾统一要保持平衡将困难得多。美国上次经历像目前这么严重的分配不平等是在 20 世纪 20 年代，而当年的不平等显然是促成以至引发20世纪30年代“大萧条”的重要因素。现在的情况看来大致相似。我们可以期望自己在不根本改变分配模式的情况下，摆脱当前的停滞状态吗？

来看看近数十年的分配趋势。国际扶贫组织乐施会给媒体的数据提供以下概述：

最近30年来，许多国家的不平等情况严重恶化。在美国，顶层1%所占的全国收入比例，已从1980年的10%倍增至20%。至于顶层的0.01%，这一比例则增加4倍至空前的水平。全球而言，过去30年是顶层1%（6 000万人）收入疯狂增长的时期，地位更优越的顶层0.01%（60万人，而全球约有1 200人的财富净值达10亿美元或以上）更是如此。这种情况并非仅限于美国，也并非仅限于发达国家。在英国，不平等程度正快速恶化至狄更斯时代以来不曾见过的水平。在中国，占顶层10%的阶层如今拿走全国约60%的所得。中国目前的不平等程度与南非相似，而南非是全球最不平等的国家，该国现在的收入分配不平等程度显著高于种族隔离政策结束时的水平。甚至在许多最穷的国家，不平等程度也快速恶化。全球而言，顶层1%的收入20年间增加了60%，顶层0.01%的收入增长幅度更大。

2007~2009年的危机发生以来，情况变得更糟。“最有钱的100名富豪在2012年财富增加了2 400亿美元，而600亿美元便足以解决全球贫穷问题。”[2] 全球各地均涌现出亿万富翁，俄罗斯、印度、中国、巴西和墨西哥出现很多这种富豪，向来富有的北美和欧洲国家以及日本也有很多。比较重要的一种转变是，有雄心的人如今不必移民富国，便可以成为富豪——他们完全可以留在故乡，例如印度（该国的亿万富翁近几年增加一倍以上）、印度尼西亚或其他较穷的国家。如米兰诺维奇（Branko Milanovic）指出，我们正看到一种全球财阀统治体制的崛起；在这体制中，全球的权力由“非常富有的相对少数人掌控”。[3] 全球经济中生产与实现的矛盾统一显然受到威胁。

但是，根据其他标准，今天的世界却远比以前平等。上百万人已经脱贫。这很大程度上要感谢中国经济惊人的增长，而另外3个“金砖国家”（巴西、俄罗斯和印度）的增长也大有贡献。随着许多发展中国家的人均收入持续增加，世界各国之间的财富和收入分配不平等已显著减弱。逾两个世纪以来，财富从东方净流向西方，如今这种情况已经逆转，尤其是因为东亚已经崛起成为全球经济的重要动力来源。截至2013年，全球经济得以从2007~2009年的挫败中复苏，主要得益于所谓“新兴”市场（以金砖国家为主）的快速扩张。这种转变甚至延伸至非洲，而非洲看来是唯一完全不受2007~2009年危机影响的地方。不过，危机对欧洲各国的冲击不一，则导致欧洲南部与北部国家的经济状况差距迅速扩大。但这些趋势看起来都不是很稳定。例如2013年中，美联储只是提到可能改变货币政策，大量资金便马上撤离新兴市场，令新兴经济体受到显著冲击，情况要到美联储宣布正在检讨政策方向时才好转。

近 40 年来，分配情况出现两种变化：一方面是国与国之间，人均财富和收入的差距普遍缩小（在近年危机中严重受创的国家除外，例如希腊），另一方面是在几乎每一个国家内部，无论是个人或社会群体之间，收入和财富的不平等程度严重加剧。逆这种趋势而行的国家或地区极少，而且它们在全球经济中多数属落后地区（例如像不丹这样的国家，或某段时期里印度的喀拉拉邦）。只有南美某些地方，有幸因为国家的政策而缩减了社会不平等。相对于收入，测量货币财富的不平等程度困难得多。但在某些方面，货币财富比收入重要，因为它与政治权力的关系比较稳定和长久。以货币测量财富是相当困难的，因为某些资产（从艺术品到昂贵的珠宝以至房地产）的价值评估往往是一种猜测，而且经常大幅波动，就像股票的市值那样。在多数国家，货币财富分配的失衡程度看来比收入分配更严重。

为什么会出现这些全球大趋势？是因为资本的矛盾演化里出现某些情况，使得这些趋势不可避免，甚至成为支持资本生存和再生产的必要条件吗？许多国家当中的财富和收入分配日趋失衡，是反映出现了某种变动的矛盾吗？如果当真如此，这是什么样的变动（例如是周期性的，还是线性的）？这种变动可以解释社会日趋动荡不安吗（例如 2013 年发生在斯德哥尔摩、伊斯坦布尔以至巴西 100 多个城市的那种情况）？这是一场酝酿中的总体经济危机的预兆吗？

要回答这些问题，我们首先必须认清不平等的分配为何是资本运作的一个根本条件。分配不平等源自一个简单的事实：在社会和历史上，资本被构建为一个支配劳动者的阶级。如果资本要维持自身的再生产，资本与劳动力之间的收入和财富分配必须是不平等的。分配平等与资本是不相容的。某些分配不平等实际上先于资本的崛起。若想迫使劳动者为了生活而从事受薪劳动，他们对生产工具的所有权和控制权必须遭剥夺。这种分配情况先于剩余价值的产生，而且必须一直维持。资本流通和积累变得普遍之后，薪资水平必须维持在使资本有利可图的限度内。利润极大化的努力，必然涉及压低薪资或提高劳动生产力。资本之间的激烈竞争，必然导致薪资普遍遭压低，无论个别资本家意愿如何。薪资与利润之间的分配，取决于劳动力稀缺程度和阶级斗争状态。由此产生的分配情况，在地域上是不均衡的。

社会价值总产出流向资本家阶级的比例必须够大，以便成就两件事：使资本家轻松享有配得上有闲阶级的消费条件，借此激励他们；为资本家提供充裕的剩余，以维持资本的经济引擎有力、顺畅地运作和扩张。潜伏在每一名资本家心中的“浮士德难题”（个人享受与再投资之间的两难），只能靠产生和占有可观的剩余解决。资本总是必须牺牲劳动者，占有高得不成比例的剩余。这是资本维持自身再生产的唯一方法。

在一个纯资本主义经济体中，资本因为占有较多经济资源，得以投资和创造就业，而且只有资本能够这么做。右派因此找到理由支持偏袒资本、牺牲劳动者的公共政策（尤其是税务安排）。他们是这么说的：不均衡的收入分配或许看似不公平，但对劳动者实际上是有利的，因为资本是创造就业的主导力量，资产阶级拥有越多资源，将会创造越多工作。可惜这种说法并不完整。资本只会在有利可图时从事再投资并创造就业。美国最近 3 次经济衰退之后的复苏，都是失业型复苏（经济增长但就业不增长，或甚至衰退），因为有利可图的投资机会不足，尽管薪资下跌，而且剩余劳动力随处可见。资本因此任由现金闲置，又或者利用剩余所得从事投机活动，希望借此获利，而投机渠道包括股市、房产、其他资产（尤其是资源和土地），以及利用不稳定的新金融工具赌博。资本如果投资在生产上，比较可能投资在节省劳动力的技术上（会导致更多人失业），而非真正创造就业。

与此同时，收入和财富日益集中在资产阶级手上，使得该阶级得以对媒体（舆论）和资本主义国家机器施加不成比例的影响和控制。资本得到国家的优先保护，而国家垄断合法使用暴力的权力和创造货币的工具。资本利用这种特权保护自身利益和维系其权力。中央银行总是拯救银行，但从不解救人民。这种情况展现在两件事上：全球逐渐形成一个财阀统治阶级；世界各地多数国家的财富和收入不平等程度惊人地恶化。

在阶级鸿沟的另一边，除非劳动者的总需求不足以支持市场中资本积累的实现，劳动者是否贫困是资本几乎完全不关心的事。资本最迫切关心的是尽可能压低薪资。如我们稍早所见，这造成生产与实现之间的一个核心矛盾。资本家控制薪资水平的能力，有赖于“产业后备军”（由剩余劳动力组成）的存在。这些备用劳动力的功能，是为资本进一步扩张提供劳动力，同时压制在职劳动者的渴望，令他们不敢太努力追求提高薪资和改善工作环境。产业后备军可分为两部分。首先是失业劳动者。提升劳动生产力的技术变革会导致企业裁员、劳动者失业。资本因此在控制自身的劳动力需求之际，获得影响剩余劳动力供给的可观势力。换句话说，资本制造失业的愿望，不亚于创造就业。以租税诱因鼓励资本再投资，制造失业的可能性不低于创造就业（这个事实在政治讨论中极少有人提起，尽管对任何一名因为技术变革而遭裁员的劳动者来说，这是非常明显的事）。

产业后备军的第二部分，是不拿薪水的大量农民、自由职业者和妇女儿童。中国近十年来受薪劳动力大增，便依靠此类人士加入受薪劳动力市场。非洲目前仍有尚待动员的大量潜在劳动力。金砖国家和其他地方的增长，很大程度上涉及动员这些潜在劳动力。在发达的资本主义国家，劳动市场先把农村的剩余劳动力吸收干净，再号召女性加入就业市场，补充劳动力供给。这种备用劳动力未必可由本地供应。自 20 世纪 60 年代起，一些国家开始从其他国家输入劳动者：德国吸收土耳其的劳动力，法国输入马格里布（非洲西北部地区）劳动者，瑞典找南斯拉夫，英国利用该国的前殖民地，美国则输入墨西哥劳动者。劳动阶级反移民的声势浩大时，资本便大举转移到有剩余劳动力的地方，例如墨西哥的加工出口区，以及中国和孟加拉国的工业区。即使资本并不外移，撤资威胁往往足以抑制劳动者的要求。

我们不必被错综复杂的细节羁绊住。我们只需厘清以下问题：即使面对强劲的有组织反对浪潮，而且可能因为抑制劳动者的有效需求而触发价值实现危机，资本靠哪些一般手段压抑和控制劳动者分配到的劳动成果比例？近 40 年来，资本显然是靠一些节省劳动力的技术变革，加上随机的全球化做到这件事；在此同时，即使资本加强剥削劳动力，国际竞争加剧仍然令利润率承受下跌压力。这一切的净影响，是劳动者在社会劳动产出中分享到的比例呈现下跌的全球趋势。正因如此，在几乎所有国家，个人之间的财富和收入分配变得越来越不平等。

但是，我们还有一件事必须考虑。资本因为市场上有大量的过剩劳动力而享有明显的优势，这衍生出一个问题：这些后备劳动者失业时，靠什么生活？就产业后备军的第二部分而言，这问题往往靠“部分无产阶级化”（partial proletarianisation）处理。如果备用劳动力来自农村，这些劳动者失业时可以回到乡下，靠传统方式勉强维持生计。农村地区生育和抚养小孩的成本，多数靠在城市打工的人汇款回乡支应。中国便是这样。出生到墨西哥、到美国工作的人也是这样（尤其是非法入境者）：他们如果生病（例如因为工作中过度接触杀虫剂）或遭裁员，往往会回到墨西哥。但是，那些举家迁移到城市、断绝与农村关系的人，显然不能这么做。非正式经济部门因此涌现（可能涉及犯罪活动），帮助这些人在低居住成本的简陋木屋区、棚户区和贫民区勉强维持生活。失业者竭尽所能，在都市贫民区勉强谋生。这种情况当然界定了一种生活方式、生活水平和生活成本，而这种生活成本又界定了正式经济部门里的薪资下限（这一点对资本尤其重要）。这种薪资下限可尽量压低，只要能招聘到非正式经济部门的剩余劳动者即可。

在发达资本主义国家，这种薪资下限取决于长期的阶级斗争所确立的社会福利和失业保障水平。这导致右派理论家提出以下论点：失业现象之所以产生，是因失业者可享有的生活水平太好了。因此，解决失业问题的最好方法，是降低失业给付！原本因为薪资太高、无利可图而放弃某些生产活动的雇主，将可能因薪资下跌而扩大生产，提供更多职位。若干证据显示，类似的情况确实可能发生。当然，问题在于整体薪资水平即使降低，也未必能产生多少新职位，结果是劳动者受到更严重的剥削，而在其他条件不变的情况下，资本将得到更丰厚的利润，收入分配不平等也将加剧。这正是美国前总统克林顿任内改革福利制度，1995 年引进“工作福利”（workfare）要求产生的效应之一。失业者领取福利救济的条件大幅收紧，变得相当苛刻，结果当然是贫困的失业者大增；他们找不到工作，因为在全球化（加上世界各地大量备用劳动力产生的竞争）和节省劳动力的技术变革这两种力量影响下，新增就业机会根本微不足道。克林顿此后获得商界慷慨的奖赏，2012 年演讲收入达 1 700 万美元，主要由商业团体支付。

新自由主义阵营在劳动力管理上采取这种方针，包括全面攻击所有亲劳动者的机构，例如工会和社会主义政党；这些机构长期力求保护劳动者，以免他们在不时发生的普遍失业潮中受到严重冲击。因为政治和策略原因，劳动力后备军的普遍景况自 20 世纪 80 年代以来显著恶化。资本为了自身的生存，近数十年来实际上在加深收入不平等和贫困。

上述说法当然是一种过度简化的叙述，但它很好地说明了生产与实现的矛盾统一如何通过收入不平等的周期波动（从相对平等到极度不平等），在历史上展现出来。与此同时，经济正统观念也出现转变。如我们之前提到，凯恩斯的需求管理论主导 20 世纪 60 年代的经济思想，而约从 1980 年起，主导经济思想的变成货币学派的供给侧理论。

由此就讲到以下问题：在资本主义体制中，怎样的社会不平等水平是可以接受和可取的？自由主义政治理论倡导政治、法律和公民权利的平等，但彻底的经济平等显然是不可能的。经济权利与政治权利的分隔显而易见。但是，产生财富与制造贫穷（如本章所述，这是资本的基础）之间的矛盾，何时会加剧并逐渐形成危机？危机可能以两种方式产生。

长期的分配不平等导致生产与实现之间的失衡。大众的有效需求不足，会拖延或阻碍资本的流通。资本主义国家近年广泛奉行的紧缩开支政策，抑制了有效需求，并妨碍赢利机会的创造。这解释了美国当前的情况：企业盈利创历史新高，但再投资却相当疲软。产生危机的第二种方式，是由不可接受的不平等激起社会不满和革命运动。这种威胁并非仅限于绝对剥夺（absolute deprivation）的情况，也可能由相对剥夺造成，尤其是在这种情况下：剥夺导致特定的宗教、民族、性别或种族群体陷于经济弱势地位。美国 20 世纪 60 年代的劳动者骚乱和城市暴动，便属于这一类型。巴西 2013 年的社会骚乱，发生在该国不平等情况稍有改善的时候，部分原因在于遭边缘化的群体期望上升，但公共服务和设施未能跟上他们的要求。

但是，上述的一切都不能解释为何财富惊人地集中在少数富豪手上；他们分配到的收入比例高得吓人，正形成一个全球财阀统治阶级。但是，我们可以在结构面找到该现象发生的原因，而关键在于贸易、媒体和金融资本的影响力越来越大。尤其值得注意的，是信息科技快速演变和通信方面的时空革命，彻底改变了货币资本跨地域移动的可能性。资本内部所重视的，因此已经转向全球金融化。数个资本矛盾之间的动态变化产生互动，通过金融化扩大收入和财富不平等。容我加以解释。

资本的历史上曾发生过数次金融化（例如在 19 世纪下半叶）。当前阶段之所以特别，在于货币资本的流通速度惊人地加快，而且金融交易费用大幅降低。相对于其他资本形式（尤其是商品和生产），货币资本的移动性已经急增。资本“用时间消灭空间”的强烈倾向在此产生重要作用。卡尔霍恩（Craig Calhoun）在最近的文章中表示，这“促进既有资本结构（例如特定的工业生产模式）的‘创造性破坏’，并刺激新技术的发展”，进而促进“新产品、生产程序和新生产地点的开发”。随着资本寻找并移往成本较低的新地点，不均衡的地域发展变得更加显著。金融施加的压力“驱使投资追逐越来越短线的利润，损害长期和较深层的增长，并且导致投机泡沫和随之而来的崩盘。它导致利润不够高（收益率低于资本收益率中位数）的公司承受更大的市场压力，促使资本撤出仍然赚钱的老企业，并因此压低薪资，削弱工业资本体制通过加薪与劳动者分享利润的倾向。它导致不平等加剧。”（最后一点尤其重要）。此外，急促的金融化也“导致财富投资报酬超过受薪工作报酬。它奖励交易者多过物资生产者……它使所有其他类型的企业为金融服务支付更多费用。2010 年，光是纽约市一地，证券业员工的奖金总额便高达 208 亿美元；前 25 名对冲基金经理共赚得 227 亿美元。而且这是发生在市场崩盘彰显金融化如何损害总体经济之后。”[4] 各领域的交易者均得益，不仅是金融交易者。信息和奇观经济（the economy of spectacle）配备的交易，形象和拜物欲望的制造也都是这种大趋势的一部分，期货交易也不例外——无论这一切结果证实多么虚幻。贸易商、食租者和金融业者的地位改变了，变成相对于工业资本的资本积累仲裁者。正是这样，财富和收入分配自 20 世纪 70 年代起变得极度扭曲。

但是，这已经令资本本身变得比较不安全、比较波动和更容易爆发危机，因为在资本积累的主要仲裁者与实际生产活动几乎毫无关系的情况下，社会价值的生产与实现之间会出现一种紧张情况。在这种沉重压力下，资本主义的引擎已经哀号了一段时间。这引擎可能容易爆炸（果真如此，灾难的中心可能是中国），又或者停止运转（当代欧洲和日本看来比较可能出现这种情况）。

这一切当中有深刻的讽刺。在历史上，工业资本展开有力的斗争，试图挣脱以下 3 种势力施加的枷锁：榨取租金的地主，放高利贷的金融业者，以及伺机在不均衡的市场里掠夺或低价买进、然后高价卖出的商人。21 世纪的资本主义看来正忙于编织一张束缚之网，令食租者、贸易商、媒体和通信大亨，以及最重要的金融业者无情地压榨从事生产活动的工业资本，损害其命脉；受雇于工业资本的劳动者遭压榨，更不在话下。工业资本并非消失了，它只是屈从于比较奇异和恶毒的其他资本形式。

一种资本出现了，它在技术变革的领域里和社会关系全球化的过程中活力十足，但冷酷无情，不但不关心社会劳动的生产环境，甚至不关心是否有生产活动。但是，如果所有资本家均寻求靠租金、利息、贸易利润、媒体资本的报酬，甚至是等而下之的资产价值投机和资本利得赚钱（美国所得最高的 1% 人口多数便是这样），并不产生社会价值，那么唯一的可能结果是爆发惨痛的危机。在这种政治经济体制下，巨大的经济财富、权力和特权将集中在贸易和媒体资本家、金融业者和食租者身上。不幸的是，这种财阀统治阶级显然已经出现。这一阶级的日子过得极好，大众却是相当困苦——这也是难以掩饰的事实。值得关注的大问题是：遭剥夺的人何时将发起群众政治运动，重夺他们失去的东西？

我们还有一个关键问题需要回答：如果目前出现的财富和收入分配的巨大不平等是反映一种新资本的崛起，是哪些矛盾造就这种资本的崛起？我们稍后谈资本危险的矛盾时，将讨论这个关键问题。届时我希望能证明这并非只是历史的偶然。

这一切对反资本主义策略的政治含义既简单又深远。例如，如果美国的民意调查真的能反映民情，改革运动若能促成远比目前平等的分配结果，将可得到美国民众强烈支持，即使许多人要求这种改革不得由政府去执行。工人控制的生产方式、团结经济（solidarity economies），以及自由的社群和合作组织将得到广泛支持（事实上现在也已经获得广泛支持）。像蒙德拉贡（Mondragon）这种例子是非常吸引人的：它是欧洲最大、最长寿的工人合作组织，采集体管理方式，其成员的收入差距直到最近不超过 3∶1，远低于典型美国公司的 550∶1。

在此我们也看到一种非常重要的政治行动潜在价值，那便是“革命性改革”。财富和收入不平等程度自当前水平适度降低，显然完全不会威胁到资本的再生产。事实上，我们或许可以说，资本要在当前关头生存下去，分配不平等适度降低绝对是必要的，因为目前的不平等情况大有可能变成一种绝对矛盾，而这是因为生产与实现的矛盾统一将变得难以控管，进而造成日趋严重的失衡。但是，如果资本的运作真的必须靠某种程度的不平等支持，则缩减财富和收入不平等的行动超过某个限度，将威胁到资本的再生产。压缩利润的行动一旦展开，最终可能演变成压榨资本、损害其命脉，以报复资本对劳动者的系统性压榨。没有人知道突破点确切在哪里，但肯定是远在分配平等程度达到美国民调显示大众乐见的水平之前。以缩减社会不平等为核心的改革运动，可以成为革命性转变的先锋。

矛盾 13
社会再生产

从前我们可以合理地说，资本完全不关心劳动者贫困与否；劳动者只能靠自己的进取心和创造力，以资本提供的微薄薪资为基础，在生物、心理和文化层面再生产自己。劳动者一般会顺从，因为他们别无选择。这正是马克思遇到的情况，而很可能正因如此，他在建立资本的政治经济学理论时，把劳动力的社会再生产问题放在一边。但是，如果劳动者不从事自我再生产，或是因为过劳而在矿井或工厂里过早死亡（或因为过劳而自杀），而资本因为某些原因无法再轻易获得备用的剩余劳动力，则资本显然将无法再生产。马克思认识到这种危险：他清楚看到，过长的工作时间和致命的剥削程度必须受到限制，而在这一点上，国家立法对保护资本的再生产和劳动者的性命同样重要。保护劳动力的社会再生产所需的条件，与资本再生产所需的条件向来总是有潜在的矛盾。但是，近两个世纪以来，这个矛盾已经变得远比以前显著和复杂，含有许多危险的可能，而且有广泛但不均衡的地域表现和后果。

随着工厂制度的兴起，以及资本的生产系统越来越复杂迂回，这个矛盾变得更显著。在传统的工匠技能变得越来越不重要的同时，资本对获得受过适度教育的劳动力兴趣大增：资本希望劳动者识字、灵活、守纪律和够配合，足以胜任机器时代要求的各种工作。1864 年的英国工厂法案加入教育条款，是资本对劳动者的能力兴趣日增的一个迹象，而这涉及对劳动者在工厂以外的生活有限度的干预。在整个资本体制内，这种对持续培养够水平的劳动力之关切，在全球许多地方与改良主义资产阶级的一项政治计划是一致的；这项计划希望创造出一个“可敬的”劳动阶级，它将避免参与暴动和革命，屈服于资本的劝诱。公共教育的增长，加上许多资本主义国家盛行的“煤气与水”社会主义（政府控制公用事业），无疑改善了有固定工作的劳动者的生活，且使政治代表权（投票权，因此也就是影响公共政策的权利）扩展至全民普选的地步。

资本对劳动者教育和动用财务资源做这件事的兴趣日增，是资本历史的一大特色。但资本做这件事不是无私的，且资本与劳动力之间的阶级斗争，也对此事造成一些困难。这是因为此事涉及资本希望劳动阶级受到怎样的教育，以及劳动阶级本身希望认识什么。例如在英国和法国资本体制的早期历史中，自学的劳动者一直是资方的眼中钉，因为他们热衷于各式各样的社会主义乌托邦构想，向往不同于资本提供的生活方式，且愿意采取政治行动（虽然可能未至于发起革命），以求实现某些反资本主义构想。在 19 世纪三四十年代，法国宣扬解放和乌托邦思想的组织惊人地盛行，与此相关的名字包括傅立叶（Fourier）、圣西门（Saint-Simon）、蒲鲁东（Proudhon）和卡贝（Cabet）等。与此同时，英吉利海峡对岸也出现比较冷静但仍然坚持立场的作品，它们宣扬劳动者权利，以及建立团结组织（如工会）和各种政治运动（例如人民宪章运动）与组织的必要性，当中有些得到乌托邦思想家和实践者如欧文（Robert Owen）的支持。如果这就是劳动阶级的教育，资本是完全不想要的。但是，因为劳动阶级中至少有部分富有影响力的人坚持自学，资本必须想出因应之道。如狄更斯小说《董贝父子》（*Dombey and Son*）中的董贝先生所言，他不反对公共教育，条件是劳动者在这种教育中认识到自己在社会中的正确地位。马克思虽然对多数社会主义乌托邦作品持批判态度，但从中学到很多，也希望创造一整套反资本主义知识，作为反资本主义运动的思想源泉。资本当然不希望劳动者看这些东西。

虽然公共教育已经相当配合资本的要求，包括灌输资本喜欢的意识形态，培养配合分工需要的技能，但未能消除基本冲突。之所以如此，部分原因在于国家利益也介入，希望建立一种跨阶级认同和团结意识，而这与资本的强烈倾向是有冲突的：资本希望资本家和劳动者均抱持某种无根的普世个人主义（cosmopolitan individualism）。这些有关公共教育内容的矛盾都无法轻易解决，但这不妨碍一个简单的事实：投资在教育和培训上，是资本维持竞争力的必要条件。例如中国近年发展的一个显著特征，便是大量投资在教育上，一如之前的新加坡和其他东亚国家。这是因为资本的赢利能力，越来越依赖技术劳动者的生产力提升。

但是，教育本身最终变成一盘“大生意”——这种事在资本的历史上相当常见。教育本来是公立和免费的，但私立和付费趋势严重侵入教育领域，造成民众的财务负担：渴望受教育的人必须付费，才能完成自身的社会再生产这个关键部分。社会上出现一群受过教育但负债累累的劳动者，后果如何可能需要很长时间才能确定。不过，从一些迹象看来，这种情况无论发生在哪里，都很可能成为民众强烈不满的一个源头，例如智利自2006年起，学生与政府便因为该国高中和高等教育民营化且学费昂贵，爆发街头冲突，至今尚未平息。

教育和培训创造出富有生产力的劳动力，所谓的“人力资本”理论由此而生，而这可能是人们广泛接受的经济概念中最怪异的一个。这概念最早出现在亚当·斯密的著作中。他认为劳动者获得生产技能，无论是通过“教育、研究或当学徒，总是得付出真实的成本；这些成本如同固定和实现在劳动者身上的一种资本。这些生产技能是劳动者个人财富的一部分，也是当事人所属社会的财富。工匠技术提升，如同购置提升效率或节省劳力的机器或工具，虽然须付出一定的成本，但可以连本带利赚回来”。[1] 问题当然在于培养这些技能的成本由谁承担（劳动者、国家、资本还是公民社会中的某种机构，例如教会），而好处（亚当·斯密所讲的利润）又由谁得到。

相对于非技术劳动者，受过良好训练的技术劳动者期望获得较高的薪酬，无疑是合理的。不过，这不表示较高的薪酬是劳动者投资在自身的教育和技能上，最终赚到的一种利润。如马克思在他对亚当·斯密的尖刻批评中指出，问题在于劳动力必须在受剥削的情况下替资本工作，才能实现自身技能的较高价值；但如此一来，劳动者较高生产力产生的好处，最终是由资本而非劳动者获得。[2] 例如近十年来，劳动者生产力大幅增长，但劳动者分享到的成果比例不升反跌。马克思指出，无论如何，如果劳动者身上真的有一种资本，他将可以完全不工作，靠他的资本产生的利息生活（资本作为一种财产关系，总是可以选择这么做）。在我看来，人力资本理论复兴［例如经由贝克尔（Gary Becker）20 世纪 60 年代的著述］的主要作用，在于掩藏劳资阶级关系的重要性，并制造出以下假象：所有人都是资本家，只是大家靠自身资本（人力或其他资本）赚到的收益率各有不同。[3] 如果劳动者得到的薪资非常低，相信这种理论的人可以说，这不过是反映劳动者投资不力，因此未能建立雄厚的人力资本！简而言之，低薪是劳动者自身的错。

因此，资本的重要机构，从大学的经济学系到世界银行和国际货币基金组织，莫不全心拥护这种理论虚构，也就不令人意外；它们这么做，当然是因为意识形态，而不是基于可靠的知识理由。这些机构最近也支持以下这个不可思议的虚构概念：在发展中国家许多城市具有主导地位的社会再生产非正式部门，实际上是一大群活力十足的微型企业，只要能获得微型贷款（必须付很高的利息，而利润最终落入主要金融机构的口袋），就可以成为资本家阶级货真价实的正式成员。

基于完全相同的理由，我强烈反对布迪厄（Pierre Bourdieu）把个人天赋（这在社会生活中无疑非常重要）说成是一种资本，称之为“文化资本”。[4]强调个人天赋在确立社会地位上的作用，因此强调它对社会再生产过程中复制阶级差异的作用，是完全没问题的。但是，把个人天赋当成一种（我们在本书所讲的）资本，则是令人困惑的，甚至可说是一种任性的错误。根据这种说法，如果你学会欣赏作曲家斯卡拉蒂（Scarlatti，如果你是法国人）或歌手史努比狗狗（Snoop Dogg，如果你是美国人），应该可以找到累积金钱财富和收入的方法。文化资本这个概念的实际应用，是在商品和地方的品牌建立和营销操作上（但这不是布迪厄的论点）：这种品牌和营销操作的目的，是令商品或地方（例如上等葡萄酒和完美的观光景点）可以赚取垄断租金。但是，这种操作是在制造差异的符号，而如果这个符号能持续有效，将可成为永久的垄断租金和金钱利润的来源。通过产品差异化，强调我这个品牌的牙膏独一无二，向来是防止市场交易抹平商品差异的一种手段。替商品和地方建立品牌，是位居当代广告业和旅游业核心地位的一种操控手段，其背后是一个符号的世界（充满象征意义），而谁创造这个符号世界，对操控人类欲望获取金钱利益至关重要。替商品的品牌操作付费，并获取这种操作产生的金钱利益的人，当然是制造这些商品的资本家。他们有时确实会毫不犹豫地替自己的产品加上阶级标志，以及更明显的诱人的性别形象。资本无疑在营销和销售上使用这些差异符号，但这不代表这种差异是一种资本（如布迪厄所讲的那样），虽然如果差异是独特和原创的（像毕加索的画作），则它确实往往能产生垄断租金。

社会再生产的某些方面影响劳动力的竞争质量，资本和资本主义国家（虽然主要是后者）近来对这些方面产生很大的兴趣。任何一个国家若想往生产价值链的上方移动，进入研发的领域，通过掌控知识产权使国家变得更富有，则它必须有受过良好教育、具有科学能力的劳动力可以运用，而这种劳动力必须靠本地培养（因此，在像美国这些国家，研究型大学极其重要）或从外国输入。要培养出这种劳动者，教育必须从小开始，整个教育体系因此成为资本关注的目标，但资本通常尽可能避免为此支付费用。在像新加坡和当下中国这样的国家，国家大力投资在所有层级的教育上，是它们的经济取得成功的关键因素。

技术应用的快速演变，尤其是我们之前提过的机器人和人工智能方面的进展，已经根本改变了可赋予劳动者优势的技能类型，而教育体系则往往笨拙地勉力赶上新需求。20 多年前，瑞奇（Robert Reich）便指出一种新兴的分工方式："符号分析"（symbolic-analytic）服务、例行生产，以及"亲身"（in-person）服务。"符号分析"人员包括工程师、法律专家、研究人员、科学家、教授、高级主管、新闻工作者、顾问和其他"劳心工作者"；他们主要靠搜集、处理、分析和操控信息与符号谋生。瑞奇估计此类人员占美国全体劳动者约 20%，而他们之所以占据优势地位，部分原因在于他们几乎可以在世界上任何一个地方从事他们的工作。不过，他们必须具备良好的分析和符号技能，而这种教育多数从家庭开始：儿童很早便学习如何利用电子装置，使用和操控数据与信息，配合新兴的"知识经济"的需求。[5] 这群人构成资本体制中相对富有但高度移动的中上阶级的核心，他们越来越倾向于集中在特权小区中（并把自身的社会再生产过程封闭起来），与社会其他部分区隔开。相比之下，从事传统生产工作的劳动者（例如钢铁业和汽车制造业）和一般服务业劳动者则前景黯淡，原因包括他们的职位很可能会消失，以及幸存下来的职位很可能薪资微薄、福利稀少，因为市场上有大量的剩余劳动力。

政府长期以来均有意提升至少部分劳动者的生产力，但这种意愿起初不涵盖劳动者文化和感情生活的所有方面。社会再生产的某些方面，例如养儿育女、照顾老弱，在许多地方通常仍然是个别劳动者的事，在市场考虑之外，一如文化生活的许多方面。但是，随着资本主义工业化和城市化造成许多复杂情况，资本主义国家日益发现，它必须介入医疗、教育和社会控制服务的监理和供应之中，甚至必须协助民众培养一些有利于自律和公民意识的心智习惯。

如卡茨（Cindi Katz）指出，社会再生产的整个领域是“日常生活中有关肉体的、混乱和不确定的事务”，但它“也是一组结构化的运作，与生产形成辩证关系，互相构成（mutually constitutive）但又处于一种紧张状态”。社会再生产与资本再生产之间的矛盾统一，明确地成为一个变动的矛盾，在资本的整个历史上具有独特的意义。这个矛盾所涉及的东西，当下与1850年的情况有天壤之别。卡茨指出：“社会再生产包括日常和长期的再生产，涵盖生产工具和运用这些工具的劳动力。在它最基本的层面，它有赖劳动力在生物层面的再生产，包括世代和日常基础上的再生产。”它也包含手工、心智与概念技能的生产和再生产。[6]这一切是在个人工资加社会工资的基础上实现的，而提供社会工资的包括各种政府机构（例如负责教育和医疗的机关），以及公民社会里的关键组织（例如教会和由慈善捐款支持的非政府组织）。

站在劳动者的立场，社会再生产有非常特别的意义。劳动者收到一笔钱作为工资，可以选择如何使用。在以前，劳动者怎么花这笔钱和基于什么原因，资本并不关心。但我们将看到，现在已绝非如此。劳动者需要多少资源才能生存和繁衍，有一部分取决于劳动者及其家庭和小区可以替自己做多少事。社会再生产吸收了大量的无薪劳动，而如女性主义者相当正确地一再指出，这些无薪劳动向来多数是女性在做，甚至到今天仍是这样。对资本来说，社会再生产是一个可以方便地把真实成本外部化、转移到家庭和小区组织身上的巨大领域。社会再生产的成本不成比例地落在不同群体身上。例如在我们之前提到的“部分无产阶级化”中，养儿育女、照顾老弱的成本，几乎全部由农民或农村社会的家庭承担。但是，在社会民主的情况下，政治运动驱使资本把部分此类成本内部化，可能是以直接的方式（通过劳动契约提供退休金、保险和医疗福利），也可能是间接的方式（借由福利国家体制向资本征税，作为提供各种服务的财源）。

近十年来，新自由主义政治的运作和精神，力求尽可能把社会再生产的成本外部化，转移到民众身上，以便降低资本的租税负担，提升资本的利润率。支持这种做法的理由，是福利国家体制的代价正变得太高昂，替资本减税可以促成更深层、更快速的经济增长，而当由此产生的好处广泛共享时，所有人的境况都得到改善。这种美好的展望当然不曾实现，因为有钱人几乎拿走了所有好处，并未与民众共享（例外情况是一些有钱人为求自己好过，做一些道德上可疑的慈善捐献）。

但是，家庭并非孤立的存在，而是处于各地的社会互动和社会关系网之中。家庭之间往往会分担劳动——例如在美国的中产社区，共乘（car-pooling）、儿童托育，以及举办集体活动如公园野餐、街头市集和街区派对，全都是日常生活的一部分，甚至还有联合起来的“足球妈妈”因为掌握一定的选票，在政治上得到注意。这当中有很多非金钱的交换，很多明显的互助，具体活动形形色色，例如帮助邻居修车、替露台油漆，以至帮忙维护小区成员享用的公共空间。这种活动有多少，以及经由什么机制发生，各地的情况差异很大，但不可否认的是，在世界上许多地方，家庭联合起来从事许多互助活动，创造出类似共同生活的形态。此类做法因为人们设立小区协会、宗亲会、宗教组织之类的团体而正式化；这些团体相当重视界定和维持适合社会再生产的小区状态，有时可能会动用一些压制手段。这种组织方式可以成为较大型的社会运动的基础，而它们也启发了不少人，使他们看到在纯粹的市场和金钱交易之外，还有其他可能的生活方式。虽然新自由主义对国家提供社会服务的攻击，理论上可以靠互助活动的兴起来抵挡，但现实中的证据多数不支持这种设想——新自由主义通过个人主义、自我中心、追求利润极大化的伦理运作（外加其他特征，例如跨地域移动性上升），而这种伦理削弱了互助在共同社会生活中的重要性——以宗教或族群关系界定的社群，是少有的例外。消费者日益倾向于视自己的房子为短期的投机工具，而不是安居之处，当然也不利于家庭之间的互动。资本创造出来的典型的城市生活方式（尤其是依赖开车这一点），也不利于创造出彼此支援的社群网络——这种网络可以促进比较恰当和令人满意的社会再生产形式。

这一切的背后潜伏着一种可能有害的初期矛盾，而我们之前已经看到它以不同的表象出现。劳动者和家庭是有效需求的重要来源，对市场中的价值实现有重要作用。如果他们在市场以外生产，满足自身的许多需求，则他们将大量减少在市场中购买商品，他们贡献的有效需求将因此减少。这是部分无产阶级化的问题，解释了为什么它往往演变成完全的无产阶级化（通常是在资本的压力下）。如果福利国家体制瓦解，很大一部分有效需求将消失，价值实现的场域也将缩小。这正是紧缩政策的问题。随着驾驭生产与社会再生产之间矛盾的做法从一个极端转向另一个极端，资本在以下两方面的矛盾随之加剧：资本在生产方面的潜在赢利能力日增，但有效需求不足，则令资本的潜在赢利能力日减。

为了应对这个难题，资本的历史中出现一种长期趋势：家庭劳动由市场交易取代（从剪发、外带食物、冷冻食品、快餐到干洗、娱乐和照顾老幼）。个人家庭劳动进入市场领域，成为一种私营生意，加上家用技术的资本密集度越来越高（从洗衣机、吸尘器到微波炉，当然还有房屋和汽车），迫使人们付出可观的金钱购置（通常必须靠借贷融资），不但根本改变了家庭经济的本质，还彻底改变了市场之中资本价值实现的过程。世界各地的住房商品化，通过为了社会再生产的空间消费，打开一个巨大的资本积累领域。如我们已经看到，资本长期以来刻意推动“理性消费”，也就是鼓吹助长资本积累的家庭消费主义，不管这些消费是否满足真实的人性需求（无论这些需求是什么）。社会再生产受这种趋势的影响越来越大，有时甚至遭彻底改变。

这个基本事实触发许多反思，审视资本对“生活世界”（lifeworld）和“日常生活”（everyday life）越来越强的支配力；“生活世界”是哈贝马斯（Jürgen Habermas）追随德国哲学家胡塞尔（Edmund Husserl）的说法，“日常生活”则是列斐伏尔（Henri Lefebvre）分析此一现象使用的标题。[7]资本及其各种形式的产物有系统地侵入人类生活世界的几乎各个方面，当然引发抵抗，但对多数人来说，这种抵抗已被证实无效，即使资本的入侵并未受到热烈欢迎也一样。进步左派（尤其是社会主义女性主义者）已提出理由，主张做家务应得到薪水。因为这种劳动负担不成比例地落在女性身上，这种主张有明确的政治理由，但不幸的是，这种做法只会促进所有事物完全货币化的趋势，最终反而对资本有利。家庭劳动很难货币化；此外，这种做法不大可能造福民众，尤其是妇女，因为即使做家务可获得薪水，她们很可能仍将受到过度剥削。

因此，虽然法国杰出历史学家布罗代尔（Fernand Braudel）提出完全合理的说法，认为中世纪末期一般人的物质生活，和物质再生产与资本以至市场几乎完全无关，这种构想在我们的时代已失去意义，仅有的例外是世界上一些偏僻的地方（例如某些原住民社会或偏远的农村），因为资本尚未在这些地方产生支配性的影响力。[8]日常生活和社会再生产已经快速商品化，替反资本主义斗争制造出一个复杂的空间。

事实上，几乎在所有地方，社会再生产已经成为被资本主义活动高度入侵的领域。在世界上许多地方，国家的触角和资本的影响与力量以无数种方式，在社会再生产领域中延伸和扩张。当然，这些介入并非全都是有害的。社会再生产是藏污纳垢的地方：在世界上许多地方，女性常在这个领域遭受压迫和暴力伤害，还被剥夺教育机会；儿童常遭虐待和暴力伤害；偏执衍生出对他人的蔑视；劳动者在工作中受到压迫和暴力对待后，常把这种痛苦转嫁到家人身上；酗酒和滥用药物也造成很大的伤害。正因为如此，适度的社会管制甚至国家干预，对社会再生产领域是很有必要的。但是，这可能导致官僚掌控日常生活和社会再生产，使得人们没有什么自主发展的余地。此外，生产、交换、分配和消费的所有过程更深地嵌入社会和生物生活的网络之中，已经产生这样的世界：可能导致异化的、过度的家庭消费主义，与支持足够的社会再生产的必要消费产生矛盾，一如劳动力的社会再生产与资本再生产之间的矛盾那么显著。例如在美国，当代的社会再生产有多少是用来培养人们从事疯狂的炫耀性消费和金融投机，而非培养受过良好教育的可敬劳动者？

上一个世代，马丁（Randy Martin）所称的“日常生活金融化”已经显著地介入社会再生产。[9]如果我们问以下两个基本问题，答案是相当惊人的：社会再生产有多少是靠债务融资？此一事实有何含义？在世上许多地方，高利贷集团向来扮演重要角色，至今仍是这样。在印度许多地方，社会再生产发生在高利贷集团可怕的阴影下。微型贷款组织的出现并未解除这种困境［在某些情况下，这甚至迫使借款人走上自杀的绝路（主要是女性），因为这是他们摆脱集体债务的唯一方法］。但是，几乎在所有地方，与社会再生产有关的个人债务如今已成为形式不一的灾难。美国的学生背负重债，这种情况如今也正出现在英国、智利和中国；与此同时，人们为了应付日常生活所需而背负的债务，也正以惊人的速度增加。在中国，个人负债在 1980 年左右接近于零，如今不过是数十年时间，已暴增至远远超过收入的水平。

不过，以上只是一种泛论，而这些矛盾在各地域有不同的表现。世界上某些地方（例如消费占 GDP 超过 70% 的美国）似乎比较重视通过败坏社会再生产合理形式的异化消费主义，维持经济的有效需求；另一些地方（例如消费占 GDP 超过约

35%的中国）则比较重视劳动力的社会再生产，以便能不停地生产价值。在分裂的城市如拉各斯（尼日利亚港口城市）、圣保罗（巴西最大的城市）以至纽约，城市的一部分人沉迷于炫耀性消费，另一部分人则致力于繁殖可轻易剥削的劳动力（因为供给过剩，总是有很多人没有工作）。学者研究这些不同环境下的社会再生产，发现家庭活动的性质和意义有巨大的差距，几乎没有共同之处。这种分裂导致资产阶级的道德观出现一些古怪的现象。巴基斯坦和印度以极其微薄的工资雇用童工，每天工作10至12个小时，生产足球供年薪以百万美元计的球员使用，卫道人士站在道德立场谴责这种现象，但完全漠视另一个事实：他们自己的孩子因为在市场中消费，也受到资本的剥削。与此同时，这些孩子也被灌输参与这种腐败交易的伎俩，包括利用计算机操纵股市，无本生利。你上网搜索李柏（Jonathan Lebed）的故事，便知道我在讲什么。李柏15岁时，已经靠买卖低价“水饺股”赚到数百万美元：他在网络上设立聊天室，吹捧他刚买进的股票，然后利用好评推高股价后卖出。美国证券交易委员会（SEC）控告他，他则断言华尔街正是这么做的。结果美国证券交易委员会只是罚他一笔小钱，像放下烫手山芋那样放弃起诉他，因为他说得很对。

社会再生产的矛盾，不可脱离各地域的情况差异去理解。与此同时，这些矛盾的一般性质随着时间的推移，已经出现戏剧性的变化。在世界上许多地方，物质活动、文化形式和当地生活方式的可能性极其重要。如卡茨指出，在资本高度流动的背景下，社会再生产“基本上仍必要地保持本地形式，受限于特定地域”。结果是产生“跨空间、跨边界、跨规模的各种脱节现象，可能触发社会关系中沉积的不平等，也同样可能造成新的不平等”。农业劳动者的再生产发生在墨西哥，但最后在加州的田地里工作；女性工人增长于菲律宾，最后承担纽约市大量的家庭劳动；数学工程师在苏联共产主义体制下受训，最后在卡拉维尔角（附近有肯尼迪太空中心和卡纳维尔角空军基地）工作；在印度受教育的软件工程师，则去了西雅图。

社会再生产不但涉及劳动技能，还关乎消费习惯的整理。卡茨表示：“劳动力再生产召唤一系列的文化形式和习惯，它们因地域和历史时期而不同。”这包括与以下事物有关的所有东西：知识与学习、世界观、道德和美学判断、与自然的关系、文化习俗与价值观，以及支撑对地方、地区和国家忠诚的归属感。社会再生产也灌输“维持和强化阶级和其他差异类别的常规”，以及“一套文化形式和常规，以便增强和内化生产与再生产的强势社会关系”。通过这些社会实践，“社会的参与者成为某个文化的成员；他们协助创造这个文化，同时在其中构建自己的身份认同，但也会对抗这个文化。”

卡茨的结论是，“社会再生产的问题相当棘手，令人烦恼，但全球化资本主义生产的伤害，多数可在这领域看到。”[10] 在社会再生产领域，资本的创造性破坏甚为阴险，鼓吹一种异化消费主义和个人主义生活方式，有助于助长粗鲁、竞争的自私贪欲，并在许多人无可避免地未能建立自身的“人力资本”时，把问题归咎于受害者。不平等的再生产在这领域开始，随后因为缺乏任何强劲的反作用力，也在这领域结束。例如在美国，社会流动已几乎停顿下来，因此一切依赖于一个非常不平等、受严密控制，甚至是断然歧视的社会再生产过程。以前民众在自身的再生产上曾经自力更生，完全不依赖资本或国家的协助，但民众现在做这件事，却必须应付国家和资本对日常生活的严重腐化和干预；这种干预不但迫使人们去填补差异极大的各种位置（包括无用之人的位置），从事各种工作，还迫使人们消化资本灵巧地生产出来和营销的各种不必要的无用产品。

当然有人看到了矛盾并设法应付。有些人渴望回归本土传统思想和生活方式，又或者至少认为通过建立基于家庭和劳动者组织网络的另类社群，有望挑战组织严密的消费主义资本体制下粗鲁的社会再生产方式。但是，资本以消费主义腐化社会再生产的策略行之已久、坚持不懈，而且获得广告和推销业的慷慨金钱支撑（这个产业为了推销商品，不惜动用一切可用手段）。在第二帝国时期的巴黎，新百货公司的老板力求建立更大的市场势力时，口号是“掌控女性顾客”。近代鼓吹消费的广告，主导思想则是“掌控小孩，越小越好”。如果儿童在成长过程中经常看电视、玩计算机游戏或iPad，这对他们的心理和文化态度、世界观和未来的政治主体性会有深远影响。卡茨表示，再生产是个麻烦的问题，部分原因在于它非常专注于"很有问题的社会关系和物质形式"的再生产。因此，社会再生产不大可能是革命情感的来源。但是，有很多东西依赖它，包括对抗政治（oppositional politics）。

社会再生产无所不在，我们因此可以它为中心，构建对最阴险资本形式的批判。这正是列斐伏尔撰写他的多卷巨著《日常生活批判》（*Critique of Everyday Life*）想做的事。他在此书中批判个体性（"私人"意识和个人主义），批判货币（他是从拜物主义和经济异化的角度去理解），批判需求（心理和道德异化，当然是源自消费主义而不是必要的消费），批判工作（劳动者的异化），以及批判自由的概念和意识形态（驾驭自然和人性的力量）。

这引导我们走向一种反资本主义政治形式，回应资本体制下日常生活和社会再生产受到的冲击。在资本和资本主义国家的操控下，大众的日常生活恶化，在社会再生产方面丧失自主权；应对这种情况，所有的集体政治反应都必须以抵消多重的异化为最重要的任务。这不代表只能靠孤立的个别家庭尽其所能。我们还可以把家庭嵌入社会网络中，为管理和促进一种充满"文明"价值观的共同生活而努力。我们将在本书结论讨论这种做法。与此同时，列斐伏尔对自由的批判特别值得注意，因为我们将在下一章看到，它涉及资本的另一个重要矛盾。

不过，有一点是确定的：所谓的“激进”策略如果试图把货币化和市场力量引入社会再生产领域，借此替这一领域中遭剥夺权力者充权，则完全走错了方向。为一般民众提供理财训练，只会令他们暴露在遭市场上各种势力掠夺的危险中：他们试图管理自己的投资组合时，如同游在鲨鱼群中的小鱼。提供微型贷款可以鼓励借款人参与市场经济，但这种做法会把借款人必须投入的精力最大化，同时把他们可以得到的报酬最小化。为遭到边缘化的弱势人口提供土地和房产的合法产权，希望可以借此带给他们经济和社会上的安稳，但长期而言，几乎一定会导致他们失去原本已经通过惯性使用权而拥有的空间，在他们原本居住的地方遭到驱逐。

矛盾 14
自由与控制

几堵石墙成不了监狱，铁栏环绕也不成牢笼；
清白心安之人，视之为隐居之处；
如果我能自由去爱，而且灵魂也自在，
则只有翱翔天际的天使，享有如此的自由。

以上几句摘自勒夫莱斯（Richard Lovelace）在狱中写给情人爱尔西娅（Althea）的一首诗，常有人引用。1642 年，勒夫莱斯因为请求国会废除一条约束神职人员的法律而入狱。他被监禁，是因为行使他向国会请愿的自由。当然，选择在什么时候做这件事，是很重要的。当时是英国内战的第一阶段，势力强大的教会，权力受到约束，而国王查理一世最后还遭处决。

如历史学家希尔（Christopher Hill）所言，那是动荡的时代，世界因为政治、宗教和社会运动而“天翻地覆”；这些运动希望找到方法，把有关个人权利和自由的有力观念与意识形态，同管理集体共有的利益以实践“公共利益”联系起来。[1] 有关如何实践公共利益，人们有很多不同的意见。但无论意见如何分歧，国王和教会（不包括异议者）的神权（divine right）受到猛烈的攻击。但是，怎样的政治体可以取而代之？而这又可以带来哪些自由？

勒夫莱斯在诗中表达的感想，至今仍有很多共鸣者。适应资本体制运作方式的人，多数认为自己有保持思想自由的能力，即使遭高墙和栅栏围住也不例外。我们可以轻易想象一种异于当前所处状态的情况，甚至想象一个不同的世界。我们甚至可以构想积极的行动计划，改变世界的面貌。虽然我们认识到，历史和地理情况可能不怎么有利于我们提出并实践替代方案，但如果我们可以自由地构想替代方案，为什么不能自由地奋斗以实践这些构想？有此想法的不仅是右翼自由至上主义小说家兰德（Ayna Rand）的追随者，还包括各派别的激进主义者（包括马克思）。毕竟如伊格尔顿（Terry Eagleton）在《马克思为什么是对的》中所言：“马克思的政治理论，完全是为了帮助个人自由地实践潜能，只是我们也必须记住，这些个人必须找到某种方法，共同实践潜能。”[2] 兰德与马克思的不同之处，在于马克思认为个人要真正发挥其创造力（这种理想可以追溯至亚里士多德对美好生活的构想），最好通过与他人联系、合作，共同克服资源稀缺和必要物质需求造成的障碍；马克思认为克服这些障碍之后，才有真正的个人自由可言。

但是，这一切的背后藏着一个棘手的问题：自由的当代意义和定义，是否容不下反资本主义构想？如果我自由地追求反资本主义理想，会否像当年的勒夫莱斯那样，被捕入狱？我们是否在几乎不自觉的情况下，奉行某种偏颇、廉价的自主和自由概念，最终束缚了自己？我们奉行这种概念，是否只是支持现状，并且更深刻地印证了资本有关人权和社会正义的扭曲观念？资本的经济引擎是否非常有力地坚持某些基本但偏颇的自主和自由观念，以致面对自由 vs. 控制这个关键的政治问题时，我们只有两种处理方式（坏的一种是企业家导向的，好的一种是偏向自由人道主义）？

在我看过的美国总统就职演说中，几乎每一篇的核心主题都是美国代表自主和自由，不但将不惜牺牲和不遗余力地对付威胁自由的势力，还将运用自身能力和影响力，促进自主和自由在世界各地的普及。小布什总统在他所有的演讲中，一再提到“自主和自由”。例如在美国即将捏造理由侵略伊拉克之前，他便以夸张的言辞描述美国的传统：“促进自由是当前时代的召唤，是我们国家的召唤。从（威尔逊总统的）十四点计划，到（小罗斯福总统的）四大自由和（里根总统的）英国国会演讲，美国总是把我们的力量用来贯彻这个原则。我们相信自由是自然的目的。我们相信自由是历史的方向。我们相信人类的成就感和杰出表现源自负责任地运用自由。我们也相信自由——我们珍视的自由——并非只属于我们。自由是全人类的权利，人人有权得享自由。”小布什在伦敦金融城市长官邸对英国国会议员演讲时，提到自己的思想根源：“我们有时会被指责抱着幼稚的想法，以为自由可以改变世界。如果这是个错误，那是因为我们读太多约翰·洛克和亚当·斯密的作品了。”[3]虽然小布什阅读这些作品是不可思议的事，如我们将看到，他以早期政治经济学理论为自身主张的根源，有非常重要的意义。

不幸的是，美国对捍卫自主和自由的关心，被有系统地用来替帝国主义和新殖民主义势力辩护，证明其控制世界上许多地方是正当的。美国追求自主和自由的绝对价值时，向来不排斥诉诸强制和暴力手段。美国暗地里支持政变推翻其他国家的民选领袖，已有很长的历史，包括1954年推翻危地马拉的阿本斯（Jacobo Arbenz），1973年推翻智利的阿连德（Salvador Allende），以及较近期尝试推翻委内瑞拉总统查韦斯（Hugo Chávez）但失败。美国政府如今广泛监视公民的私人通信，而且可以破解所有密码（政府因此可以取得民众的银行、医疗和信用卡记录）；当局做这些事，全都是以捍卫民众自由和免受恐怖威胁为名义。追求自主和自由就像提供一张许可证，使政府得以运用种种压制手段。美国民众对此矛盾若不是浑然不觉，便是习以为常，以致几乎完全没有注意到，他们往往欣然接受的、激励人心的有关自主和自由的辞令，经常搭配政府一些不光彩的控制手段（往往是出于腐败的目的，为了狭隘的利益），而政府长期侵犯人权的恶行（从伊拉克阿布格莱布到古巴关塔那摩湾，以及在阿富汗国土上）就更不用说了。连国际特赦组织也公开谴责美国在关塔那摩湾“骇人听闻的侵犯人权行为”，但美国政府漫不经心地漠视这一批评。唉，这种黑白颠倒的事一点也不新鲜。“战争即和平，自由即奴役，无知即力量”便是奥威尔小说《1984》的名句，而他当时显然是在讽刺苏联的情况。

这一切诱使我们得出以下看法：有关追求自主和自由的政治辞令是骗人的，被伪善者如小布什用来掩饰追求利润、掠夺和控制他人的腐败恶行。但是，这种观点否定了历史上真正追求自由的力量：从农民起义到革命运动（包括美国的、法国的、俄国的，以及中国的），以至废奴运动和脱离殖民统治、解放整个族群的斗争，全都以争取自由的名义，根本改变了社会运作的方式。与此同时，各种社会力量也通过种种斗争，包括反对种族隔离，争取公民权、劳动者权利、女性权利和许多其他少数人士（同性恋、双性恋和跨性别社群、原住民，以及残障人士等）的权利，扩展自主和自由的领域。在资本主义的历史中，这些斗争以无数种方式发挥作用，改变我们的社会。对抗暴政的人埋下自由的种子，绝非只是一种空洞的姿态。当“现在就要自由”的呼声在街上回荡时，统治体制为之震动是应该的；政府必须有所让步，即使这种让步最后被证实以象征意义为主。

在资本的历史中，民众对自主和自由的渴望一直是一股强大的原动力。无论在统治阶级及其政治代表的辞令中，这种追求如何遭到平庸化和贬低，它也不会轻易消失。但是，这件事也有它的黑暗面。追求自由的进步运动到了某个阶段（尤其是接近达成目标时），全都必须做一个决定：为了保障大家追求的自主和自由，哪些人或哪些东西必须遭受控制？革命之中，总有一些人的利益会受损，问题是哪些人和为什么。可怜的勒夫莱斯进了监狱，这似乎很不公平。法国大革命期间，恐怖统治的出现，据说是为了巩固“自由、平等、博爱”。一代又一代共产主义革命者的希望和梦想，粉碎在这个矛盾的岩石上：人类解放的希望在现实中幻灭，实际出现的是官僚和僵化的国家管控体制，而支持这一体制的是警察国家的镇压机器。后殖民社会的居民，如果真的相信追求国家解放和自由的斗争可以带来自由的巨大增长，如今也将活在幻灭之中，甚至可能对自身的自由前景忧心忡忡。南非人经过多年的激烈抗争，推翻了种族隔离制度，但如今在达成免于匮乏的自由方面，并没有比以前进步。在某些地方，例如新加坡，个人自由受到严格限制，如同以个人自由交换物质福利的快速增加。

这里显然有个巨大的矛盾。自由与控制如影随形。没有自由可以不必涉及控制这种“邪道”。为了打开通往更大自由的门，我们面临巨大的困难时，可能必须控制自身的恐惧，压倒讽刺者和怀疑者，当然更要压倒外部的敌人。自由与控制的统一，永远是一种矛盾统一。为了成就正义的事业，我们可能必须动用一些不义的手段。

自由与控制截然对立，位处矛盾的两极；这个矛盾有许多微妙的形式，还可能伪装起来（控制可以伪装成自愿的，或是通过说服和意识形态操控达致）。但我宁愿坚持使用毫不掩饰且最令人不安的表达方式，而这正是因为忽略这种矛盾的潜在后果，是数以百万计的人感到幻灭的根本原因；这些人忠诚地为争取自由而奋斗，有时甚至牺牲性命，但他们的子孙却可能在另一种控制形式下载沉载浮。任何争取自由和自主的斗争，一开始就必须正视它准备要控制什么这问题。它也必须认识到，维持自由的代价是防范新旧控制形式的永恒警觉。

约翰·洛克和亚当·斯密的论述，正是在这里产生其意义。古典自由主义政治经济学提出的，并非只是某种通用资本主义的乌托邦模式，而是还有某种个人自主和自由的愿景——它最终支撑法国哲学家福柯敏锐指出的一种自我管理的治理结构；这种结构限制国家权力的任意性，同时令个人得以根据市场社会的法则管理自身行为，也促使他们这么做。[4] 自我控制和自我规训内化于个人之中。这意味着自由和自主的主流概念，从过去到现在均深植于某类型的社会关系和规范之中，反映基于私有产权和个人权利的市场交换体制。它们排他地界定了自由的界限，而任何针对这种标准的挑战都必须无情地镇压。这种社会秩序由马尔库塞（Herbert Marcuse）所称的“压迫性包容”构成：在这种秩序中，有一些界限是绝对不可逾越的，无论促进自主和自由的理由是多么迫切；与此同时，包容的修辞被用来说服我们容忍不可容忍的事物。[5]

这一切当中唯一令人惊讶的是，我们注意到并思索这一事实时，竟然觉得惊讶。毕竟，市场的自由必须靠国家的暴力和控制支撑，这不是显而易见的吗？自 18 世纪以来，自由国家的理论和实践逐渐兴起；其主导原则是国家应自我设限，避免过度干预市场和社会，对个人行为和市场中的企业家行为（尤其是后者）应采自由放任的立场，而这不是出于家长式仁慈，而是出于在主权管辖范围内尽可能累积金钱财富和势力的自利考虑。国家经常过度管制和干预，是民众常见的抱怨，当然也是资本的标准抱怨。各国不时会出现一些反干预的政治运动（美国的茶党是一个例子），它们明确追求减少国家干预，无论那些干预是好是坏。自由至上主义论者表示，保姆国家是时候退场了，个人真正自主和自由的时代是时候开始了。

波兰尼（Karl Polanyi）深明个中关系，虽然他的政治思想与自由至上主义者南辕北辙。他在自己的著作中提出以下假想：“市场经济消逝，或许能开启空前自由的时代。法律上和实际的自由，可以变得远比以前广阔和普及；监理和管控可以替所有人实现自由，而非仅限于少数人。自由不再附属于特权，在源头便已腐化，而是一种规定的权利，远远超出政治领域的狭窄范围，延伸至社会本身的细致组织。因此，工业社会的悠闲和安全产生新的自由之余，旧有的自由和公民权也得以保存。这样的社会是可以既正义又自由的。”

这种广阔和普及的自由很难实现，原因在于阶级利益，以及财富高度集中产生的牢固特权。富裕阶级在自身的自由得到保障的情况下，抗拒任何限制其行动的规定，宣称这种限制使他们沦为社会主义极权制度下的奴隶；他们不断大声疾呼，要求扩展他们的自由，不惜为此牺牲其他人。“这些人宣称，利伯维尔场体制和私有产权是自由的必要条件。他们认为建立在其他基础上的社会，无论如何是称不上自由的。政府监理产生的自由，被贬为非自由；政府监理造就的正义、自由和福利，被斥为奴役的伪装……这意味着收入、闲暇和安全已经够好的人，可以享有完全的自由，而那些可能徒劳地试图运用自身的民主权利，从财主那里获得庇护的人，则只能得到少得可怜的自由。”[6] 波兰尼在此有力地反驳哈耶克著作《通往奴役之路》（*The Road to Serfdom*）的主旨，这本书是 1942~1943 年的作品，但至今仍是自由至上主义右派的圣经，也确实产生了巨大的影响力（卖出逾 200 万本）。

这个难题的根源，显然在于自由本身的含义。波兰尼指出，自由主义政治经济学的乌托邦思想，“为我们的理想提供错误方向”。它未能认识到，“没有权力和强制便不可能有社会，世上的武力也不可能没有功能。”因为坚持以纯粹的利伯维尔场观念看社会，它“把经济等同契约关系，把契约关系等同自由”。[7]这是信奉自由至上主义的共和党人建构出来的世界。无政府主义者和左派自治论者，也多数信奉这种有关个人自主和自由的观念；同时，资本主义的利伯维尔场观念则受到严厉谴责。无论信奉哪一种政治学说，都不可能避开自由与控制的矛盾统一。

波兰尼指出，这种乌托邦思想的政治后果，是“即使失业和贫困出现时会无情地限制自由，但我们无法要求选民、资产所有人、生产者或消费者为此负责”。这种状况是自然的结果，不是任何人所能控制的，因此也就没有特定的人要为此负责。如果有人认为我们有责任针对这种状况做一些事，可能会有人“以自由的名义”否定这种想法。[8]共和党人占多数的美国众议院，可以用支持自由和扩大自由的名义，轻松自在地投票通过减少派发食物券给日趋贫困的社会弱势群体，同时维持国家对农业企业的丰厚补贴。波兰尼的结论是：我们必须先摒弃古典政治经济学的乌托邦理想，以及与其同源的大部分自由至上主义政治，才能处理自由的问题。只有这样，才能“直面社会现实”及其矛盾，否则我们的自由将是基于逃避社会现实（这是现在很明显的情况）。这种对现实的逃避，恰恰是多数右翼论述（例如小布什总统的论述）所做到的。

自由与资本概念之间的内在关系（呈现在政治经济学家

的著述之中），不应使我们感到惊讶。毕竟，从劳动者身上榨取剩余价值，假定了在资本的支配下，劳动者将受到控制，而且将相对地不自由。如马克思讽刺地指出，劳动者的自由有双重意义：他们可以自由地把自己的劳动力出卖给自己喜欢的雇主，而且他们可以不必掌握自己的生产工具（例如可以不必拥有土地）；如果他们可以控制这些生产工具，他们将可以不必靠从事受薪工作谋生。劳动者与生产工具的掌控权分离是意义非凡的事，其中涉及漫长且仍在持续的暴力和强制历史，而这种暴力和强制是以资本可以自由获得受薪劳动力为名义。资本也需要环游世界寻找赚钱机会的自由，而如我们稍早所见，这需要消除或减少资本流动的物理、社会和政治障碍。“自由放任”和“自由通行”成了资本主义秩序的口号。这种原则不但适用于资本流动，还适用于资本免受监理当局干预的自由，除非是其他资本家或整个经济体受到的外来损害大到完全不可接受，或是危险到国家非干预不可。掠夺当地人或原住民土地下的资源，必要时驱逐当地居民并掠夺整个地区的资源，过度利用生态资源（有些甚至用到远远超出生态系统再生的能力），全都成了资本必要自由的关键一部分。资本要求国家保护私有财产，确保契约的履行，以及保护知识产权免遭没收，除非是公共利益要求国家不要这么做（但公共利益常被资本用来掩饰自己）。

资本需要和要求的自由，没有一项是不具争议的。事实上，这种争议不时会变得相当激烈。许多人认识到，资本的自由是以其他人的不自由为基础。马克思注意到，双方皆有其权利：资本希望从劳动者身上榨取劳动时间，越多越好；劳动者则致力于保护自己免于过劳死、正常生活的自由。马克思就此说了一句著名的话：这两种权利何者占优，由双方的力量决定。不过，那是个剥削的世界，而政治经济学家是这么替它辩护的：那是一种普遍进步的理想方案，最终将惠及所有人。但马克思也指出，如果真正的自由境界始于摆脱贫困，则基于积极制造稀缺、贫困、劳动力过剩和欲求不满足状态的政治经济制度，不可能允许我们进入真正的自由境界（在这种境界里，每个人都实践自身潜能是确实可能实现的）。这其中的矛盾，在于自动化和人工智能技术如今提供大量方法，可帮助我们达成马克思所梦想免于贫困的自由，但与此同时，资本的政治经济法则却使得这种自由越来越遥不可及。

不幸的是，资本经济思维的腐蚀力量也波及一些具有深刻人道精神的人，对他们扩展自由领域的努力产生巨大影响；他们希望自由能扩展至门禁小区之外，目前世界上的有钱人越来越困在这种小区之中。森（Amartya Sen）代表作《经济发展与自由》（*Development as Freedom*）便是一个好例子，他在这本书中非常努力地“以自由的名义”，把经济思维推至其人道精神的极致。森把自由理解为一种过程，以及他所称的“实质机会”（substantive opportunities）。这种区分有重要意义，因为它含有对传统福利国家主义的批判；这种福利国家主义只是把劳动者和大众视为政策的对象，而非历史的主体。森认为以下两件事同样重要：动员民众，培养他们积极参与经济发展的能力；创造出一种状态，让人们有必要的实质机会（可以得到必要的物资和服务）去过有价值的生活。我认为他正确地注意到，在许多情况下，自主的人愿意牺牲大量自由，以便可以自由地在非异化的情况下，主动追求自身的幸福和财富。奴隶的生活可能比受薪劳动者宽裕得多，但后者不大可能牺牲自己的相对自由去交换比较宽裕的生活。参与和培养自身能力的自由，是实现发展的一种关键手段。这远优于陌生和往往具有家长作风的国家权力策划和强制执行的巨大转变，无论这种变化多么令人赞叹。森把这种自由观用在“评估变化的评价分析上，也用在视自由为快速变化中的一个因果有效因素（causally effective factor）的描述性和预测分析上”。这些发展过程“通过各种社会制度运作，这些制度涉及市场的运作、公共行政、立法、政党、非政府组织、司法、媒体和一般小区”。森认为，这一切可以“促进发展的过程，而这恰恰是借由它们增进和维持个人自由的作用”。森寻求“对这些不同的制度和它们之间的互动产生的作用，建立一种综合理解”，以及正确认识“价值观的形成和社会伦理的演化”。结果是多元自由的领域，依附在各种制度和活动上，不能简化为“资本积累，或开放市场，或高效经济规划”的某种简单公式。这其中的一贯因素是

“增强个人自由的过程，以及促成这种过程的社会决心”，而“发展确实对自由的可能性至关重要，反之亦然。”[9]

问题当然在于森的愿景无论多么吸引人，终究只是自由主义政治经济学乌托邦理想的另一个版本。自由变成不是一种目的，而是福柯所称的“治理性”（governmentality）的一种手段。国家权力利用自由来管理全体民众的自律，而正是这种自律确保人们顺从资产阶级制度和生活方式，当然包括顺从资产阶级因为累积财富和权势而建立的控制力量。换句话说，结果不是问题，不必以自由的名义去质疑它，因为自由已包含在过程之中。这正是“发展便是自由”（developmentp as freedom）的意思。

森描述了一个没有矛盾的世界。他未认清（波兰尼清楚地注意到的）阶级对抗的压倒性力量，自由与控制之间紧张的辩证关系，私人占有社会财富的权力，使用价值与交换价值的矛盾，以及私人财产与国家的矛盾。森确实提到了这些对立，但在他的世界里，它们全都是可驾驭的。森假定这些对立不会变成绝对的矛盾，也不会酿成危机；如果不幸发生这种事，他会认为这只是管理不当的结果。森试图建立一种基于过程的非异化自由观，他的努力值得赞赏也非常吸引人，但他假定了一个没有矛盾的资本世界。这种乌托邦世界，是波兰尼明确认为必须摒弃的，因为只有这样，才能把社会带进一个可以实现大量实质自由的世界（否则我们将只是秉持一种否认社会现实的自由观）。

我选择批评森是有原因的。我认为在所有经济学家之中，他在探索如何通过资本主义市场发展扩展自由这件事上，是走得最远的一位；他探讨的这种发展是受管制和对社会负责的，根据崇高的人道主义标准，而非粗糙势利的发展指标来评价。但是，他未能提出确切证据支持他的核心信念；该信念认为市场体制在适当的监督管理下，能公正和高效地满足人类的需求，而且能以自由的方式达到免于匮乏的自由。在森心爱的印度，放贷者每天都在破坏穷人的生计，但在森的论述中，看不到货币形式中的固有矛盾。这种自由人道主义盛行于非政府组织和慈善团体的世界；这一领域中的人真心希望消除贫穷和疾病，但并不真正知道该怎么做。

作曲家彼得·巴菲特是传奇投资人、亿万富翁沃伦·巴菲特的儿子，他在《纽约时报》发表过一篇内容震撼、富有启发意义的认错文，讲述他多年前收到父亲一笔捐款、成立一家慈善基金会之后，在资本主义慈善世界的见识。他说，他很快便“注意到我开始称为‘慈善殖民主义’的现象……对某个地方几乎一无所知的人（包括我），以为自己可以不怎么理会当地的文化、地理或社会常规，便解决某个当地问题”。投资经理人、企业领袖和国家元首全都“以右手寻找解决方案，但他们要解决的问题，却是房间里其他人用他们的左手制造出来的”。慈善本身已经成为规模庞大的事业（光是在美国便有 940 万人受雇于这一行业，捐款额达 3 160 亿美元），但与此同时，全球的不平等程度继续恶化失控，“因为资本体制在替少数人创造巨大财富之余，继续摧毁许多人的生活和小区。”慈善成为“良心漂白”的一种形式，不过是“让有钱人晚上睡得好一点，而其他人的收入则维持在勉强可以防止民怨沸腾爆发的水平。每次有人做了好事而觉得好过一些，在世界（或街道）的另一边，几乎一定有人被进一步锁进这个体制中，而这体制不允许他们真正发挥潜能，也不给他们机会过快乐满足的生活”。[10] 小巴菲特向往的目标与森和马克思是一致的，这一点非常值得注意，而同样值得注意的是资产阶级改良主义的可悲历史：它从不曾解决社会问题，只是把它们四处转移。

这个“慈善产业复合体”势力强大，而且正快速增长，但其运作因为应用资本主义经济理性日趋严苛的准则而受到腐蚀。小巴菲特指出，人们评判慈善工作的价值时，“仿佛认为投资收益率是检验成败的唯一标准”。为穷人提供微型贷款，改变我们对非正式经济部门的观念，视其为众多掌握私有产权的微型企业，这一切似乎符合经济理性，但正如小巴菲特问道：“这一切所为何事？人们无疑将学会融入我们的借贷体系，接受借钱必须连本带利偿还。人们将不再只是每天赚两美元：他们将进入我们的商品和服务世界，有能力多买一些东西。但是，这一切不是只会把（资本体制）这头野兽养得更强壮吗？”确实会，而且它来得正是时候，有助纾缓资本因为其他地方的有效需求衰退而面临的价值实现困难，而且可以通过合法的讨偿手段（包括以劳役偿债）和不怎么合法的掠夺手段从事剥夺式积累，显著提升资本的整体报酬水平。可惜小巴菲特在他的文章中，还是撞上了压迫性包容的墙。他提出很弱的结论："我并非呼吁终结资本主义，我是在呼唤人道主义。"但是，他批评的做法其实正是资本体制下的人道主义表现。唯一的出路是一种革命的人道主义者，它远远超出当代压迫性包容的界限，勇敢地面对资本体制这头野兽；这头野兽吃得很好，因为它享有很大的自由，可以左手鱼肉人们，右手则象征性地照顾受剥削的人。

马克思不但批判偏颇地利用资产阶级自由观损害大众利益的做法，还深入探讨在真正自由的社会，真正的财富意义何在。他在《政治经济学批判大纲》中写道：

> 如果抛掉狭隘的资产阶级形式，财富岂不正是在普遍交换中造成的个人的需要、才能、享用、生产力等的普遍性吗？财富岂不正是人对自然力——既是通常所谓的"自然"力，又是人本身的自然力——统治的充分发展吗？财富岂不正是人的创造天赋的绝对发挥吗？这种发挥，除了先前的历史发展之外没有任何其他前提，而先前的历史发展使这种全面的发展，即不以旧有的尺度来衡量的人类全部力量的全面发展成为目的本身。在这里，人不是在某一种规定性上再生产自己，而是生产出他的全面性；不是力

> 求停留在某种已经变成的东西上，而是处在交易的绝对运动之中。
>
> 在资产阶级经济以及与之相适应的生产时期中，人的内在本质的这种充分发挥，表现为完全的空虚，这种普遍的物化过程，表现为全面的异化。[11]

在这个构想中，马克思并未回避控制的问题（他提到“人对自然力的支配”）。他认识到在革命的情况下，自由与控制的矛盾可以产生的力量。他在《论犹太人问题》（*On the Jewish Question*）中问道：为什么“自由这一人权一旦同政治生活发生冲突，就不再是权利了，而在理论上，政治生活只是人权、个人权利的保证，因此，它一旦同自己的目的即同这些人权发生矛盾，就必定被抛弃”？马克思想到的例子，是法国大革命期间出版自由受到限制。他认为这是一个有待解开的谜：“为什么政治解放者会本末倒置，把目的当成手段，把手段当成目的？”[12]远在奥威尔之前，马克思就已探究到自由变成奴役这个问题的核心。

马克思认为他在卢梭的著作中找到了答案：

> 一个人如果敢承担重任，致力于替一个民族建立制度，他必须觉得自己有能力改变人性，有能力改造每一个人，把完整单独的个体改造成一个大整体的一部分，使个人从这个整体获得生命和存在的意义；他必须有能力改变

人的体质，而目的是加以增强；有能力把自然赋予所有人的物质存在，以不完全和道德的存在代替之。简而言之，他必须拿走个人自身的资源，赋予他们陌生的新资源，而且是没有其他人的协助便无法运用的新资源。[13]

换句话说，完全社会化的个体，会建立不同于孤立个体的政治主体性和自由观。

虽然这答案本身太圆滑，远远承受不起它须承受的历史重量，但它确实指出一个值得好好探究的方向。要捍卫所有人的自由，是靠排他的个体私有产权，还是由联合起来的个人集体管理的公有产权比较好？说到底，我们不正是面临以下的不得已抉择吗？要选择被动员来支持资本家阶级宰制势力的个体自由，还是遭剥夺者为争取更大的社会和集体自由而投入的阶级斗争？

也请注意，卢梭构想中有些重点对马克思的想法产生双重作用。革命性变革涉及创造性破坏：我们会失去某些东西，也会得到另一些东西。在卢梭的构想中，失去的是孤立的个人主义（在卢梭的理论中是源自一种自然状态，但在马克思的理论中则是资产阶级革命的政治产物）。孤立的个人主义须淡出，以迎接“陌生的”新资源。资产阶级须疏离自身的个人化过去，遭剥夺者才能得到非异化的未来自由。这彻底改变了马克思的异化（疏离）理论：在革命性转变的关键时刻，异化的时刻同时具正面和负面的潜力。矛盾必然会引发含有潜在矛盾的反应。

在以下这件事上，马克思表达自身想法时并未拐弯抹角：我们必须推翻（或“控制”）信奉个人主义的资产阶级有关财富和价值的观念，以便解放潜藏在我们周遭的人类创造潜力，造就人类的集体富有。奇妙的是，连撒切尔夫人也认为这当中有值得注意的差异，由此可见连对化学有兴趣、极度保守的杂货商的女儿，也有能力产生一些不同凡俗的想法。她说：“创造财富没有错，纯粹贪财才是错。”（不过，我想她说这句话时，并没有想到马克思的财富观：每个人的能力都充分发挥出来。）

真正自由的世界，是完全不可预测的。如伊格尔顿所言：“妨碍人类充分实践潜能的枷锁解开之后，要预测会发生什么事将比以前困难得多。这是因为男男女女的行动自由都将大为增加，只要他们负起对彼此应有的责任即可。如果他们可以花更多时间在我们现在所称的休闲活动上，而不是必须努力工作，他们的行为将更加难以预测。我说‘我们现在所称的休闲活动’，是因为如果我真的运用资本体制累积的资源，把大量的人从工作中释放出来，我们将不会把他们在多出来的时间里所做的事称为休闲活动。”届时我们将可以充分利用自动化和人工智能，把人们从无意义的劳动中释放出来，不必绑住那么多人在这种劳动上。伊格尔顿说：“对马克思来说，社会主义是我们集体决定自身命运的起点。它是非常认真的民主，而非（多数时候）仅为一种政治伪装的民主。人们变得比较自由，意味着我们将较难预测他们周三下午 5 点时将在做什么。”[14]

但是，这不代表我们将不再需要自律、决心和奉献精神，因为我们在可以自由选择的情况下，可能会为了满足自己而非为了他人的福祉，决定投入一些需要自律、决心和奉献精神的复杂工作。如亚里士多德很早以前便已明白，自由与美好的生活如影随形，而美好的生活是积极的生活，如同所有的自然事物，永远都在求新。个人在追求充分发挥自身潜能的过程中（总是需要其他人的配合），确实有可能达致自由与控制之间非异化的辩证关系。但是，如果没有见识过异化和它内含矛盾的可能性，对非异化关系的追求也将无从展开。

SEVENTEEN
CONTRADICTIONS
AND THE END OF CAPITALISM

第三部
危险的矛盾

是否会有这么一场革命，迫使我们根本改变生活方式，并非上天注定的。它完全取决于人类的意志。行使这种意志的第一步，是充分认识当前各种危险的性质，以及我们眼前的种种选择。

SEVENTEEN

CONTRADICTIONS AND THE END OF CAPITALISM

变动的各种矛盾以不同方式演变，是资本的历史和地理演化的主要动力来源。在某些情况下，这些矛盾的演变是倾向于进步的（虽然过程中一定有倒退和受挫）。科技的变化总体而言是累积的，地理上的空间生产也是这样，虽然两者均曾出现有力的逆流和逆转。有些可行的技术变得落伍并逐渐遭到淘汰，一些空间和地方一度是资本主义活动的蓬勃中心，后来却成为鬼城和日趋衰落的城市。在另一些情况下，矛盾的演变比较像钟摆，在垄断与竞争或是贫穷与富有之间摆动。至于某些矛盾，例如自由与专制，其演变是混乱和随机的，取决于相互对抗的各种政治力量的消长。另一些矛盾，例如社会再生产的复杂领域中，资本主义的历史演化与资本的具体要求的交集，因为十分不确定且彼此交缠，演变的方向和力道一时一样，极少一致。女性、残疾人群体、性少数群体（同性恋、双性恋和跨性别社群），以及对社会再生产各方面（例如婚姻、家庭，以及育儿方式）有严格规范的宗教群体，这些群体的权利进步了，这使我们难以确切计算资本与资本主义在根本矛盾方面如何彼此配合或对抗。倘若社会再生产的矛盾是这样，统制与自由的复杂情况便更是如此。

变动的矛盾形成某种格局，在资本和资本主义的共同演化中提供大量能量和创新热情，并为新倡议开创大量可能①。这些矛盾和空间是对社会变得更美好的希望的潜藏之处，可替代既有结构和建设的事物，也可能从此处浮现。

一如根本矛盾，变动的矛盾在资本相关的整个领域中以奇妙的方式交集、互动和互相干扰。空间生产和不均衡地域发展的动态，受组织形式（例如国家机器和组织的地域形式）和运输与空间生产方面的技术变化的强力影响。在地域发展不均这一领域中，社会再生产以及自由与统制平衡上的差异大幅扩大，以致它们本身成为空间生产和发展不均衡的一部分。在异位空间中，截然不同的生产、社会组织和政治权力形式可以兴盛一时；这种空间得以创造出来，意味着在某个地带，不断有反资本主义的可能性出现和消失。也是在这里，垄断和集权相对于分权与竞争的问题产生作用，影响技术与组织动态，并为经济优势的地域竞争提供活力。不言而喻的是，贫穷与富有之间的平衡，不断受有关劳动者生产力和新产品线开发的地域间

① 作者此处用“a wealth of possibilities”来讲“大量可能”，并特意说明，他用 wealth 一词是经过深思熟虑的，是指人类的能力得以充分发挥，而非指单纯的财产。——译者注

竞争、迁移流动和竞争创新左右。

多种另类政治计划正是藏在这些互动和动态的矛盾框架中。当中有许多是由资本对其自身矛盾的特殊反应构成，因此主要倾向于在永远存在的风险和不确定性中（若未形成真正危机的话），促进资本的再生产。但即使在这些情况下，我们也有无数可能去加入各种倡议，改变资本的运作方式，使人看到反资本主义替代模式的可能模样。一如马克思，我认为未来的世界很大程度上已存在于我们周遭，而政治创新（如科技创新）是以新方式将既有但孤立分隔的政治可能性组合起来。不均衡的地域发展必然产生“希望空间”和异位情况，使新合作模式在被强势的资本运作吸纳之前，至少得以兴盛一段时间。新科技（例如互联网）打开了潜在自由的新空间，有助于促进民主治理。社会再生产领域的主动行动可以产生一批新的政治主体，他们渴望彻底革新社会关系，使这种关系更加人性化，而且渴望在处理人类与自然的演变关系方面，建立一种美学上较令人满意和敏感的做法。指出这一切可能，并不是说它们全都会奏效，但这确实告诉我们，任何反资本主义政治都必须彻底检视种种矛盾，找出自己的路径，利用既有的资源和构想建造一个代替资本体制的世界。

由此就讲到资本的危险矛盾，这些矛盾甚至可能是致命的。马克思似乎曾说过，资本最终将因为承受不了自身内在的矛盾而崩溃。但是，我找不到这句话的出处，而据我阅读马克思著作的经验，我认为他很可能从未说过这句话。这句话假定不必有人破坏资本主义的经济引擎，或是借由武力终止其运转并将它撤换，这引擎会自己崩溃。马克思在这个问题上的立场（我大致信奉他的说法，虽然这违背马克思主义/共产主义传统中的某些倾向，也违反许多马克思评论者所称的马克思观点），是资本很可能无限期运转下去，但它的运转方式将导致土地逐步退化和大规模的贫穷，社会阶级不平等严重恶化，多数人丧失人性，而他们将受日趋专横的势力压制，这种势力否认个人发展的可能［也就是极权国家的监控和军事化控制系统，以及我们正广泛体验的极权主义民主（totalitarian democracy）的强化］。

结果是资本压制人类创造力的自由发展，这是令人无法忍受的，因为它等同于抛弃资本赋予我们的种种可能，为了无休止地增加金融财富和满足狭隘的经济阶级利益，浪费了人类潜力所能创造的真正财富。面对这种前景，明智的政治只能试图超越资本，超越资本家阶级日趋专横和寡头的权力结构，将经济体中富有想象力的各种可能重建到一个平等和民主的新模式中。

简而言之，我喜欢的马克思是一位革命的人道主义者，而不是目的决定论者（teleological determinist）。他的著作中可以找到支持目的决定论的说法，但我认为他的大部分著作，无论是历史还是政治经济学方面的论述，是支持革命人道主义的。

正因如此，我将接下来要讲的矛盾称为“危险的”而不是“致命的”（fatal），因为后一种说法会传递无可避免、致命衰败，甚至是末日式机械结局（apocalyptic mechanical endings）的不正确意思。不过，有些矛盾对资本和人类确实比其他矛盾危险一些，而哪些矛盾比较危险会因时空而异。如果我们是在 50 或 100 年前谈论资本和人类的未来，我们集中探讨的矛盾很可能会跟我在这里探讨的不同。1945 年，环境问题和维持复合增长的挑战不会像现在这么受关注；当年人们较重视的问题包括解决地缘政治方面的对抗，替不均衡的地域发展辩解，以及借由国家干预再平衡生产与实现之间的矛盾统一。此处所讲的 3 个矛盾是眼下最危险的，不仅是就资本主义经济引擎继续运转的能力而言，也关乎人类能否在最低限度的合适环境下繁衍下去。当中有一个是可能致命的，但也只有一个。不过，这是假定我们能发起一场革命运动，改变资本无止境积累指定的演化路径。是否会有这么一场革命，迫使我们根本改变生活方式，并非上天注定的。它完全取决于人类的意志。行使这种意志的第一步，是充分认识当前各种危险的性质，以及我们眼前的种种选择。

矛盾 15
无止境的复合增长

资本总是追求增长，而且必须是复合增长。我认为资本再生产的这项条件如今构成一个极其危险，但人们大致上未认识、未分析的矛盾。

多数人不是很明白复利的计算。他们也不明白复合（或指数型）增长的现象及其潜在危险。如赫德森（Michael Hudson）在他最近的犀利评论中指出，即使是传统经济学这门“忧郁科学”，也未认识到复利对负债上升的重要影响。[1] 结果是有关2008年震撼世界的金融动荡的一部分关键解释，未能呈现出来。那么，有可能实现无止境的复合增长吗？

近来有些经济学家提出疑虑，认为长期以来我们假定经济可以无止境增长可能是错的。例如，戈登（Robert Gordon）在最近一篇论文中便表示，近 250 年来的经济增长“很有可能是人类历史上独特的一段时期，而不是经济未来可以同样速度无止境增长的保证”。他的说法主要是基于劳动生产力创新支持人均所得增长的路径和效果。戈登与另外几名经济学家均认为，以前的创新浪潮远比始于 20 世纪 60 年代左右、基于电子和计算机化的最近一波创新强劲。他认为最近一波创新浪潮的影响，不如人们普遍想象的那么强，而且无论如何，它的效力如今已基本耗竭（高潮出现在 20 世纪 90 年代的互联网泡沫）。基于这理由，戈登预测：“未来人均实际国内生产总值的增长率，将低于 19 世纪末以来任何一段较长的时间，而所得较低的 99% 人口的人均实际消费增长率，更将低于人均国内生产总值的增长率。”在美国，上一波创新的内在弱点，因为一些“阻力”而加重；这些阻力包括社会不平等恶化，教育成本上升但质量下降所衍生的问题，全球化的影响，环境法规，人口老龄化，税务负担加重，以及居高不下的消费者和政府债务。[2] 戈登还指出，即使没有这些阻力，相对于过去 200 年，未来经济仍将度过一段相对停滞期。

政府债务是上面提到的一项阻力，这个问题在我撰写本书时，在美国已变成一个各方互踢的“政治皮球”（各方热烈议论但均不愿担责），而许多其他地方也有类似情况。在媒体和国会，政府债务是许多刺耳和夸张的言论与主张的焦点所在。有心人一再表示，若不厉行节约，未来的世代将承受可怕的债务负担；他们借此鼓吹严厉削减政府支出和社会工资，而这当然是一如既往地有利于寡头集团。在欧洲，同样的论点被用来为强加在整个国家（如希腊）身上的灾难性赤字削减方案辩解，虽然我们不必发挥太多想象力，便能看到这种做法如何有利于德国等较富有的国家，以及富裕的债券持有人。在欧洲，经由民主选举产生的希腊和意大利政府被和平推翻，获得债市信任的“技术官僚”暂时取而代之。

这一切使我们特别难看清债务复合增加、资本积累指数型增长，以及由此产生的危险之间的关系。必须注意的是，戈登关注的主要是人均国内生产总值。这与总体国内生产总值大不一样。这两个指标均容易受人口状况影响，但受影响的方式大不相同。随意检视总体国内生产总值历史数据，我们会发现，在整个资本史上，财富与债务积累之间一直有松散的关系，但是自 20 世纪 70 年代以来，财富积累与公共、企业和私人债务积累之间的关系变得密切得多。我们会怀疑，债务积累如今恐怕是资本进一步累积的一个先决条件。若果真如此，我们眼前面临一个古怪的情况：右翼共和党人与其欧洲类似群体（例如德国政府）努力试图降低负债，此举正严重威胁资本的前途，其潜在影响远远超过历来工人阶级运动产生的威胁。

复利（复合增长）本质上非常简单。我在储蓄账户中存 100 元，年利率 5%。年底时我的账户余额为 105 元，假设利率保持不变，第二年后账户余额是 110.25 元（如果是每月复利或每日复利，账户余额会大一些）。在第二年底，复利与单利的差别很小，只有 0.25 元。因为差额很小，不值得费心，因此很容易被人忽略。但是，以年利率 5% 复利 30 年后，我将有 432.19 元，而如果是单利，则只会有 250 元。60 年后，按复利计算有 1 867 元，按单利是 400 元；100 年后，按复利是 13 150 元，按单利是 600 元。注意这些数字。复利曲线起初在颇长一段时间内升速非常慢（见图 1 和图 2），然后开始加速上升，最后达到数学家所称的奇点（singularity）——通向无穷大。曾经背负房贷的人，会体验到相反的情况。在 30 年房贷的头 20 年中，待还的房贷本金降得非常慢，然后减少的速度会加快；在最后 2~3 年，房贷本金以非常快的速度减少。

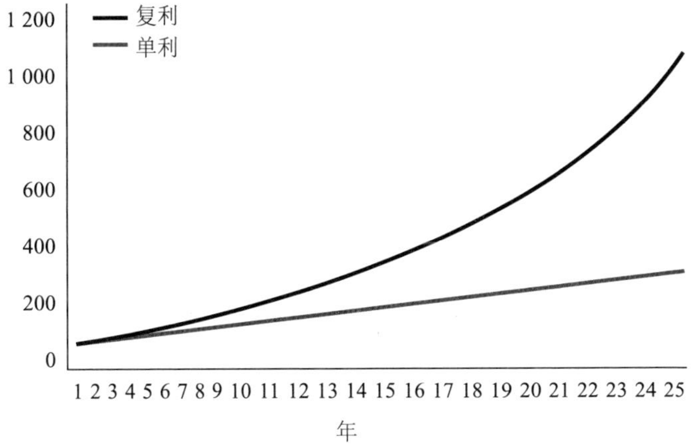

图 1　复利 vs. 单利

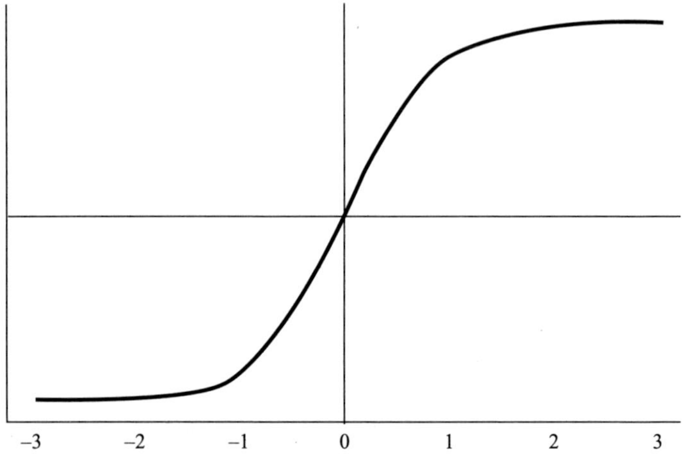

图 2　典型的 S 曲线

有些经典趣闻可说明复利和指数型增长的性质。某位印度国王想奖励国际象棋的发明者，而这位发明者要求的奖赏，是棋盘上第一格放一粒米，接下来每一格的米粒数目每次均增加一倍，直到填满所有方格。国王爽快地答应了，因为这奖赏看来微不足道。可是，到了第 21 格时，米粒的数目已经超过 100 万，而在第 41 格（超过 1 万亿粒）之后，整个世界都没有足够的米可以填满剩余方格。这个故事的一个版本是国王因为觉得自己被骗而愤怒不已，砍了国际象棋发明者的头。这个版本说明了复利刁钻微妙的性质，告诉我们复利的隐匿力量很容易被低估。在复合增长较后期的阶段，加速的情况出乎意料。

复利的危险，可用德鲁森（Peter Thelluson）的案例说明。他是富裕的瑞士商人银行家，住在伦敦，设立了一个 60 万英镑的信托基金。根据他的遗嘱，在他 1797 年逝世后，该基金在接下来 100 年间皆不可动用。如果能保持 7.5%的复利，该基金到 1897 年时价值将达 1 900 万英镑（远远超过英国国债），届时这笔财富可分配给德鲁森幸运的后裔。当时的政府估算，即使年收益只有 4%，这笔遗产到 1897 年时规模也将等同英国全部国债。复利将令惊人的金融权力落在私人手上。为了避免这种情况，英国在 1800 年通过法案，将信托期限限制在 21 年之内。德鲁森的下一代对他的遗嘱提出异议。经过多年诉讼，该案于 1859 年最终审结，诉讼费用耗尽了德鲁森的整笔遗产。狄更斯小说《荒凉山庄》(*Bleak House*) 中著名的詹狄士诉詹狄士案（Jarndyce vs. Jarndyce），便是以此为蓝本。[3]

18 世纪末涌现出一些有关复利作用的兴奋评论。1772 年，数学家普莱斯（Richard Price）在一本小册子中写了一段后来令马克思觉得有趣的话："采用复利算法的钱，起初缓慢增加。但因为增加的速度持续加快，一段时间之后，它的增速快得超乎所有人的想象力。耶稣诞生时拿出 1 便士，如果保持 5%的复利，现在它的价值等同于 1.5 亿个地球的黄金。但如果只是单利，则不过是变成 7 先令 4.5 个便士而已。"[4] 我们在这里再度看到，人们对于复合增长可以产生"超乎所有人想象力"的结果感到惊奇。如今我们是否也将为复合增长可以产生的结果感到震惊呢？有趣的是，普莱斯的主要观点（与当前的一批忧心忡忡者大不相同）是利用复利的力量，既有的国债可轻易偿清（一如德鲁森的案例显示）！

麦迪逊（Angus Maddison）煞费苦心地尝试计算几个世纪的全球经济产出增长率。很显然，他追溯到越久远的年代，相关资料就越不可靠。当中重要的一点是，1700 年之前的数据越来越仰赖于利用人口估计数推算总体经济产出。不过，即使在当前年代，我们也有很好的理由去质疑原始数据，因为当中包括一些国家范围的负面事件（例如交通意外和飓风造成的经济后果）。一些经济学家以许多测量方式会误导人为由，有力地鼓吹改变国家经济产值的计算方式。但根据麦迪逊的研究结果，资本自 1820 年以来的复合增长率为 2.25%。这是全球平均数。[5] 显然历史上某些时期（例如“大萧条”时期）和某些地方（例如当代的日本），增长率微不足道或甚至是负数，但也有一些时期（例如 20 世纪五六十年代）和一些地方（例如过去 20 年的中国），增长率远高于长期平均数。上述平均数略低于财经媒体和其他地方普遍认为可接受的最低增长率 3%。增长率低于 3%时，人们会说经济疲软；增长率跌破零则被视为经济衰退的指标，增长率长期低于零则被视为经济萧条。在“成熟经济体”，增长率显著超过 5%往往被视为经济“过热”的迹象，这种情况总是伴随着通货膨胀失控的威胁出现。近年，即使在 2007~2009 年的“崩盘”时期，全球经济增长也相当稳定，保持约 3%的增速，虽然大部分增长是新兴市场（例如巴西、俄罗斯、印度和中国这 4 个“金砖国家”）贡献的。2008~2012 年间，“发达经济体”的增长率跌至 1% 或更低。

根据麦迪逊的估算，如果以 1990 年的美元币值计算，全球经济产出在 1820 年为 6 940 亿美元，1913 年时增至 2.7 万亿美元，1973 年时为 16 万亿美元，2003 年时接近 41 万亿美元。德隆（Bradfordu DeLong）提出不同的估值（同样以 1990 年的美元币值计算）：1850 年为 3 590 万亿美元，1920 年增至 1.7 万亿美元，1940 年是 3 万亿美元，1970 年是 12 万亿美元，2000 年是 41 万亿美元，2012 年为 45 万亿美元。德隆估计的最初经济规模较小，复合增长率则较高。虽然两组数字差异颇大（证明这种估算十分困难，往往相当随意），但复合增长效应均清楚可见（虽然有显著的时间和地域差异）。[6]

那么，我们就以 3% 的复合增长率为基准。按照这个增长率，多数（甚至是全部）资本家可以从他们的资本上获得正收益率。眼下要维持令人满意的增长率，我们一年必须为额外的近 2 万亿美元找到有利可图的投资机会，而在 1970 年，额外“仅有”60 亿美元。到 2030 年时，全球经济产出估计将超过 96 万亿美元，届时我们将必须替近 3 万亿美元找到有利可图的投资机会。此后的金额更是天文数字。情况有如我们到了棋盘上的第 21 格，无法继续下去。这看来完全不像是可行的增长轨迹，至少在目前看来是这样。想象一下，如果资本积累的复合增长率持续不变，物质基础设施、城市化、劳动力、消费以及产能自 20 世纪 70 年代以来的巨大扩张，相对于未来一个世代将显得微不足道。看看最接近你的城市 1970 年时的地图，再对照今天的情况，然后想象一下：如果未来 20 年间，它的规模和密集度增加 3 倍，情况会是怎样?

不过，如果我们假定人类社会演化是由某条数学公式决定，那将是严重的错误。马尔萨斯（Thomas Malthus）1798 年首度提出他的人口论时，正是犯了这种错误（大约就在那时，普莱斯等人则在歌颂人类事物指数增长的力量）。马尔萨斯的论点与本章的议题直接相关，同时也有警世意味。他指出，一如所有其他物种，人类的数目倾向于指数增长（也就是复合增长），而以当年普遍的农业生产力状况，粮食产出最多只能以算术级数增加。久而久之，随着劳动力投入农业的报酬递减，人口增长率和粮食供给率之间的差距可能将进一步拉大。两条曲线的距离扩大，被视为反映出人口造成的资源压力日增。马尔萨斯认为，随着粮食供给缺口扩大，多数人将无可避免地面临饥荒、贫穷、传染病、战争，以至各式各样的疾病。这是一种残酷的制衡，使人口增长保持在自然承载力理论上允许的限度内。马尔萨斯的反乌托邦预测落空了。有鉴于此，他后来扩充他的理论，纳入人类在人口相关行为上的变化，也就是所谓的“道德制约”，例如晚婚、节制性欲，以及其他控制人口的（心照不宣的）手段。这些做法可抑制，甚至是扭转人口指数增长的倾向。[7]马尔萨斯另外的重大失败，是没能预料到农业的工业化发展，以及殖民扩张之下，先前不事生产的土地（尤其是美洲）投入生产粮食，使得全球粮食产出快速增加。

我们诉诸资本积累指数增长的倾向，是否有可能重蹈马尔萨斯的覆辙，假定人类社会的演化遵循某条数学公式，而非反映能适应新环境的灵活的人类行为？若果真如此，资本一直以来以及目前是否正以某些方式，去容纳必然呈指数增长的积累过程（假设是这样）与可能限制指数增长的情况之间的差异？

不过，我们还有一个问题必须先处理。如果人口增长是指数级的（如马尔萨斯假定），那么经济必须保持相同的增长速度，生活水平才能维持下去。那么，人口增长轨迹与资本积累动态之间有什么关系？

目前人口复合增长率达 3% 或以上的国家，都在非洲、南亚和中东地区。东欧的人口增长率是负数，日本和欧洲大部分地区的人口增长率低到无法保持人口稳定。这些国家正出现经济问题，因为本地劳动力供给不足，而且人口老龄化造成的经济负担越来越重。这些国家的劳动人口往往日趋萎缩，而他们必须生产足够的价值去支付规模日增的退休人口养老金。这一关系在世界某些地区仍然十分重要。在资本的早期历史阶段，人口快速增长，或大量尚未利用和转移到城市的受薪劳动力储备，无疑有助于促使资本快速积累。事实上，我们或许可以宣称，从 17 世纪初起，人口增长是资本积累的一个先决条件。戈登所称的“人口红利”促进经济增长的作用，过去显然重要，未来也仍将如此。1945 年之后，北美和欧洲大量女性加入劳动力大军，便是一个很好的例子，但这种情况一去不复返了。1980~2009 年间，全球劳动力增加 12 亿，印度和中国便贡献了近一半的增幅。这种增长同样很难再次上演。但在世界许多地方，人口快速增长与资本快速累积之间的关系已然消失，因为人口增长呈S形曲线：起初缓慢增长，然后呈指数级加速增长，最后快速放缓，回到零增长甚至是负增长的状态（例如意大利和东欧）。这些零增长的人口真空地区吸引大量移民，但这难免会遇到政治阻力，产生一些社会乱象和许多文化冲突。

即使只是预测中期的人口也很困难（这种预测可能每年都有显著变化），不过目前的希望是全球人口在 21 世纪将稳定下来，世纪末之前不会超过 120 亿（可能低至 100 亿），随后达到零增长的稳定状态。就资本积累的动态而言，这显然是个重要问题。例如在美国，2008 年以来新增职位未能追上劳动力的扩张。美国失业率下跌，反映的是劳动年龄人口试图加入就业市场的比例下降。但无论如何，未来的长期资本积累要维持或促进它的复合增长，可以仰赖人口增长的程度显然将越来越低，而生产、消费和资本实现的动态必将调整，以适应新的人口状况。这种情况何时发生难以断定，但多数估计认为，1980 年之后全球受薪劳动力大幅增加的情况，到 2030 年左右之后将很难再次出现。某种程度上这是好事，因为如我们所见，科技变迁倾向产生越来越多过剩甚至是可弃的低技能劳动力。[8]高技能劳动力不足，失业或就业日益困难的中低技能劳动力则非常多，两者的差距看来正在扩大，而技术的定义则正快速演变。

那么，资本积累是否可能超越两个世纪以来的指数增长阶段，过渡至S形轨迹（一如许多国家的人口那样），达到资本主义经济体的零增长稳定状态？答案是响亮的“不能”，而了解此中的原因非常重要。最简单的解释，是资本一心追求利润。如果所有资本家要获得利润，那么期末的价值必须大于期初。这意味着社会劳动的总产出必须扩大，不扩大就不可能有资本。零增长的资本主义经济体是一个排他性的矛盾，根本就不能存在。这就是为什么零增长意味着资本的危机。20 世纪 30 年代世界多数地区普遍的零增长状态若持续下去，资本主义的丧钟就会响起。

那么，资本可以复合增长的方式，无止境地积累和扩张下去吗？若可以，过去 40 年来地球上惊人的物质变化，看来必须以双倍甚至是 3 倍的规模发生，但这又如何办到呢？过去 40 年来中国大规模的工业化和城市化，预示了我们为求资本能继续累积下去，未来必须完成的任务。20 世纪的大部分时间，世界很大一部分地区是在尝试模仿美国的增长路径。未来一个世纪，世界多数地区将必须模仿中国的增长路径（而且像中国那样承受可怕的环境后果），但这对美国和欧洲来说是不可能的事，对几乎所有其他地区也是不可想象的（少数例外包括土耳其、伊朗和非洲部分地区）。我们也应记住，过去 40 年间，世界曾发生多次惨痛的危机，通常是地区性的，但也有波及全球的：从 1997 年的东南亚到 1998 年的俄罗斯和 2001 年的阿根廷，以至 2008 年动摇资本世界根基的全球金融危机。

但正是在这里，我们应停下来想想马尔萨斯错误的反乌托邦展望的警世意义。我们必须思考以下问题：资本积累可以何种方式改变它的性质，来适应看似危急的状况，并自我繁衍下去？事实上，一些关键的调整适应已经展开了。资本积累能排除种种困难吗？如果能，可以无限期持续下去吗？资本积累的动态可以借由哪些行为调适，类似马尔萨斯的“道德制约”（虽然“道德”一词很难说是恰当的）重塑，同时保存复合增长的必要本质？

资本确实能以一种形式无限积累，那便是货币的形式。之所以如此，是因为货币如今可以不受任何物质上的限制，例如商品货币产生的限制（商品货币包括金属货币，如黄金和白银，它们赋予非物质的社会劳动一种物质形式，而且其全球供应是大致固定的）。国家发行的法定货币可以无限创造出来。当代货币供给的扩张，如今是由某种组合的民间活动和国家行为完成（后者由财政部和中央银行构成的国家金融联结体负责）。美联储执行量化宽松政策时，就像变戏法那样，想要多少流动资金就创造多少。央行要替货币流通量加几个零，是完全做得到的。当然，这么做的危险是通货膨胀可能失控。这种危机并未发生，是因为美联储基本上是在填补银行体系出现的大洞；这个洞会出现，是因为 2008 年时私人银行之间的互信崩溃，银行体系中创造大量货币的银行同业拆借市场瘫痪了。通货膨胀并未加剧的第二个原因，是劳动者组织在这种时候几乎没有替劳动者争取加薪的力量（因为就业市场有大量的过剩劳动力），因此不会进而影响物价。

但是，如果没有其他的调适，借由大量创造货币，使资本以指数增长的方式无限积累，几乎肯定将以灾难告终。我们先来看一些此类调适，再来断定它们能否造就无止境复合增长下的资本永续再生产。

资本不仅涉及价值的生产与流通，还涉及资本的毁灭或贬值。在资本流通的正常过程中，随着较便宜的新机器和固定资本出现，一部分资本被毁灭了。重大危机的特点往往在于创造性破坏；商品、迄今仍具生产力的厂房和设备、货币和劳动力在这种破坏中大幅贬值。因为技术变迁，成本较低的事物取代成本较高的，新设备淘汰仍可使用的旧设备，这必然涉及某种程度的资本贬值。20 世纪七八十年代北美和欧洲老工业区迅速去工业化，便是一个明显的例子。发生危机、战争或天灾时，资本贬值的规模可以很大。20 世纪 30 年代和“二战”期间，资本损失相当大。国际货币基金组织估计，在爆发金融危机的

2008 年，全球的净损失几乎等同于全球一整年的商品与服务产值。但尽管损失如此重大，它们也只是短暂中断复合增长而已。随着房产价值收复失地，尤其是在危机期间房价重挫的美国和英国，许多资产的价值也回到危机前的水平（只是一如既往，它们如今集中在有钱人手上，因此促进大规模的累退式财富再分配；危机发生时，若无革命性的干预措施，这种再分配往往便会发生）。资本贬值如果要真正产生作用，规模必须远大于 2008 年，持续时间也必须长得多（或许必须接近 20 世纪三四十年代的情况）。

贬值情况不均的问题，以及围绕着贬值代价由谁承受的地缘政治斗争均有重要意义，部分原因在于这往往与社会不安和政治动荡的散播有关。因此，虽然贬值作为全球复合增长问题的解药效果不是很好，其地域上的集中确实与反资本主义情绪和斗争的动态有重要关系。拉丁美洲多数地区在发展上的“失落 20 年”，造就了对抗新自由主义的政治气候（虽然未必是反资本的），而这对保护该地区在 2008 年的全球贬值危机中免受严重冲击有重要作用。一些地方，例如希腊和其他南欧国家，被迫承受特别大的损失，这现象等同于不同地区之间的财富再分配。

相反的，公共资产私有化、新市场的创建，以及公有资源的进一步圈占（从土地、水到知识产权），已扩大资本可自由运作的领域。供水、社会住宅、教育、医疗，甚至是战争任务私有化，碳交易市场的创立，以及遗传物质专利化，已经使资本得以进入之前无法进入的经济、社会和政治生活领域。作为复合增长的出口，这些额外的市场机会发挥了重要作用，但一如资本贬值，我不认为它们有足够的潜力去消化复合增长，尤其是在未来（不过我认为它们在 20 世纪八九十年代确实发挥了重要作用）。此外，等到一切都已商品化和货币化时，这种扩张过程便将遇到无法超越的极限。我们目前有多接近这种极限难以断定，但近 40 年的新自由主义私有化政策已完成大量任务，世界许多地区已没有多少资源可供圈占和私有化。此外，许多迹象显示，进一步圈占公有资源、生命形态进一步商品化已遇到政治阻力，而当中一些抗争（例如，反对基因专利和意大利反对供水私营化的运动）是成功的。

想想最终消费和资本实现可能遇到的极限。资本适应复合增长的方式之一，是根本改变最终消费的性质、形态、类型和质量（这个过程当然受助于人口增长）。经济上的极限取决于有效总需求（约等于薪资加上资产阶级的可支配所得）。近 40 年来，私人和公共债务增加大大增强了需求。不过我在这里集中探讨取决于消费品周转时间的一项重要实际限制：消费品可用多久？它们用多久后必须替换？

资本有系统地缩短消费品的周转时间，手段包括生产不耐用的商品，强力推动商品按计划报废（有时甚至是实时报废），快速创造新产品线（例如近代的电子产品），动员时尚和广告的力量，强调新的有价值、旧的很寒酸。近两百年来，资本一直在动用这些手段，过程中造成巨大的浪费。但这一趋势已经加速，过去 40 年来明显地操控和传播大众消费习惯，尤其是在发达资本主义经济体。中国和印度等国家的中产阶层的消费主义变化也相当显著。销售和广告如今是美国经济中最大的产业之一，而它的主要工作是致力于加快消费周期。

但是，许多商品（例如手机和时装）周转能多快，仍有实际限制。因此，更重要的是社会走向奇观生产和奇观消费；这种商品寿命短暂，必须实时消费。1967 年，德波（Guy Debord）出版了极有先见之明的著作《奇观社会》（*The Society of the Spectacle*）。[9] 资本的代表仿佛是非常仔细地读了这本书，并以书中的论点作为他们的消费主义策略的基础。奇观商品多种多样，包括电视节目和其他媒体产品、电影、音乐会、展览、运动赛事和大型文化节目，当然还有旅游观光。这些活动如今主导消费主义这一领域。更有趣的是，资本动员消费者通过 YouTube、Facebook（脸谱网）、Twitter（推特）和其他社群媒体，制造自己的奇观。这一切皆可实时消费，它们占用了人们大量闲暇时间。消费者生产信息，媒体挪用这些信息服务于自己的目的。公众因此既是生产者也是消费者，托夫勒（Alvin Toffler）曾称之为“生产消费者”（prosumer）。[10] 此处有个重要推论，触及一个我们将在别处遇到的主题：在这些领域，资本获利并不是靠在生产上投资，而是靠占有使用信息、软件和它建造的网络所产生的租金和特许权。这只是指向以下结论的数个当代迹象的其中一个：资本的前途主要掌握在食租者阶级而不是工业资本家手上。

消费领域的这些转变，似乎正是哈特（Michael Hardt）与内格里（Antonio Negri）提议资本的运作从物质劳动大幅转移到非物质劳动时所着眼的。[11] 他们认为资本与消费者之间的关系不再是以物质为媒介，如今媒介是信息、影像、消息往来，以及着力于整个族群的政治主体性的符号形式的传播和营销。这相当于资本和国家尝试参与族群的生命政治操作和新政治主体的生产。当然，我们是什么类型的人，向来取决于我们所居住的商品世界。例如，郊区居民（suburbanites）是特别的一类人，其政治主体性由他们的日常生活经验塑造出来，一如遭囚禁的意大利共产主义领袖葛兰西（Antonio Gramsci）曾设想，他所称的美国主义和福特主义（Fordism）会借由工厂劳动塑造出一种新类型的人。[12] 当代借由从潜意识广告到直接宣传等种种手段制造“新”政治主体的活动，无疑形成了资本投资的一个巨大领域。将这种活动称为“非物质劳动”有点可惜，因为它们其实涉及大量物质劳动（支撑这类活动的物质基础设施更是极其重要），即使它们发生在网络空间和主要影响人们的思想和信念也是这样。奇观制造（the production of spetacles）涉及大量的物质社会劳动（例如奥运会的开幕典礼，你会发现历年来日益盛大，它们的操作方式相当符合这里的论点）。

这些现正流传的有关资本积累主要形式的内部革命的见解，与有关“信息社会”兴起和“基于知识”的资本体制的发展的许多当代评论类似。许多评论者似乎迫切需要证明资本近来已如何改变它的性质。假定我们正面对一种全新的资本主义秩序诞生时的阵痛，在这种新秩序中，首要的产品不是物质，而是知识、文化和生命政治（不管它到底是什么），借此解释近来资本运作中的压力，或许可令人感到欣慰。虽然这种解释无疑有真实的地方，但认为我们可以与过去断然决裂是错误的，而假定新秩序可避开复合增长的矛盾则是错上加错。例如，奇观向来是资本积累的重要工具，而何曾有过一种资本形式是知识和信息优势不能产生超额利润的？此外，什么时候债务和融资会无关紧要？当前的金融化时期为什么会与以前发生过的，例如 19 世纪末的情况如此不同？因此，虽然奇观、影像、信息和知识的消费性质上异于物质商品（例如房屋、汽车、面包和时装）的消费，我们有必要认识这些领域的活动之所以快速扩张，根源在于我们认为有必要挣脱复合增长的实际限制，但这只是徒劳（我很快就会解释原因）。所有这些另类形式，均受制于资本力求承受其必要的永久复合增长的挣扎。

在我看来，货币创造因为与黄金和白银等商品挂钩而受到的限制于 20 世纪 70 年代初解除，这绝非出于偶然。资本发展到那时候，指数扩张对金、银等金属实质固定的全球供给的压力，根本是资本体制无法承受的。这种限制解除后，我们便处于理论上可以无限创造货币的世界。20世纪70年代之前，资本的主要出路，是投资在制造、采矿、农业和城市化等领域的价值与剩余价值的生产上。虽然这类活动大多是靠债务融资，当时的普遍假定是社会劳动应用在房屋、汽车和冰箱等商品的生产上，产生的价值最终可以还清相关债务，而这种假定并没有错。即使是基础设施（例如道路、公共工程、城市化）的长期融资，人们也合理地假定这种建设可以提升社会劳动的生产力，因此相关债务最终可获得清偿。此外，我们也可以合理地假定这一切将推高人均所得。美国1960年之后30年间兴建的州际公路系统，对整体劳动生产力有巨大帮助，产生了非常丰厚的报酬。戈登认为这是资本历史上最强劲的一波创新。[13]

可称为“虚拟资本”（fictitious capital）的重要圈子一直存在，这些资本投资在房贷、公共债务、城市和国家基础设施等领域。这些虚拟资本的流动不时失控，形成投机泡沫，而泡沫最终破灭，则造成严重的金融和商业危机。以往的例子包括19世纪著名的铁路兴衰，以及美国20世纪20年代的土地和房地产热潮。金融业者促进这些投机活动时，经常以扭曲、创新（往往也很可疑）的方式集合、引导资本，以求获取短期利润（举个例子，对冲基金很早便已出现），即使相关的长期投资以失败告终。各种疯狂的金融诡计盛行，马克思因此指信贷系统是“所有疯狂做法之母”，并形容法兰西第二帝国时期具有代表性的银行家佩雷尔（Emile Pereire）具有“骗子和先知的迷人特质”。[14] 这看来是描述华尔街“宇宙主人”的好方式；他们相当自负，例如，高盛首席执行官贝兰克梵（Lloyd Blankfein）被美国国会一委员会批评没有做好人的基本事务时，便宣称银行是在做上帝的事。

20 世纪 70 年代初货币创造的解放，发生在生产活动的利润前景特别悲观的时候，当时资本开始受到指数增长轨迹上的一个转折点影响。剩余资金流向何处呢？出路之一是将钱借给发展中国家的政府（这是虚拟资本非常特别的一种流通形式），因为如瑞斯顿（Walter Wriston）的名言指出：“国家不会消失，你总是知道去哪里找到它们。”但国家不会成为具有生产力的企业。结果数年后便爆发了一场人们怨声载道的第三世界债务危机，从 1982 年延续到 20 世纪 90 年代初。必须注意的是，这场危机的最终解决方式，是将可能永远不会获得偿还的实际债权换成所谓的“布雷迪债券”（Brady Bonds）；它们是国际货币基金组织和美国财政部支持的债券，可以获得偿还。除了少数例外，相关放款机构决定能收回多少资金便收回多少，而不是坚持讨回全额资本。在这个案例中，债权人被迫“削发”，也就是接受他们发放出去的虚拟资本打折偿还（损失幅度通常在 30%~50%）。[15]

剩余资本的另一项出路是用来购买资产（包括债权），而不是投资在生产上。资产不过是一种资本化的财产权，资产的价值是基于对它未来可获得的收入或其稀缺程度（例如黄金或毕加索的作品）的预期。投资资金流入的结果，是资产的价值普遍上升——从土地房产到天然资源（石油当然是特别重要的一项），以至城市债权和艺术品等。与此同时，金融体系本身也创造出全新的资产市场，例如货币期货、信用违约互换（CDS）、担保债务凭证（CDO），以及许多其他金融工具；它们理论上应该有助于分散风险，但实际上却是增强了风险，使得波动的短期交易成为聪明人投机获利的渠道。在这种操作中，虚拟资本衍生出更多虚拟资本，而参与者完全不关心交易的社会价值基础。这种脱离社会价值的资本操作能盛行，恰恰是因为代表价值的货币与它理论上代表的社会劳动的价值越来越疏远。问题不在于虚拟资本的流通（这种流通对资本积累的历史向来很重要），问题在于虚拟资本流通的新渠道是一个各种相互抵消的权利的迷宫，它的价值几乎是不可能评估的，要评估只能在长期债务根本无法偿还，不受监管的市场中，结合对未来的预期、信念，以及疯狂的短线押注（著名的安然破产事件便是这么一回事，雷曼兄弟公司破产和2008年的全球金融危机是重蹈覆辙）。

2008年金融市场崩盘之前实现的复合增长，很大程度上是靠连续的资产泡沫造就的投机所得（20世纪90年代出现互联网热潮和崩盘，之前是美国20世纪初的房市热潮和崩盘）。不过，这种投机泡沫掩盖了20世纪70年代之后投资行为方面一些非常重要的实际转变。人们购买的一些资产，例如土地、房产和天然资源，是稳当可靠的，可以长期持有以等待获利。市场的急升暴跌对长线投资人特别有益，他们可以在市场崩盘之后以“大甩卖”的价格购买资产，有望因此获得巨额的长线利润。这正是 1997~1998 年东南亚经济危机期间许多银行和外资所做的事，而美国房市崩跌之后，一些投资人也在加州等地买进大量便宜的法拍房，在等待房市复苏之际将这些房屋出租。对冲基金在虚拟资本市场放空时，也是在做这种事，虽然它的操作环境不太一样。

不过，这也意味着越来越多资本投资在追求租金、利息和权利金的活动上，而不是投资在生产活动领域。各种知识产权（包括遗传物质和种子等等）榨取权利金的力量日益强大，助长了资本转向“食租者”形态的趋势。难怪美国政府如此热烈地经由国际体制争取保护知识产权，并致力于将相关制度强加在其他国家身上［借由世界贸易组织架构内与贸易有关的知识产权协议（TRIPS）］。

但是，这一切真的足以支撑复合增长吗？基于大规模转向非物质生产的理论，是在宣传一个危险的幻觉：我们不必克服任何严重的物质困难，就能实现无止境的复合增长。如今越来越多资本以虚拟形式流通，而电子货币原则上是可以无限创造出来的（它们只是屏幕上的数字）。因此这个领域的无限增长并无障碍。奇观经济和知识生产经济作为资本实现的一种形式，显然降低了对物质商品和资源的需求的扩张速度。但是因为我们还是需要庞大的物质基础设施，而且必须产生越来越多可用的能源，生产活动是否真的能实现非物质形式大有疑问。如果消费仅限于这种非物质形式，金钱的权力将无法释放给低收入人口（他们需要基本物质商品才能活下去），必须集中在有能力以这种虚拟方式消费的少数人手上。资本可以采用的政治模式很可能只有压制型寡头政体。在这方面，2008 年金融危机之后蓬勃发展的新兴经济体有独特的优势：中等收入国家产出和所得增长造就的市场，很大程度上是在致力于满足规模日增的人口的物质需求。例如高兹早早指出，转向非物质生产和奇观经济比较像是资本的最后挣扎，而非开创无限积累的新境界。

我们必须维持无止境的经济复合增长，但又没有可以支撑这种增长的明确物质基础，那该如何是好？如我们所见，资本体制正出现各式各样的调整，但我们越仔细检视这些调整，越清楚看到它们像是根本问题的征象，而不是长远解决问题的希望。当然，资本可以建造一个虚拟经济体，以一个基于不可持久的层层虚构事物、迷恋幻想的世界为基础（这件事某种程度上已经发生）。我们或许将见识到一个使所有其他骗局黯然失色的终极庞氏骗局。讽刺的是，在我们这个年代，庞兹利用的创新技术，往往被轻易用来助长而不是抑制投机活动，纳秒间即可完成的股票高频交易便是一个例子。这样的经济体在最终结局出现前，将不时发生“火山爆发”和崩盘。在这种情况下，资本结束时既不是一声轰鸣也不是一阵呜咽，而是在萎靡资本积累的参差地域景观下，无数资产泡沫破灭的声音。这种崩溃几乎肯定将与资本主义社会表面之下沸腾的普遍不满一并发作。一阵阵如火山爆发的民怨已经在我们眼前上演，例子包括 2011 年的伦敦、2013 年的斯德哥尔摩、伊斯坦布尔和 100 个巴西城市。必须注意的是，这种不满并非只是聚焦于资本未能兑现创造消费者天堂和充分就业的技术性失败，而是反映出人们越来越强烈地反对资本和日趋专横的资本主义政体强加的非人性化社会规则和规范，因为它们损害了所有被迫屈服者的人格。

复合增长对本书阐述的许多（甚至是全部）其他矛盾很可能具有传染性的影响，基于这种影响的说法有特别悲观的一面。例如我们很快将看到，复合增长对环境矛盾的影响很可能非常大。资本重新平衡生产与实现，以及贫与富之间关系的能力已见衰退，而随着越来越多虚拟资本必须在高得多的风险溢价水平下创造出来，以求维持复合增长，金钱与它理应代表的社会劳动日趋疏远。要在避免大幅缩减资本积累领域的情况下，扭转所有使用价值的商品化、货币化和市场化同样极其困难，甚至是不可能的。不顾后果地促使增长加速，以及随之而来的贬值（借由参差的地域发展中越来越高的波动性）将变得较难控制。就是这样！资本的种种矛盾将不再像以前某些时候那样彼此约束、避免失控，而是很可能将在必须维持复合增长的压力日增下，彼此感染、失控爆发。随着交换价值在投机狂热中暴增，使用价值势必变成更微不足道的因素，而这可能会衍生出一些相当惊人的结果。

例如，有个威胁的一条线索或许是我的论点的一个小脚注，但它与很久以前政治经济学家对资本的前途表达的恐惧有奇怪的共鸣。当年李嘉图表示，一旦土地和天然资源变得非常稀有，以致所有收入都必须用来负担昂贵食物，或是权势极大但不事生产的食租者所要求的租金，资本便走到它的末路。这个不具生产力的阶级将严重压榨工业资本，使后者无法维持生产作业。寄生的食租者阶级将吸干工业资本，使得社会劳动无法动员，价值无法生产。无法生产社会价值意味着资本的末日。李嘉图做此预测时，十分倚赖马尔萨斯有关土地劳动报酬递减的错误假设。后来的经济学家因此普遍驳斥利润率递减的观念（虽然马克思诉诸一种截然不同的机制，尝试挽救这一理论）。例如，生活环境大不相同的凯恩斯，便乐观地期望食租者的安乐死，以及国家支持的永续增长体制的建设（这种可能性在 1945 年之后的一段时期内得以局部实现）。

如今特别引人侧目的，是不具生产力的寄生食租者权势日增，不仅是拥有土地和土地中资源的人，还包括资产的拥有者，最强大的债券持有人，独立金钱权力（本身已成为最重要的生产工具）的拥有人，以及专利和知识产权的所有人（他们有权从社会劳动中索取价值，但完全没有义务动员社会劳动从事生产）。资本的寄生形态如今正在崛起。我们看到在世界的所有国际大城市（例如纽约、伦敦、法兰克福、东京、圣保罗、悉尼等），寄生资本的代表乘坐豪华大轿车在街上穿梭，光顾各种高级餐厅，住在豪华公寓顶层。在这些所谓的创意城市，创造力的衡量标准在于“宇宙主人”能多成功地从全球经济中吸取生命力，以支持一个一心扩大自身本已巨大的财势阶级。纽约便是创意人才高度集中的城市，这里有富创意的会计师和税务律师，掌握华丽的新金融工具、富创意的金融业者，富创意的信息操纵者、骗子和媒体顾问；这里因此是一个神奇的地方，可以研究资本所能制造的每一种拜物对象。2009 年之后所谓的经济复苏仅惠及顶层的 1% 人口，而大众在不景气中经济状况远远落后却没有强烈抗议，由此可见这些创意人才和寄生资本多么成功。寄生阶级已赢得战役。债权人和中央银行家统治世界。他们的成就必将如镜花水月，他们不可能赢得资本的生存战争，但这个事实不曾引起他们的一丝疑虑。如彼得·巴菲特（股神巴菲特的小儿子）所说，财势寡头与他们的慈善同侪花多天时间“洗涤良心”，尝试以他们的右手弥补他们的左手之前造成的损害，然后晚上便能安稳地睡觉。他们未能看到自己有多接近灾难，令人想起法国国王路易十五，据称他曾讲过一句颇有先见之明的话：“在我身后，洪水滔天。”资本终结时，可能不会有洪水。世界银行喜欢安慰大家说：经济发展将产生水涨船高的作用，惠及所有人。但是，较真实的比喻可能是：海平面暴涨和暴风雨加剧，必将淹没所有船只。

矛盾 16
资本与自然界的关系

资本主义因为环境危机将至，而面临一个致命矛盾，这想法在某些圈子中广为流传。我认为这个论点有一定道理，但也有争议。说它有一定道理，主要在于资本的指数增长累积了一些环境压力，怀疑它则有四大理由。

第一，资本有成功解决其生态困难的悠久历史，无论这种困难是关于“自然”资源之使用、承受环境污染的能力，还是栖息地退化、生物多样性衰减，空气、土地和水质量下降的问题。以前有关自然资源稀缺和天灾将毁灭文明与资本体制的预测，如今看来相当可笑。纵观资本的历史，太多悲观者太快和太常高呼“狼来了”。如前所述，马尔萨斯 1798 年便错误地预测，随着人口的指数增长抛离食物供给增加的能力，社会将发生大灾难（饥荒、疾病和战争蔓延）。20 世纪 70 年代，环保运动领袖埃尔利希（Pauln Ehrlich）曾表示，20 世纪 70 年代末之前将发生大饥荒，但事实不然。他还与经济学家西蒙（Julian Simon）打赌，认为自然资源的价格很快将因为稀缺而暴升，结果他输了。[1] 当然，历年来这类预测大量落空，不代表未来不会发生灾难，但这确实是怀疑这类预测的有力理由。

第二，我们据称正在剥削和消耗的“自然”（将限制甚至“报复”我们），实际上在资本的流通和积累中被内化了。例如，一株植物的生长能力被纳入农业企业追求利润的计划中，这株植物第二年能继续生长，是拜利润再投资所赐。自然事物在资本积累过程中的每一个点都是活跃因素。资金流动是一种生态变量，而经过生态系统的养分转移，也可能构成一种价值流动。

虽然物质是无法创造或毁灭的，物质的形态却是可以根本改变的。基因工程、新化合物的创造，以及大规模的环境改造（借由城市化及农场、矿场和工厂的资本投资，创造出全新的生态系统），如今远远超过长久以来人类引起的环境改造。历年来，这些环境改造努力，已经使地球整体而言变得远比以前适合人类居住，而近三百年来地球也变得远比以前适合从事赢利活动。许多生物会积极创造有利于自身繁衍的环境，人类也不例外。资本作为人类活动的一种具体形式，也会做同样的事，但越来越倾向以资本而非人类的名义。

这个概念架构容不下自启蒙运动以来（从笛卡儿的著作开始），在科学著作和大众的想象中有广泛影响力的“支配自然论”。这对我们深入思考资本与自然的关系造成一些问题。笛卡儿理论错误地将资本和自然视为彼此有因果互动的两个独立实体，然后错上加错地假定资本支配自然或自然“报复”资本。较缜密的版本会纳入回馈环路（feedback loops）的概念。这里提出的替代理论起初不容易理解。资本是运作和演变中的一个生态系统，自然和资本在这个系统中不断被生产和再生产出来。这是思考该问题的正确方式。[2] 那么，有意思的问题便只剩下：资本是什么类型的生态系统？它正如何演变？为什么它可能容易发生危机？

生态系统由资本与自然的矛盾统一构成，一如商品是使用价值（其物质和“自然”形态）与交换价值（其社会评价）之间的一种矛盾统一。此外，如前所述，技术是人类利用自然事物和过程促进生产的手段。由此产生的自然，不仅会不可预料地自行演变（拜演化过程中的自主随机突变和动态互动所赐），还会不断被资本的行动改造和再造。这便是史密斯（Neil Smith）所称的“自然的生产”，而这种生产如今已精细到分子生物学和DNA定序的层次。[3] 这种自然生产的方向如何，是一个没有定论的问题。此外，早就很明显的一个事实，是这一过程中充满意外后果。冷冻技术方便我们为日益膨胀的城市人口供应生鲜食品，但许多年后我们发现这会释出大量氯氟烃

（CFCs），破坏保护我们免受过量太阳辐射伤害的臭氧层！

第三，资本已经将环境问题转化为大生意。环境技术股如今在许多证交所是重要的类股。在这种情况下，一如技术的普遍情况，这种自然代谢关系工程便成了一种与实际既有需求有关的自主活动。如史密斯所言，自然变成“一种积累策略”。例如，一种新药或减少碳排放的新技术发明出来后，我们便必须替它们找到用途。这可能涉及创造需求而非满足需求。百忧解（Prozac，一种治疗抑郁症的药）起初便没有它可以医治的病，我们因此必须替它发明一种病，所谓的“百忧解一代”由此而生。科技变迁中盛行的“组合演化”也在此出现。新药产生的副作用必须以其他药物控制，新环境技术造成的环境问题则需要其他技术来解决。

为了自身利益，资本试图掌握有关我们只能借由改变世界来改变自己（反之亦然）的辩证。所有生态和环境计划都是社会经济计划（反之亦然）。如此一来，一切皆取决于社会经济和生态计划的目的——是为了人类福祉还是利润率？在公共卫生和供水等领域，这种辩证造福人类，有时牺牲了利润。因此大众对大企业投入环保的支持，对资本和环境政治均是有益的。令人遗憾的是，部分这类政治运作只是象征性的。这就是所谓的“漂绿”（greenwashing）——将追逐利润的计划，伪装的目的在于提升人类的福祉。在环保人士尝试为应对全球变暖做些事时，戈尔（Al Gore）送给环保运动的大礼，是创造一个碳交易新市场，结果带给对冲基金大量的投机获利，对抑制全球碳排放总量却几无贡献。有人因此怀疑，投机获利根本就是设立碳交易市场的初衷。另一方面，目的在保护鱼类资源的新组织形态，则涉及一种优待大型金融和企业资本、牺牲小规模渔业的私有化模式。

第四，也可能是最令人不安的一点：即使是在环境灾难中，资本也完全有可能继续流通和积累。环境灾难为“灾难资本体制”创造出获得丰厚利润的大量机会。不受保护的弱势族群或饿死，或居住地遭到大规模摧毁，未必会困扰资本（除非这种情况激起叛乱和革命），而这恰恰是因为世界上很多人口已变得多余和可弃。资本从来就不畏惧为了逐利而摧毁人类。最近的一个例子，是孟加拉国发生的可怕悲剧：成衣工厂大楼失火倒塌，导致超过 1 000 名工人死亡。有毒废弃物的处理场高度集中在贫穷、脆弱的小区（美国最恶劣的一些处理场设在印第安人保留区）或世界上的贫困地区（有毒的旧电池被运到中国，处理方式损害人类健康；报废的船只被送到印度和孟加拉国的岸边拆解，当地人为此付出相当大的人命代价）。中国北方空气质量越来越差，据称自 1980 年以来导致当地人口的预期寿命缩短逾 5 年。这种环境损害方面的分担不公，可能替环境正义运动注入更多动力。但迄今为止，由此衍生出的社会抗争对资本仍未构成重大生存威胁。

根本的大问题是：在什么情况下，这些内部困难对资本的再生产会是危险，甚至是致命的？为了回答这个问题，我们必须更充分地了解资本与自然之间的矛盾统一如何运作。检视资本的7个根本矛盾如何影响物质对此有帮助。在资本眼中，自然无非是潜在使用价值的一个巨大仓库；这些潜在使用价值是一些过程和事物，可以直接或间接（经由科技）地用在商品价值的生产和实现上（我必须强调，资本体制整体而言对自然的看法可能非常不同，实际上目前的看法便非常不同）。自然是“一个巨大的加油站”（马丁·海德格尔的说法），自然的使用价值被货币化、资本化和商业化，以商品的形式被拿来交易。只有这样，资本的经济理性才能加诸世界。自然被分割为国家保障的私有产权。私人财产必然涉及圈占自然的公有资源。虽然某些自然事物很难圈占（例如我们呼吸的空气和捕鱼的海洋），人类可以想出各种替代方法（通常是在国家的协助下）将所有的自然公有资源货币化，使它们可以拿来买卖。国家也往往借由干预纠正市场失灵现象。虽然这些干预看似进步，其作用是促使市场程序和市场评价进一步渗透进我们生活的所有方面。碳交易以及规模日增的污染权和生态补偿市场便是这样。自然公有资源被私有化时，当中的所有事物和过程便会被标上一个价值（有时是官僚借由指令任意设定的），无论是否已有任何社会劳动花在它们身上。资本便是这样创造出自己的独特生态系统。

在这种情况下，民间个体便可从他们拥有的商品化自然资源中自由榨取社会财富，甚至可以将它资本化为货币财富。这为可能十分强大的食租者阶级（包括地主）的形成创造了基础，该阶级凭借其阶级垄断力和它从土地榨取的租金，管理使用价值仓库的利用情况。该阶级“拥有”我们赖以为生的自然，可以借由独占所有财富，威胁资本的永存。如前所述，李嘉图（在马尔萨斯之后）认为资本必将毁灭，因为随着租金和食物价格日增，利润率必将下跌。食租者的力量因为以下事实而放大：许多资源出现在特定地点，受制于垄断性竞争，食租者因此可榨取垄断租金（monopoly rents）。城市的土地和房产市场，以及所谓的“自然”资源世界，是茁壮成长的食租者阶级积聚越来越多财富和权力的丰饶之地。食租者的这种权力延伸到在资本的流通中被内化为科技的自然事物上。专利和所有权已在那些以新科技的形式生产自然事物的人的指示下建立起来。私人拥有的遗传物质（例如种子）、新方法，甚至是新的组织系统被私下授权给其他人，换取垄断租金。近几十年来，知识产权已成为资本积累的一个关键领域。

食租者阶级（例如地主，以及矿物、农业和知识产权的拥有者）因为控制了所谓的“自然”资产与资源，得以制造和操控匮乏现象，以及针对他们控制的资产的价值做投机买卖。这种力量早已明显可见。例如，如今人们普遍认同近两百年来，几乎所有饥荒都是人祸而非天灾。每次油价上涨引发一波有关“油产见顶”（peak oil）这种自然限制的评论后，人们就会因为认识到是投机客和产油国连手推高油价而懊恼一段时间。如今世界各地（尤其是非洲）出现的“抢地”现象，主要是因为各方垄断食物链和资源的竞争加剧（希望借由垄断榨取租金），而不是因为害怕食物生产和矿物开采的自然限制将至。近年来引发大规模社会不安（包括北非的民主危机）的食物价格上涨现象，主要可归因于资本为了利润而操控交换价值系统。

资本将自然视为不过是一种物化的商品，这种设想并非没有质疑。资本构想和利用自然代谢关系建造自身生态系统的方式，与公民社会以至国家机器中对自然的不同概念和态度，一直处于交战状态。不幸的是，资本无法改变它将自然分割为商品和私有产权的方式。质疑这种方式等同于质疑资本体制经济引擎本身的运作，等同于否定资本的经济理性适用于社会生活。这就是为什么环保运动一旦超越表面工夫或政治改良的层次，必须是反资本的。支撑各种环保哲学的自然观，与资本为了自身的再生产而必须加诸世界的自然观，根本是互相矛盾的。环保运动与其他力量联手，或许能严重威胁资本的再生产。但是，因为各种原因，环境政治迄今在这方面未有重大发展。它往往选择完全忽略资本正在建造的生态，着眼于可以与资本运作核心动力分离的议题。抗议设立某个垃圾场，拯救某个濒危物种或宝贵的栖息地，不可能对资本的再生产构成致命威胁。

现在我们可以更好地了解两件事。第一，资本极有必要夺取环保运动的衣钵，作为未来大企业环保运动的正当基础。如此一来，资本便可以支配生态话语，也就是以自己的方式定义自然（通常是货币化的，会借助成本效益分析），并试图以符合资产阶级广泛利益的方式，处理资本与自然之间的矛盾。第二，资本的经济引擎在构成资本主义世界的各种社会形态中的支配力越强，资本与自然的代谢关系的规则越有必要支配公共论述、政治和政策。

那么，我可以基于什么理由，将资本与自然改变中的代谢关系提升为一个危险，甚至可能致命的矛盾？资本以往成功克服了这项困难，不代表这一次也必将成功。当然，这里的“成功”是站在资本的立场而言，意味着能持续赚取利润。这是一个重要的限定，因为我们仍将面对资本以往的调适累积下来的负面生态影响，包括以前的损害后果。历史每迈出一步，资本生态系统运作的基准皆大不相同。例如，大面积的热带雨林已经消失，大气中的二氧化碳浓度已上升了一段时间。郊区化和郊区生活方式正在扩张（例如在中国各地）。这种生活方式深植于特定的文化偏好、人类心理和物理景观中，它们仰赖高能源消费及土地、空气和水的滥用，来发挥润滑作用。

这次不同的是，我们如今处于资本活动指数增长中的一个关键转折点。这种活动的增长正对资本生态中的环境压力和危难的程度产生巨大影响。首先，它使我们有巨大的压力将生活世界中越来越多的方面（甚至是生物本身）商品化、私有化和纳入资本运作的范畴。如今连基因鉴定也有人宣称是私有财产。其次，它也导致某些方面的压力加剧，最明显的是气候变化、栖息地多样性受损，以及不稳定的公共卫生（确保食品安全和有足够能力对付新疾病）能力。我认为有明显的迹象显示，资本的生态系统正日趋恶性扩散和退化。这在很大程度上也与快速的城市化和非常劣质的人造环境（有时称为“第二自然”）的建造有关（亚洲近年的快速城市化正是这样）。

资本内部围绕着如何改善自身生态环境的斗争正在进行且日趋尖锐。资本主义企业经历的生态效应，往往是以成本转移或经济学家所称的“外部性”出现。所谓外部性，是指资本不必支付的实际成本（例如公司造成环境污染，但后果由其他人承受，公司不必付出代价）。连右翼经济学家也承认，这方面有市场失灵的问题，政府干预、补偿税和监管行动因此是有正当理由的。但是，一如既往，在这种问题上采取行动或无所作为，均涉及不确定性和意外后果。最大的危险在于，必要的行动将因为顽固的政治和企业势力反对而耽搁，而我们可能在辨明（遑论解决）问题之前，便越过不可逆转的临界点。例如，加州近海沙丁鱼的繁殖周期无人知晓，20 世纪 30 年代的过度捕捞，最终导致沙丁鱼不再繁殖，此时才有人意识到可能出了问题。这片海域此后再也见不到沙丁鱼。[4] 在《蒙特利尔议定书》这个例子中，时程相当长，因为平流层中的氯氟烃需要很多年才会消散。资本不善于处理这种时程，是可以理解的。这是与气候变化和生物多样性衰退的长期后果作战的一大问题。

在指数型增长持续的压力下，恶性退化很可能将加速。我不排除这个过程中将出现末日般的时刻。例如，极端气候现象正日趋频密。但因为掠夺式的“灾难资本体制”乐于发挥作用，资本可以轻易适应局部的灾难事件。事实上，在局部环境灾难造成的波动中，资本茁壮成长和演化。这些灾难不但衍生出新商机，还赋予资本掩饰自身缺点的方便口实：虽然这些灾难主要是资本制造出来的，资本可以将它们归咎于不可预测、善变任性的悍妇“自然母亲”。相对而言，环境生态长期以来的恶性退化，才是资本几乎毫无准备的大问题，而我们也仍未创造出新的体制和权力去处理这问题。

资本生态系统的时间尺度和地域规模已在改变，以因应指数型增长。以前的问题往往是局部的（这里有一条河遭到污染，那里有严重的雾霾），如今问题日趋区域性（酸性沉降、臭氧浓度偏低，以及臭氧层空洞）或全球性（气候变迁、全球城市化、栖息地遭破坏、物种灭绝和生物多样性衰退，海洋、森林和陆地生态系统退化，以及在副作用和对土地与生物的影响未明之下，不受控制地使用人工化合物，如肥料和杀虫剂）。在许多情况下，地方的环境改善了，但区域或全球的问题则恶化了。因此，资本与自然的矛盾如今已不是传统的管理和因应手段所能应付的。相关问题以往仰赖市场力量与国家权力的某种结合，例如，面对 1952 年的伦敦雾霾灾难，当局的补救措施之一是建造巴特西发电站，将烧煤产生的含硫污染物排放到大气层（后来导致斯堪的纳维亚的酸性沉降区域问题，必须靠复杂的跨国区域协议来处理）。污染问题不仅会被转移到别处，还会被借由分散或改变尺度的方式处理掉。萨默斯担任世界银行首席经济学家时，便曾提出这种建议。当时他说非洲“污染程度偏低”，利用非洲来处理先进国家的废弃物因此是有道理的。因为许多矛盾数十年来已“全球化”，可用的闲置空间也就越来越少（外层空间弃置垃圾除外）。随着复合增长加速，这可能将成为一个严重问题。

全球规模的复杂互动问题如今由谁代表发言，又由谁采取有效行动？讨论环境问题的周期性国际会议往往没有结果。偶尔会有问题能达成跨国协议（例如，酸性沉降和氯氟烃的问题），此时便有可能采取有效行动。但是，相对于资本的全球生态系统中逐渐浮现的大问题，这些只是杯水车薪。如果资本未能成功处理这些矛盾，那不会是因为自然界的障碍，而是因为资本本身在经济、政治、体制和意识形态方面的缺陷。例如，就气候变迁而言，问题不在于我们不知道发生了什么事或大致该怎么做（尽管应对方案可能很复杂）。问题在于某些资本势力（以及某些资本主义国家的政府及其机器）的傲慢和既得利益，他们有能力质疑、破坏和防止威胁其赢利能力、竞争地位与经济权力的行动。

当然，资本的生态系统向来是全球性的。商品国际贸易必然涉及投入要素（水、能源、矿物、生物质和养分，以及人类劳动力的作用）从一地至另一地的实质或虚拟转移。这种贸易是凝聚资本生态系统的黏着剂，而该生态系统中的活动之扩大和增强，正是靠这种贸易的扩张。虚拟生态转移的类型很重要。举个例子，加拿大炼铝耗用的能源，以铝商品的形式出现在美国（而不是经由电网或输油管，直接将能源从加拿大转移到美国），便是一种虚拟转移。这种转移不均衡，正是资本生态系统中充斥着不平等和地域发展不均衡现象的原因。好处集中在世界某些地区，代价则由其他地区承受。地区之间的生态效益转移支撑地缘政治张力。这也有助于解释，玻利维亚人利用他们的自然资源的方式，为何与美国截然不同。玻利维亚人希望将石油留在地下。他们允许这些石油开采出来，供其他国家（如美国）使用，只能获得微薄的权利金，那为什么要这么做呢？为什么要用我的资源来补助你的生活方式呢？

自然资源获得的价值评估（用生态经济学家的说法则是：自然为资本提供的服务所获得的货币价值评估）是任意的。这有时会导致资本滥用自然可提供的使用价值，最终引发生态崩溃。资本经常耗尽，甚至是永久摧毁特定地点的自然资源。当资本可以在地域间流动时，情况尤其如此。美国南部的棉农或巴西的咖啡种植者耗尽他们土壤的肥力时，便迁往更容易赢利的肥沃土地。殖民者开采殖民地的资源，不顾当地人（往往是原住民）的福祉。矿物、能源与森林资源的开采遵循类似理念。但是，生态后果由当地集中承受，留下满是废弃矿镇、贫瘠土壤、有毒垃圾场和贬值资产的参差地貌。生态效益则由其他地方享受。

在帝国和殖民统治制度之下，这些掠夺资源的做法是加倍的贪婪和暴力。采矿、土壤流失和不受管制的资源开采，在世界的地貌上已留下巨大的疮疤，有时还不可逆转地摧毁人类生存所需的使用价值。在某些地方，我们有时可以结合健全的环境管理和持续赢利原则，建立比较良性的资本主义逻辑。例如，20 世纪 30 年代美国发生黑色风暴（Dust Bowl，严重损害生态和农业的一系列沙尘暴）后，国家赞助的土地保育做法，和较可持续的农业经营方式便开始流传，尽管这种经营方式类似当代赚钱的农业企业那一套：资本密集，高耗能，使用大量化肥和杀虫剂。

某地出现破坏生态系统的做法，不代表其他地方也会出现（反之亦然）。悲观者强调破坏生态的贪婪行为，乐观者则表示别处有维持生态平衡的健全做法。事实上，两者共存于资本生态系统的动态中。不幸的是，我们的知识和工具不足，无法全面计算地球的得失，无论我们讲的是使用价值还是货币价值（虽然卫星影像对估算前者有些帮助）。地区间商品贸易所涉及的实质和虚拟生态转移，也极难计算。英国谢菲尔德和美国匹兹堡的钢厂关门，当地空气质量在大量劳动者失业之际神奇地改善；另一方面，中国增加了许多钢厂，空气污染因此严重恶化，缩短当地人的预期寿命。这又是污染问题没有解决而转移到别处的例子。但是，在得失分配不均的情况下，受惠的总是有钱有势者，贫穷弱势者的境况则大大恶化。毕竟掠取资源的帝国主义向来便是这么一回事。

因为缺乏有关资本生态系统实际整体运作的可靠知识，我们很难就资本进一步持续扩张造成的环境退化有多致命做出清晰的判断。这情况本身或许便意味着一大危险：我们不仅没有准备好必要的手段去妥善管理资本的生态系统，连必须处理哪些社会生态问题也相当不确定。我们确实知道的是，目前正浮现的环保问题的空间与时间规模已根本改变，而应付这种规模的问题之制度架构，则显然未能追上时代的需求。我们也知道，即使争议各方有采取预防措施的政治意愿，我们也未必能及时设计和执行防止灾难的必要方案。

面对这些问题，明智的立场看来是这样：所谓的自然灾难一点也不自然，人类的知识大致足以缓和或应付多数环境灾难的威胁。但是，资本若要采取必要的行动，估计必须先经过一些斗争——资本交战各派之间的斗争，以及受极其方便的成本转移做法影响的人与资本的斗争。问题迟迟无解，原因在政治、体制和意识形态方面，不能归咎于自然的限制。

如果资本与自然的关系有严重问题，这是资本的内部矛盾，而非资本外部问题。我们不能一方面坚称资本有能力摧毁它自身的生态系统，一方面任意否认资本有自我清理和解决（或至少适当平衡）它内部矛盾的潜力。在许多案例中，资本已成功处理这类矛盾，通常是在国家权力（在环境政策方面整体而言往往极度不一致）的敦促或命令下，或是在资本主义社会产生的普遍压力影响下。相较于一个世代前，欧洲北部和北美的河流与空气如今干净得多；即使是在中国北部，当地人的预期寿命也正普遍上升而非下降。限制使用氯氟烃的《蒙特利尔议定书》借由国际协议，成功处理了一项严重的环境威胁（尽管谈不上完美解决）。又例如DDT杀虫剂的有害影响也已受到控制，而类似例子还有很多。在《蒙特利尔议定书》这个例子中，这项政府间协议之所以达成，有赖保守和拥护利伯维尔场的撒切尔夫人改变想法，成为积极的支持者（部分原因在于她有化学专业背景，了解相关的技术问题）。气候变迁方面，掌权的“否认者”太多，改善行动因此无法推行，而至今仍未出现像撒切尔夫人这样的人才来拯救大局。我们只能靠一些比较贫穷和问题较为紧迫的国家，例如玻利维亚和马尔代夫，出来呼吁国际社会支持气候正义。我们因此无法得知资本是否能达成有效处理该问题所需的巨大调适。

目前大部分证据不支持资本体制因为环境威胁而即将崩溃的说法。即使油产见顶，我们也不会没有能源可用；即使面对指数型增长，未来许多年土地和水仍足以养活日增的人口。如果某些资源真的即将出现匮乏现象，我们将有足够的智慧找到替代品。所谓资源，是对自然中使用价值的技术、经济和文化评价。如果某些自然资源看似不足，我们可以因应情况改变我们的技术、经济和文化信念。即使是全球变暖、生物多样性衰退和新疾病的问题（如今我们必须视它们为对人类生命的首要威胁），如果我们能克服自身短视和政治方面的缺点，它们也是可以适当处理的。当然，这对我们的政治体制有很高的要求。因此，未来无疑将有资源战争，某些地方将发生饥荒，有些地方将出现数以百万计的环境难民，而商业运作将常常受到干扰。但这一切都不是自然界中的限制所能决定的。如果多数人类沦落到赤贫和饥饿的状态，我们只能怪自己。果真发生这种情况，它最主要是反映人类的愚蠢和腐败。但大量证据显示，人类确实有很多愚蠢和腐败的行为，而资本本身因此兴盛，甚至助长这种行为。但这并没有导致资本的末日。

由此就讲到资本与自然的矛盾中，可能真正威胁资本的关键所在。我们的两个答案可能有点意外。首先是食租者阶级势力日增，他们占有所有财富和收入，但完全不关心生产。土地私有和商品化及其“自然”稀缺性，令不具生产力的地主阶级得以从生产资本身上榨取垄断租金，最终将利润率降至零（因此也将再投资的诱因降至零）。如前所述，这种描述也适用于广义的食租者，也就是包括传统地主以外的各种产权拥有者；这些产权本身不具生产力，但能帮助它的主人占有财富和收入。食租者占有自然的力量和资本生态系统中的关键位置，有扼杀生产资本的危险。

资本与自然的矛盾可能变得致命的第二个原因，完全处在一个不同的方面，那就是人类对资本建造的生态系统的疏离反应。该生态系统是功能主义和技术主导型的，是设计和建造出来的。它是私有化、商业化和货币化的，倾向借由制造和占有使用价值，尽可能产生最大的交换价值（特别是租金）。一如资本的所有其他方面，其运作日趋自动化。它是资本密集和高耗能的，涉及很少的劳动力投入。在农业方面，它倾向单一作物和榨取型运作方式，当然也倾向在指数型增长的压力下不断扩张。在城市化方面，郊区也倾向单一文化，生活方式强调以惊人挥霍的方式尽可能增加物质商品的消费量，而这会产生孤立和个体化的社会效果。资本支配我们集体甚至是个别与自然产生联系的方式。它漠视功能美学价值以外的一切。它以灾难性的方式对待自然世界（人类是当中一部分）的纯粹美丽与无限多样性，展现出它自身极其贫瘠的特质。如果说自然是专注于不断创造新事物的丰饶场所，那么资本将这种创新特质切成碎块，重新组合成纯粹的技术。资本内部有一种力量，强烈倾向破坏自然世界的丰富多样性，以及人类自由发展自身能力的潜力。资本与自然和人性的关系，是异化的极致。

资本不得不尽其所能，将自然的各方面私有化、商品化、货币化和商业化。唯有如此，它才能吸纳越来越多自然事物（如今已延伸至人类的DNA），使它们变成一种资本（这是资本的一种积累策略）。这种代谢关系必然因应资本的指数型增长而扩张和深化。它被强加到问题越来越多的领域。生命形态、遗传物质、生物过程、有关自然的知识，以及有关利用自然的性质和力量的智慧（至于相关事物是人造的还是具有独特人性，则完全不重要），全都被纳入商业化的逻辑中。资本正加快它对人类生活世界的殖民。随着资本日趋盲目地以指数型增长的方式不断积累，资本的生态也日趋盲目地在我们的生活世界中不断扩张。

这激起各种反应、强烈的反感和抵抗。观赏日落的喜悦、雨水的清新味道、风暴的奇观，甚至是龙卷风的暴行，不能粗暴地化约为某种货币价值。波兰尼控诉将商品形式强加在自然世界不仅“怪异”，本质上还是破坏性的；这控诉远比以下批评深刻：自然力量被扰乱和破坏，以致变得对资本无用。被摧毁的是违背资本的要求和命令，保存人性的能力。许多人认为这是对“真正”自然的伤害，而这不利于我们实现更好的另一种人性。

人类早就认识到，资本的运作必然涉及摧毁正派、敏感的人性。这种认识早期引发了一场以浪漫主义运动为首的美学起义，反对以纯科学方式迈向资本主义现代性。在深层生态学中，这衍生出了一种并非以人类为中心的视野，应用在人类对自身与周遭世界关系的理解上。在社会与政治生态学中，它衍生出了反资本主义分析的严厉批判形式。在法兰克福学派的批判工作中，它促成一种较为生态敏感、十分重视自然的辩证和

“反叛”的马克思主义。[5]所谓“自然的反叛”不是指愤怒、不舒服的“自然母亲”对人类的反扑（如某些原住民所相信，而现在的气象主播也喜欢这么说）。这其实是人性的一种反叛，是对我们为了在资本生态系统中生存而必须承受的人性扭曲的反叛。这种反叛是跨政治光谱的——对于自然的各方面被商品化、货币化和商业化，农村的保守主义者与城市的自由主义者和无政府主义者一样愤怒。

人道主义反叛的种子已经播下，它反抗的是将自然和人性化约为纯商品形式的不人道本质。疏远自然等同疏远人类的潜力。这释放出一种反叛精神。在这场反叛中，尊严、尊重、同情、关怀、爱心等词语变成革命口号，求真和求美的价值观取代了社会劳动的冷酷计算。

矛盾 17
人性的反叛：普遍的异化

资本并非完全不可能在付出某种代价后，承受本书到这里检视的全部矛盾并存活下来。例如，资本可以借由以下手段做到这件事：资本主义寡头精英监视大规模的种族灭绝，消灭世界上大部分过剩和可弃的人口，然后奴役幸存者，并建立设有门禁、大规模的人造环境，保护人类免受变得有毒、荒芜、桀骜不驯的外部环境蹂躏。目前已有大量反乌托邦故事描述这类世界的种种可能模样，如果我们认为人性贬损后的人类未来不可能活在这样的世界，那将是错误的。事实上，有些反乌托邦故事有可怕的相似之处，例如柯林斯（Suzannel Collins）的青少年畅销三部曲《饥饿游戏》（*The Hunger Games*），以及米切尔（David Mitchell）的未来反人道主义故事《云图》（*Cloud*

Atlas）中描述的社会秩序。那样的社会秩序可以存在，显然只能仰赖法西斯式思想控制、警察日常监视和暴力的持续运作，以及不时的军事化镇压。任何人如果看不到这些反乌托邦世界的要素已出现在我们周遭，他是在以最残忍的方式欺骗自己。

因此，问题不在于资本无法在它的矛盾中存活下去，问题在于资本存活下去的代价将是多数人类无法接受的。希望在反乌托邦趋势严重恶化之前，也就是远在各地的局部问题（甲地稀稀落落的无人飞机轰炸，乙地疯狂的统治者偶尔利用毒气对付自己的人民，丙地以凶残和矛盾的政策对付各种反抗，丁地发生环境灾难和大规模饥荒）演变成武装力量灾难性不对等的抗争真正全面涌现，贫与富对立，享有特权的资本家及其怯懦的助手与其余的人对立之前，社会和政治运动将兴起，人们高喊："够了！"然后改变我们生活和相爱、生存和繁衍的方式。我们如今应清楚地看到，这意味着我们必须换掉资本的经济引擎和它不合理的经济理性。但是，在当前的时代思想状态下，公众针对这一问题的富有想象力的议论少得可怜，我们应该如何完成上述任务一点也不清楚，而资本的经济引擎可用什么东西代替就更不清楚了。分析这个问题时，了解资本的矛盾是大有帮助的，正如德国戏剧家布莱希特（Bertolt Brecht）曾说过："希望潜伏在矛盾之中。"

发掘这些潜在的希望时，我们必须先接受一些基本论点。在《资本之谜》（*The Enigma of Capital*）中，我的结论是："资本主义永远不会自行崩溃。它必须受到外力逼迫。资本的积累永远不会停止。它必须由外力终止。资本家阶级永远不会自愿交出权力。他们的权力必须由外力夺取。”[1] 我仍然坚信这个观点，并认为其他人也有此认识极其重要。这项任务显然需要一场强大的政治运动，以及许多个人的决心来承担。这样一场运动如果想发挥作用，必须有一个具有说服力的、可以与集体的政治主体性结合的宏愿。怎样的愿景才能激励这样一场政治运动呢？

我们可以支持矛盾中的一方（例如使用价值）而非另一方（例如交换价值），或是设法削弱并最终消除某些矛盾（例如允许人们利用金钱将社会财富私有化），借此尝试一步步地逐渐改变世界。我们可以尝试改变变动的矛盾限定的发展轨迹（以非军事技术和民主自由世界中更大程度的平等为方向）。如我在本书中一再尝试指出的，了解资本的矛盾有助于我们建立有关整体发展方向的长远愿景。一如 20 世纪 70 年代起新自由主义崛起，改变了资本的发展方向（私有化和商业化趋势加剧，交换价值的支配力增强，人们不惜一切疯狂追逐金钱权力），一场反新自由主义运动可在未来数十年引导我们走向截然不同的策略方向。文学作品和社会运动透露的迹象显示，人类至少愿意尝试重新设计资本体制，考虑更多生态敏感关系，并大幅提高社会正义和民主治理的水平。[2]

这种渐进式的做法是有优点的。它提议以和平非暴力的方式推动社会变革，一如近年来开罗、雅典和伊斯坦布尔的广场群众运动初期所要求的——虽然在这 3 个例子中，国家机器很快便以惊人的暴力回应，大概是因为这些运动越过了当局压迫性包容的边界。这种做法试图以有限的共同议题，策略性地凝聚群众。当具有传染力的影响从一种矛盾蔓延至另一种矛盾时，这种做法也能产生广泛的作用。想象一下，如果交换价值的优势和凯恩斯描述的追逐金钱权力的异化行为同时减少，以及民间个体利用社会财富获利的能力受到充分约束，世界将会如何？想象一下，如果种种异化现象（工作的异化，永远无法满足人的补偿消费的异化，空前的贫富差距，和与自然的不和谐关系）因为大众对资本当前种种离谱现象的不满程度升高而减少，世界将会如何？果真如此，我们将生活在一个较为人道的世界，社会不平等和冲突、政治的腐败和压迫将大大减少。

但是，这并未告诉我们，非常零散但为数众多的反对运动，可以如何凝聚为一场较统一和团结的反资本支配运动。渐进式的做法未能处理资本的各项矛盾如何彼此联系、形成一个有机整体的问题。我们迫切需要一些具有催化作用的构想，来赋予政治行动以基础和活力。如果想要对抗和战胜资本势力，我们必须将集体的政治主体性与一些有关如何建构另一种经济引擎的基本概念结合起来。如果不这么做，我们将无法夺取资本的权力，也无法取代资本的体制。就此而言，我认为最合适的概念是异化（alienation）。

异化的动词alienate有多种意思。作为法律用词，它是指将产权转让给别人。例如，我把一块土地卖给别人时，便是将它的产权转让了出去。在社会关系方面，它是指对某个人或体制或某项政治事业的感情、忠诚和信任变淡，可能转移至另一目标上（有时可能是在有心人的引导下）。对人或体制（例如法律、银行、政治制度）的信任异化（也就是丧失），可能会极其严重地损害社会结构。作为被动的心理现象，异化是指疏远某些重要关系，变得孤立。我们为了某些无法说清、无可挽回的损失感到悲痛时，便是体验到和内化了这种异化。作为主动的心理状态，异化是指自己实际或感觉被压迫或剥削，因而感到愤怒和充满敌意，并以行动发泄这种愤怒和敌意，有时会在没有明确原因或合理目标的情况下，以激烈行为宣泄对世界的不满。例如，当人们因为生活中缺乏机会或努力追求自由，但结果受人宰制而感到沮丧时，便可能会出现异化的行为。

这种含义的多样性是有用的。劳动者合法地将约定时间内的劳动力转让给资本家，以换取薪资。在这段时间内，资本家要求工人忠诚地服务，而且要相信资本主义是产生财富和造福人类的最佳体制。但是，在劳动合约期间（因为工作辛苦，通常还包括劳动之后的一段时间），员工疏离了他的产品、其他职工、自然和社会生活的其他方面。工作者自身的创造本能受挫，感到失落和悲伤，便体验到和内化了这种剥削与剥夺。最后，这名工人不再悲伤忧郁，转为对他的异化直接来源动怒，可能是对使他过度劳累的老板，也可能是对不体谅他的疲累而提出食色要求的伴侣。当他处于极度异化的状态时，这名工人会破坏他工作场所的机器，或是对家里的伴侣砸东西。

异化这一主题存在于本书已检视的许多矛盾中。在交换价值的支配下，与商品的有感接触（其使用价值）丧失了，与自然的感官关系被阻断。劳动的社会价值和意义在金钱的代表形式中变得模糊。以民主方式达成集体决定的能力，在孤立的个人利益与国家权力彼此矛盾的理性的永恒交战中丧失。社会财富因为流入私人口袋而消失（制造出一个财富私有、污秽公有的世界）。价值的直接生产者与他们生产的价值变得疏离。阶级的形成使人与人之间出现不可抹平的鸿沟。分工盛行之下，我们越来越难从日趋零碎的部分看到整体。即使“法律面前人人平等”被大肆吹捧为资产阶级的最高美德，社会平等和社会正义的希望已告幻灭。资本实现领域中的剥夺式积累（例如借由强制拆迁或在房贷违约时没收房屋）已使民怨沸腾。自由变成了专制，奴役便是自由。

这一切衍生出的具有催化作用的政治问题，是设法辨明、正视和克服资本的经济引擎产生的许多形式的异化，并将压抑已久的相关能量、愤怒和挫折感导向一股一致的反资本主义力量。对于我们与自然、我们彼此之间、我们与工作的关系，以及我们生活和相爱的方式，我们敢盼望一种非异化（或至少较不异化、较可接受）的状态吗？要做到这一点，必须了解异化的根源，而学习资本的矛盾正是对此大有帮助。

对于实现社会主义、共产主义的革命性变革，传统的马克思主义是集中关注生产力（技术）与社会（阶级）关系之间的矛盾。在传统共产主义政党的理论中，这项变革被视为一个科学和技术问题，而不是一个主观、心理和政治问题。异化被排除在考虑之外，因为它是一个非科学概念，带有青年马克思在《1844 年经济学哲学手稿》中阐述的人文主义和乌托邦渴望的意味，未经《资本论》的客观科学阐释。尽管共产主义事业的追随者热情地信奉相关理论，这种科学主义立场未能捕捉到各种可行的替代方案的政治想象。它也未能为在反资本主义的汪洋中动员武力提供任何精神上令人信服和主观（而非科学上必要和客观）的理由。它甚至无法对抗流行的经济和政治理性的疯狂（部分原因在于科学共产主义信奉这种经济理性的大部分内容，接受它为生产而生产的拜物执着）。事实上，它未能完全揭露统治阶级为了保护自己免受伤害而鼓吹的拜物主义和虚幻事物。因此，传统的共产主义运动永远处于无意间复制这些虚幻事物和拜物主义的危险中。此外，这种运动也受一个全能先锋党的领导层停滞和教条式的观点所害。在反抗阶段和受暴力镇压的可怕时刻往往运作良好的民主集中制，在运动接近可行使合法权利时，却成了一种灾难性的负担。一场寻求自由的运动最终产生了宰制。

但是，以下见解其实大有道理：生产力革命与互有冲突的相关社会关系之间，有个核心矛盾。如我们检视矛盾 8 时看到，资本的技术演化与工作和社会价值的根本变革有深刻的联系。不过，当我们从异化的角度检视这种矛盾和其他矛盾（例如源自分工的矛盾）时，可以看到更多含义。高兹是这种分析的先驱，以下我将采用他的说法。

高兹写道，随着技术力量的资本主义发展而出现的“工作的经济理性化”，产生“在工作中遭异化的个体，他们在其消费上也必将异化，而他们的需求最终也将异化”。个体可以掌握的钱越多（而如本书稍早所述，即使只是在个人银行账户中，金钱有无限增加的潜力），他们的需求必须相应增加，如此方能发挥他们作为“理性消费者”的经济作用（所谓“理性”，当然是站在资本的角度）。对金钱的渴望与在社会秩序中促进需求的经济结构，建立了一种辩证关系（一种互动螺旋）。稳定和简朴生活的观念，被为了不断增加消费、永不满足地追求金钱权力的观念取代。结果是“自由和存在自主的古老观念”被彻底压倒，人们舍弃真正的自由，换取无止境致力于参与和打败市场的有限自由。[3]

以下详细阐述该说法。高兹写道：“根本问题在于工作所利用的技术和能力，在多大程度上构成一种职业文化，以及职业文化与日常生活文化——工作与生活——在多大程度上是一致的。换句话说，根本问题在于工作在多大程度上丰富或牺牲了当事人的个体存在。”工作的技术表面上与此问题完全无关，但如我们所见，技术发展往往被精心设计来剥夺工作者的权力和削弱工作者的力量。这种创新轨迹与丰富工作者的生活有深刻的矛盾。技术并未产生一种超越它本身控制能力的独特文化，实际上也没有这种能力。技术的暴力在于它切断人与世界感觉互动的方式。高兹指出，这是“否定人类感性的一种压迫”。它不允许温柔和同情。如前所述，自然被当作工具对待，“自然、我们自己和其他人的身体”因此遭受“暴力”对待。“日常生活的文化是一种暴力文化（这种矛盾产物有令人不安的模糊性，包含了一种暴力文化），在它的极端状态是一种系统性的、经深思熟虑的、经过升华的、加重的野蛮文化。”[4] 当我们想到无人飞机的攻击和毒气室时，这种暴力当然至为明显。但高兹主要是想指出，这种暴力通过我们日常生活中运用的工具，包括我们工作中使用的那些，已经深深渗透到日常生活的核心。

流行文化中显然有一种深刻的渴望，希望以某种方式令这种贫瘠的技术文化产生的影响更人性化。例如，我们看到科幻电影《银翼杀手》（*Blade Runner*）中的复制人习得感觉；《云图》中的复制人Sonmi-451学会一种表达感受的语言；电影《机器人瓦力》（*Wall-E*）中的机器人学会关怀和流泪，而获得补偿性质的消费品、身材臃肿的人类，则生活在机器人试图清理的毁坏世界上方，人人皆有自己的魔毯，被动地独自飘浮；《二〇〇一太空漫游》中的计算机HAL则是一个负面例子：它变成了流氓。令技术人性化是个根本不可能的梦想，但这完全不妨碍人们一再表达该梦想。那么，我们去哪里找一种较为人性的方式，来重建我们的世界？

高兹坚称："工作并非仅是创造经济财富，它也一直是一种自我创造的手段。因此，关于工作的内容，我们也必须考虑以下问题：我们希望人类由工作产生的那种男男女女构成吗？"我们知道，许多（甚至是多数）在职人士并不满意自己的工作。例如，美国最近一项盖洛普广泛调查便显示，约70%的全职劳动者厌恶上班或精神上完全不投入，因此实际上变成到处散播不满情绪的破坏者，因为效率不高而造成雇主的显著损失。至于投入工作的30%的劳动者，则主要是高兹所称的"重新专业化的"劳动者（非常复杂的技术系统的设计师、工程师和管理者）。高兹问道，相对于比较传统的劳动者，这类劳动者是否"比较接近一种可行的人性理想？分配给他们的复杂任务，是否可能满足他们的生活、赋予生活意义，同时不会扭曲生活？简而言之，这种工作如何实践？"我们可以超越技术文化的暴力吗？

高兹的答案令人沮丧。技术当然可以用来"提升劳动效率，减少辛劳和工时"。但这是有代价的。"它使工作与生活分离，使职业文化与日常生活文化分离；它使人类必须以自身遭受暴虐的宰制，换取自然免受进一步的宰制；它缩减了亲身经验和存在自主的领域；它使生产者与产品分离，以致当事人不再了解自身工作的意义。"如果这不是劳动过程中的彻底异化，那什么才是呢？

高兹继续写道："技术化必须省事省时，我们为此付出代价才是可以接受的。这是技术化公开宣称的目标，而它也不能有其他目标。技术化就是要帮助我们以较少的时间和力气，生产较多、较好的东西。”这里并无以下雄心：“以工作填满每个人的生活，而且使工作成为每个人的首要意义来源。”这定义了劳动过程中的矛盾核心。技术使工作省事省时，但也摧毁了劳动者的全部意义。“一份工作的作用和目的如果是节省劳动，那么它不能将劳动美化为个人认同和成就感的根本来源。当前技术革命的意义，不可能是复兴工作伦理和个人对自身工作的认同。”技术革命要有意义，必须将劳动者从工作的苦役中解放出来，使他们能参与非工作活动，而“所有人，包括新类型的劳动者，都可以借由这些活动发展那些在技术化工作中找不到出口的人性的一面”。[5]“工作为本的社会（也就是以经济意义上的工作为基础的社会）的危机，迫使个体在工作以外寻找认同和社会归属感的来源，无论它的形式是失业、边缘化和缺乏工作保障，或是工时整体缩减。”只有在工作以外，工作者才有可能实现自我，获得自尊，因而得到“其他人的尊重”。[6]

就社会整体而言，被迫做一个有关存在的选择。资本积累的经济领域须受到约束，以便人类的能力可在市场和工作的“暴政”之外自由发展；“又或者经济理性必须使消费者的需要至少能追上商品（和商品化服务）生产的增长速度”。这恰恰是马丁·福特（Martin Ford）辨识出来的问题，只是他完全避谈资本主义经济理性的替代选择。不过，高兹指出，在后一个选项（社会的实际选择）中，“消费必须（加以组织以）服务生产。生产将不再具有以最有效率的方式满足既有需要的功能；反之，需要将日益具有使生产得以保持增长的功能。”结果是吊诡的：

> 资本（实现上）的无限大效率，因此要求满足需求上的无限大低效，以及消费上的无限大浪费。需要（needs）、想要（wishes）和渴望（desires）之间的界限必须要打破；对使用价值相同或较差但价格较高的产品的渴望必须制造出来；必须坚定地化想要为迫切的需要。简而言之，需求必须被制造出来，最有利可图的产品的顾客必须被创造出来；因此，新形式的匮乏必须在丰盛的中心不断复制出来，手段包括加速创新和汰旧、在越来越高的层次复制不平等……[7]

创造需要比满足多数人的需要更重要。

“经济理性必须在不提升满意度的情况下，不断提高消费量；必须不断缩减满足者的疆域，维持无法满足所有人的印象。”消费阶层化对确保价值的实现变得至关紧要，而领导和控制这一现象的是富裕、寄生的有闲阶级的消费主义。这正是范伯伦（Thorstein Veblen）在 1899 年出版的《有闲阶级论》（*Theory of the Leisure Class*）中精彩揭露的现象。但我们现在知道的是，如果这样的阶级尚未出现，资本体制必须创造一个出来。[8] 抑制薪资导致实际需求疲软、技术发展导致大量劳动力失业，这个困境必须靠一种具有异化作用的消费主义来解决。广大劳动者泡在炫耀性消费的汪洋中，不惜代价、疯狂地试图增加收入，不断延长工作时间，以求满足人为增加的需要，以及避免因为落后于人而颜面受损。

新技术的应用本来应该可以减少劳动者的工作时数，但多数人却发现自己的工作时间变长了。不过，这也有它的社会作用。允许越来越多的人有空去追求自我实现，对资本而言是一件可怕的事，不利于资本继续稳当地在职场和市场控制劳动者。高兹写道，资本主义“经济理性容不下既不生产也不消费商业财富的真正闲暇。它不给受雇者闲暇，不是因为客观上必须如此，而是它的源起逻辑使然；工资的设定，必须以诱使工作者尽最大努力为原则。”工会提出的工资要求“实际上是唯一不损害经济体制的理性要求”。理性消费（理性是针对资本的不断积累而言）变成资本生存下去的绝对必要条件。“另一方面，与工作时间、工作强度、工作的组织和性质有关的要求，则充满颠覆性的激进主义（radicalism）；它们不能以金钱满足，它们冲击经济理性本身，进而挑战资本的权力。一旦人们发现不是所有价值皆可量化，不是所有东西都能用钱买到，而且钱买不到的还是必要，甚至是唯一必要的东西，‘基于市场的秩序’便受到可能动摇根基的挑战。”[9] 如那个“无价”广告所言：“有些东西钱永远买不到，除此之外，万事达卡为你达成。”

“使个体相信，他们获得供应的消费品和服务，足够补偿他们为获得这些商品而必须做出的牺牲，相信消费构成个人幸福的港湾并使他们与众不同，往往是商业广告这一行的工作。”在这个领域，“广告狂人”（广告如今占美国经济活动相当大一部分）成为主角，对社会秩序造成巨大破坏。他们的关注焦点是私人企业和个人。他们的任务是说服人们消费“并非必要，甚至毫无用处”的商品。商品“总是被描述为含有奢华、丰盛和梦幻的元素；这些商品替它的购买者贴上‘幸福和优越人士’的标签，借此保护他们免受理性化世界的压力，不必承担做个有用的人的义务”。高兹将这些商品定义为“补偿型商品”，“人们渴望得到它们，可能主要是看中它无用的特质，而非它的使用价值，因为正是这种无用的特质（例如，一些非必要的小玩意和装饰品）象征着购买者逃离集体世界，进入个人可以完全自主的港湾。”[10] 广告狂人已证实精通推销的，恰恰是这种过度的消费主义和无用特质。这种过度的消费主义与满足人类的需要和渴望是有深刻矛盾的。这个观念连现任教宗也认同。他在最近一次宗座劝谕中抱怨：“当代社会提供的无限消费和消遣可能，导致所有层面皆出现某种异化，因为当社会的组织、生产和消费形式使人较难奉献自己和建立人与人之间的团结关系时，社会便异化了。”[11]

但是，如高兹指出：“因为觉得工作带来的消费机会是足够的补偿、因此接受工作异化的功能型工作者，必须同时成为社会化的消费者，才能以这种状态存在。但是，只有一个市场经济领域和与之相随的商业广告，才能制造出这些社会化的消费者。”[12] 1968 年的革命运动虽然自夸追求个人自由和自主权以及社会正义，但结局恰恰如此——迷失在异化消费主义的世界，沉没在丰富的补偿型商品中；拥有这些商品，被视为人类欲望市场中自由选择的标志。

异化或补偿型消费主义的发展，有它自身的内部毁坏动力。它需要放纵熊彼特所称的“创造性破坏”发生在土地上。城市中的日常生活，已稳定下来的生活、联系和社交方式，一次又一次遭破坏，以迁就一时的风尚或奇想。贵族化或迪士尼化发展，必然涉及拆毁和被迫迁移，粗暴地破坏本已形成的城市生活纹理，只为插入浮夸俗艳、瞬间过时的事物。随着金主和食租者、开发商、地主和富企业家精神的地方官员，从暗处走到资本积累逻辑的前线，剥夺和毁坏、迫迁和建设，成了有力和投机的资本积累的工具。资本流通和积累的经济引擎，将一座又一座的城市整个吞噬，吐出新的都市形态，尽管遭受许多人抵制；抵制者觉得自己与这种过程彻底疏离，这种发展不但完全改变了他们居住的环境，还重新定义了他们必须成为怎样的人才能生存下去。社会再生产的过程，被资本从外部重新设计塑造。日常生活被扭曲为资本的流通。不愿接受这种人性强制重新定义的人，变成一群疏离的人，他们的不满不时以骚乱和潜在革命的形式暴发，从开罗到伊斯坦布尔、布宜诺斯艾利斯到圣保罗、斯德哥尔摩到玻利维亚的埃尔阿尔托，都曾发生这类事件。

但这一切均仰赖拥有足够的金钱。对金钱的迫切需要诱使"以前未受薪的社会阶层寻找受薪工作"，而这进一步增加"补偿型消费的需要"。结果"获得酬劳变成活动的首要目的，以致任何没有金钱报酬的活动不再是可接受的。金钱取代了其他价值，成为唯一的价值标准"。随之出现的是"退缩至私人领域、优先追逐'个人'利益的诱因"。这进而"协助瓦解团结和互助网络、社会和家族凝聚力，以及我们的归属感。由（异化）消费主义社会化的个体不再是融入社会的个体，而是被鼓励借由与其他人区分以便'做自己'的个体；他们与其他人唯一相似之处，在于他们拒绝借由采取共同行动，为共同的境况承担责任（这种拒绝在社会中被导向消费）"。[13] 对特定地方和文化形态的钟爱和忠诚，被视为不合时宜。新自由主义伦理的传播不正是以此为目标，而且最终达成了任务吗？

但是，生产方面节省的时间越多，资本越迫切需要将这些时间吸收到消费和消费主义中，因为如我们稍早指出，资本主义"经济理性容不下既不生产也不消费商业财富的真正闲暇"。对资本来说，挥之不去的一项威胁，是自由往来和自我创造的个体，因为从生产的苦役中获得解放，而且在消费方面获得种种省时省事的技术协助（例如微波炉、洗衣干衣机、吸尘器，以及网络银行、信用卡和汽车等），可能开始建立一个替代资本体制的非资本主义世界。例如，他们可能变得倾向抵制支配世界的资本主义经济理性，开始规避它压倒性但往往残酷的时间纪律。为避免这种情况，资本不但必须借由它的实现吸收越来越多的商品和服务，还必须设法占据新技术释放出来的自由时间。资本在这方面大获成功。许多人发现，在生产和消费方面的省时技术均广为普及之际，他们可以用在自由创造活动上的时间却越来越少。

这种矛盾是如何发生的？管理、操作和维护整套省时的家庭工具，当然耗费我们很多时间，而工具越多，我们耗费在这上面的时间便越多。这些复杂的工具，使我们必须不断通过电话或电子邮件与客服中心、信用卡、电话和保险公司等联系。我们的文化习惯充满对科技玩意的痴迷，而这种习惯无疑俘虏了我们的创造力中爱玩的一面，使我们常常无益地连续好几个小时看情景喜剧、在网络上闲逛或是玩计算机游戏。我们无处不被“大规模分心武器”包围。

但是，这一切都解释不了为何时间以当前这种方式从我们手上溜走。我认为更深层的原因在于，资本将消费时间问题当作资本积累的潜在障碍处理的结构化方式。资本生产和营销不耐用或容易过时的商品，并制造实时消费的事件和奇观，如本书稍早所述，这种发展的高潮是一种惊人的明确反转：消费者在脸谱网等社群媒体上制造自己的奇观。资本从这类社群媒体身上获得的租金极为重要，而人们消耗在这些消费形式上的时间也非常惊人。沟通技术是一把双刃剑。它们可能被受过教育的疏离青年应用在政治以至革命活动上，也可能通过闲聊、八卦和分散注意力的人际戏谑，消耗人们的时间（同时稳定地替他人产生价值，如谷歌和脸谱网的股东）。

当现今生产活动中常见的假忙碌，或异化消费主义方面的追求，完全占据人们的生活、心智历程和政治取向时，资本主义经济理性是很难，甚至不可能驳斥的。迷失在电子邮件或脸谱网中谈不上是积极参与政治。高兹说得对："如果节省工作时间无助于解放时间，如果获得解放的时间并不是用于'个体自由的自我实现'，这些省下来的工作时间是完全没有意义的。"[14]

社会可能正迈向一种理想情况："工作时间按计划分阶段缩减，实质所得不会因此受损，而且当局推行配套政策，使这些获得解放的时间成为所有人自由自我实现的时间。"但这种解放对资本家阶级的权力构成极大的威胁，因此也就遇到很强的阻力和障碍。"生产力发展本身可能会减少生产所需的劳动力，但它本身无法创造出必要的条件，使这种时间解放成为所有人的解放。历史可能赋予我们获得更大自由的机会，但我们还是必须主动把握这些机会，并从中获得好处。我们的解放不会是物质决定论的结果。一个过程中即使有解放的潜力，也必须有人把握机会自我解放，潜力才得以实现。"号召人们集体对抗资本产生的多种异化，是动员人们对抗资本主义经济引擎的一种有力方式；该引擎不顾后果地推动资本体制从一种危机滑向另一种危机，可能灾难性地损害我们与自然和我们彼此之间的关系。普遍的异化需要强有力的政治反应。那么，这种反应可以是怎样的？

我在此重申，针对矛盾的反应没有不矛盾的。检视普遍异化现象引发的当代政治反应，我们看到令人极其不安的景象。法西斯在欧洲沉渣泛起（希腊、匈牙利和法国的情况尤其恶劣和显著），美国共和党中出现一心只想断绝政府财源和关闭政府的茶党派系，是强烈异化的部分人尝试寻找政治解决方案的表现。他们不怕动用暴力，确信必须追求彻底控制一切的政治，才可保护他们受威胁的自由。这种政治趋势受当局对社会运动日趋暴力的军事化反应支持，某种程度上也与这种镇压交融。这种军事化反应针对所有可能冲破压迫性包容的高墙的社会运动，这些高墙对自由主义治理性的永存至关紧要。想想以下例子：在美国，警察动用过度暴力镇压占领运动；在土耳其，当局镇压始于塔克西姆广场的和平抗议，手段比美国更暴力；在希腊，警方在雅典宪法广场的行动，令人想起金色黎明党的法西斯手段；在智利，警方持续以暴力打击抗争学生；在孟加拉国，政府组织暴徒攻击抗议危险工作环境的人；在埃及，当局对“阿拉伯之春”运动的反应军事化；在柬埔寨，工会领袖遭谋杀。这一切事件的背景，是国家机器迅速扩大监控的天罗地网，并积极立法，决心打一场反恐战，很容易将任何积极和有组织的反资本主义抗争视同恐怖行为。

美国政治光谱中的极左翼和极右翼，均普遍认为国家体制已过度扩权，而这是必须反抗的。这显示人们对国家体制普遍疏离，该体制历来承担起创造跨派系（以至跨阶级）共识和社会凝聚力的任务（通常是诉诸建构出来的有关国家认同和团结的幻象）。福柯有关治理性（governmentality）的分析在此能派上用场。欧洲在 16 和 17 世纪经过一段时期的财政军国主义（fiscal militarism）之后，留给世界的专制、绝对和集权的国家体制，必须调整以适应资产阶级的原则与做法，也就是坚持不可能实行的自由放任的乌托邦政治。英国以自由作为创造治理性的手段，成功完成这种调整（后来森倡导的发展中国家的做法，与此很像）。这意味着资本主义国家必须内化它的专制权力的局限，并将产生共识的任务交给自由发挥功能的个体；这些个体围绕着民族国家，内化了社会凝聚力的概念。最重要的是，他们必须同意借由市场程序规管活动。集中的权力受到明确的限制。美国的茶党、自治论者和无政府主义者的共同政治主张，是设法限制国家或甚至摧毁国家，虽然右翼作此主张的名义是个人主义，左翼则是基于尊重个体的结社主义（associationism）。特别有趣的是，现行的生产方式和政治表述，界定了它主要反对力量的空间和形态。新自由主义在经济和政治领域的霸道做法，衍生出了分散和网络化的反对力量形态。

面对普遍异化的现象，明确的右翼反应是可以理解的，但它的含义也是可怕的。毕竟在历史上，右翼对这类问题的反应曾造成极严重的后果。我们能不吸取历史教训，将反资本主义运动塑造为处理时代矛盾的进步方案吗？

结论

幸福但有争议的未来：革命人道主义的希望

远古以来便有人相信，他们可以靠个人或集体为自己构筑一个更美好的世界，而非只是继承既有的世界。当中很多人也相信，他们可以在这个过程中改造自己，有希望成为更好的人。这两个观点我都相信。例如，在《叛逆的城市》(*Rebel Cities*) 中，我表示："我们想要怎样的城市，这个问题与我们想做怎样的人，追求怎样的社会关系，珍惜怎样的人与自然关系，渴望怎样的生活方式，抱持怎样的美学价值是分不开的。"我写道，人的城市权利"远非只是个人或群体使用城市包含的资源的权利，它还包括改变和再造城市，使其更接近我们内心渴望的权利……塑造和再造我们自己和我们的城市的自由，是人类最宝贵但最受忽视的权利之一”。[1] 或许正因为这个直观理由，城市在其历史上一直是大量乌托邦渴望的焦点目标；人们渴望城市能带给人类较美好、较不异化的未来。

相信我们可以借由自觉的思想和行动，让世界和我们自己变得更美好，这个信念界定了一种人道主义（或人文主义）传统。这一传统的世俗版本与有关尊严、宽容、怜悯、爱和尊重他人的宗教教义部分重叠，也往往受后者启发。宗教和世俗的人道主义，均是一种以人类潜力、能力和力量之解放衡量自身成就的世界观。它赞同亚里士多德有关个体自由发展和建构“美好人生”的看法。用当代“文艺复兴人”彼得·巴菲特的话来说，人道主义追求的世界保证个体“能真正解放天性，或是有机会度过愉悦和满足的人生”。[2]

这种思想和行动传统兴衰有时，各地的流行程度也各有不同，但它似乎从不曾死去。它当然必须与较正统的学说竞争，后者认为我们的命运取决于诸神、某个造物主、自然的盲目力量、借由遗传和突变实践的社会演化法则、决定技术演化方向的经济铁律，或是受世界精神支配的某种隐蔽的目的论。人道主义也有它离谱的地方和黑暗面。文艺复兴时期的人文主义有某种程度的放荡性质，其主要倡导者伊拉斯谟（Erasmus）当年因此担心这种犹太与基督教传统正走向放纵的感官享受。人文主义有时也会误入歧途，以普罗米修斯和以人类为宇宙中心的观点去看人类相对于万物（包括自然）的能力和力量；一些迷惑的人甚至相信我们仅次于上帝，是拥有宇宙的超人。当某些族群被视为不值得被当作人对待时，这种人文主义便特别致命。美洲许多原住民部落面对殖民者时，便遭遇这种命运。他们被贴上“野蛮人”的标签，被视为自然的一部分，而非人类的成员。这种倾向在某些圈子中仍然很强，这促使激进的女权主义者麦金农（Catherine MacKinnon）就此问题写了《女性是人吗？》（*Are Women Human?*）这本书。[3] 在许多人眼中，这种排斥在现代社会中具有系统性和普遍性的特质；彰显这一点的是如今很流行的阿甘本（Giorgio Agamben）提出的“例外状态”，许多人活在这种状态中（最典型的是被在关塔那摩湾生活的人）。[4]

当代大量迹象显示，开明的人道主义传统保持强健，甚至可能正东山再起。这种精神显然正激励世界各地非政府组织（NGO）和慈善团体的大批员工，他们的使命是帮助弱势群体把握机会改善生活和前景。甚至有人做一些无益的尝试，替资本本身披上人道主义外衣，部分企业领袖称之为“自觉资本主义”（Conscious Capitalism）——这是一套企业家伦理，当中有些明智的建议，例如，借由看似善待员工来提升员工的效率，但整体而言会让人怀疑是一种“良心漂白”的尝试。[5] 资本运作衍生出的一切恶劣事物，都被当作经济体制在良好道德意图推动下产生的间接伤害。人道主义精神可贵得多，它激励无数个体慷慨地自我奉献，往往在并无物质报酬的情况下无私地造福他人。基督教、犹太教、伊斯兰教和佛教人道主义衍生出了大量宗教和慈善组织，也产生了标杆人物，如甘地、马丁·路德·金、特蕾莎修女和图图主教。世俗传统中也有多种人道主义思想和实践，包括世界主义、自由主义、社会主义和马克思主义中明确的人道主义精神。当然，多个世纪以来，道德和政治哲学家根据有关正义、世界主义理性和解放自由的各种理想，设计出互相矛盾的道德思想体系，而那些理想也不时提供革命口号。自由、平等、博爱，是法国大革命的口号。美国《独立宣言》、美国宪法，以及可能更重要且鼓舞人心的《权利法案》，全都激励了随后的政治运动和制宪或修宪努力。玻利维亚和厄瓜多尔最近通过的宪法均不同凡响，显示出撰写进步的宪法作为规范人类生活的基础，这种技艺绝未失传。此外，此一传统衍生出的大量文献，也仍然在追求更有意义生活的人之间流传。想想潘恩（Thomas Paine）的《人的权利》（*Rights of Man*）或沃斯通克拉夫特（Mary Wollstonecraft）的《女权辩护》（*A Vindication of the Rights of Woman*）曾在英语世界产生的影响力，你便能明白我的意思（世界上几乎每个传统都有可歌颂的类似著作）。

这一切涉及两个众所周知的阴暗面，两者均是我们已谈过的。第一个问题是，无论人道主义的普世关怀起初表达得多么高尚，事实一再证明，我们很难阻止有心人扭曲这种普世关怀，为特定利益集团、派系和阶级谋利。彼得·巴菲特有力控诉的“慈善殖民主义”，正是这样产生的。这种操作扭曲了康德高贵的世界主义和永久和平追求，使其变成帝国主义和殖民文化的统治工具，美国有线电视新闻网（CNN）和商务舱常客秉持的“希尔顿饭店世界主义”正是当前的代表。这个问题困扰了联合国宣言中的人权理念，该宣言偏重自由主义理论中的个人权利和私有产权观念，牺牲了集体关系和文化权利。自由的理想和实践因此变成一种治理工具，替资本家阶级的财富和权力的再生产和永存服务。第二个问题是，任何信念和权利体系的实践总是涉及一些规训权力，而行使这些权力的，通常是国家或以武力为后盾的某种体制化权力。此处的困难很明显：联合国的宣言暗示个人人权实践由国家负责，但现实中国家往往是侵犯人权的祸首。

简而言之，人道主义传统的困难，在于对人道主义无法回避的内部矛盾的充分认识，并未内化在该传统中，当中以自由与控制之间的矛盾最为明显。结果是如今人道主义倾向和感情的表达，往往有点随便和尴尬，除非它的立场安全地获得宗教教义和权威支持。因此当代无人为世俗人道主义的理念和前景提出有力的辩护，即使有无数的个别作品松散地支持人道主义传统，或维护其明显的美德（非政府组织圈内便有此现象）。人们回避人道主义的危险陷阱和根本矛盾，尤其是强迫、暴力和统治的问题，因为面对这些问题太令人尴尬。结果便出现法农（Frantz Fanon）所称的“无力的人道主义”。大量证据显示，人道主义最近的复兴中出现很多这种无力迹象。世俗人道主义的资产阶级和自由主义传统，为大致无效的有关世界可悲状态的说教，以及针对长期贫困和环境退化问题发起同样无效的运动，提供了一种感伤的道德基础。法国哲学家阿尔都塞（Louis Althusser）于 20 世纪 60 年代发起激烈且富有影响力的运动，致力于将有关社会主义人道主义和异化的所有论述从马克思主义传统中剔除，很可能正是出于这个原因。阿尔都塞表示，青年马克思在《1844 年经济学哲学手稿》中表达的人道主义，与《资本论》中的科学马克思有“认识论上的断裂”，而我们忽视此一断裂是很危险的。他写道，马克思人道主义是纯粹的意识形态，理论空洞，政治上可能误导人，甚至可能产生危险的后果。在阿尔都塞看来，虔诚的马克思主义者如遭长期监禁的葛兰西，献身于“人类历史的绝对人道主义”，完全搞错了奉献目标。[6]

近数十年来，人道主义非政府组织同谋性质的活动大量增加，这一现象和这类活动的性质似乎支持阿尔都塞的批判。慈善产业复合体的增长，主要反映出世界寡头集团“良心漂白”的需求增加；在经济停滞的时候，这些寡头的财富和权力每隔数年便增加一倍。整体而言，慈善组织工作几乎完全无助于处理人类堕落和被剥夺的问题，对于环境退化问题扩散也大致无能为力。这当中的结构原因，在于反贫困组织的金主要求这些组织永远不要妨碍金主进一步累积财富。如果在反贫困组织工作的人忽然全部改信一套反财富政治理念，我们的世界将变得截然不同。很少有慈善捐款人会捐助这样的组织，我怀疑连彼得·巴菲特也不会。而如今处于问题核心的非政府组织，其实也不愿意看到这种情况（虽然非政府组织世界中很多个别人士乐意看到这种情况，但他们根本无法使这种情况出现）。

那么，为了借由反资本主义努力逐渐改变世界，使它变成不同类型的人居住的另一种地方，我们需要怎样的人道主义？

在我看来，为了反抗各种形式的异化和根本改变受资本支配的世界，我们迫切需要明确有力地提出一种可以与基于宗教的人道主义结合的、世俗的革命人道主义（基于宗教的人道主义以新教和天主教解放神学表达得最清楚，在印度教、伊斯兰教、犹太教和一些本土宗教文化的同源运动中也能看到）。世俗的革命人道主义在理论和政治实践上均有一个强有力（尽管也有问题）的传统。这是阿尔都塞彻底否定的一种人道主义。但尽管阿尔都塞的介入产生颇大影响，这种人道主义在马克思主义和激进传统等其他领域均有明确有力的表述。它与资产阶级自由人道主义大不相同。它不接受有关人类有某种不变或既定“本质”的说法，迫使我们努力思考如何成为一种新人类。它将《资本论》和《1844 年经济学哲学手稿》中的马克思统一起来，而且击中核心矛盾——这些矛盾是想要改变世界的人道主义计划必须愿意承受的。它清楚认识到，多数人的幸福未来有个令人遗憾的地方：少数人将无可避免地感到不满。在较平等的世界，失去惊人财富的金融寡头，将无法在巴哈马游艇上享用鱼子酱和香槟，他们无疑将抱怨自己生活大不如前。善良的自由人道主义者甚至可能因此替他们感到有点难过。革命人道主义者则会硬起心肠，不抱这种想法。虽然我们可能不赞成以这种无情的方式处理这类矛盾，但是我们必须体认到实践者这种基本的诚实和自觉。

我们来看一个例子：法农的革命人道主义。法农当年是在医院工作的精神科医师，遇上一场残酷和激烈的反殖民战争。这场战争因为彭特克沃（Gillo Pontecorvo）的电影《阿尔及尔战役》（*The Battle of Algiers*）而特别令人难忘，而这部电影如今是美国军方的反叛乱教材。法农的著作深入探讨被殖民者为了自由而与殖民者展开的斗争。他的分析虽然是特别针对阿尔及利亚的情况，但说明了所有解放斗争中均会出现的议题，包括资本与劳动者之间的议题。但他的阐述极其戏剧性，也十分清楚，而这正是因为它涵盖种族、文化、殖民压迫和堕落等其他方面；这些问题导致极其激烈的革命形势，和平看似完全无望。法农的基本问题是：如何在殖民统治的非人化实践和经验上恢复一种人性意识？他在《大地上的受苦者》（*The Wretched of the Earth*）中写道："一旦你和你的同胞被当作狗那样虐待，你别无他法，只能以一切可行手段重建你作为一个人的分量。然后你必须利用你的分量，尽可能重压在虐待者身上，以便使心神出窍的他终于能够恢复人性。"法农称，人便是以这种方式“要求并索得他无限的人性”。人总是“有眼泪要擦去，不人道的态度要对抗，高傲的讲话方式要排除，也总是有人必须恢复人性”。对法农来说，革命并非权力从社会某部分转移至另一部分那么简单。革命必须重建人性（就法农而言是一种独特的后殖民人性），并且根本改变作为一个人的含义。“非殖民地化是真正创造新的人。但我们不能将这种创造归于一种超自然力量。被殖民的‘东西’正是借由解放的过程变成一个人。”法农认为，殖民处境下的解放斗争，无可避免必须借由民族主义建构。但是，“如果我们不解释、丰富和深化民族主义，如果民族主义不迅速转化为一种社会和政治意识，不转化为人道主义，它将走入死胡同”。[7]

法农坦然接受斗争涉及必要的暴力，而且否定妥协，这当然震撼了许多自由人道主义者。他问道：在殖民者施行系统化暴力的情况下，怎么可能不以暴力反抗？让绝食抗争的人挨饿有什么意义？如赫伯特·马尔库塞问道：我们为什么要相信忍受不可忍受的事物是美德？殖民者将被殖民者定义为一种本质上不如人类的邪恶存在，被殖民者在这种分裂的世界中，是不可能妥协的。切尼担任美国副总统时，便曾有此名言：“我们不与邪恶谈判。”法农对此有现成的答复：“殖民者的工作，是令被殖民者连梦想自由也不可能；被殖民者的工作，是想象歼灭殖民者的一切可能方法……‘殖民者绝对邪恶’的说法，是回应‘土著绝对邪恶’的说法。”这样的分裂世界中并无谈判或妥协的希望。这正是伊朗革命之后，美国与伊朗极其疏远的原因。法农指出，殖民城市中的“本地人与欧洲人不是互补的……整个城市由一种纯粹的亚里士多德逻辑管理”，遵循“互相排斥的命令”。因为两者之间并无辩证关系，动用暴力是消除差异的唯一方法。“毁掉殖民世界等同于摧毁殖民者的领域，将它深埋地下或驱逐出境。”[8] 这种计划一点也不软弱感伤。如法农清楚看到：

> 对被殖民者来说，这种暴力充满正面和建设性特质，因为它构成他们唯一的工作。这种暴力实践是累加的，因为每个个体代表一条长链中暴力的一环；他们构成一个全能的暴力体，站起来回应殖民者的根本暴力……在个体层面，暴力是一股净化的力量。它除却被殖民者的自卑情结，去除他们被动和绝望的态度。它赋予他们勇气，恢复他们的自信。即使武装斗争是象征性的，即使其力量因为迅速的非殖民地化而遭解散，人们会有时间认识到其解放是每个人的成就……[9]

但是，《大地上的受苦者》之所以震撼人心、充满灼热的人性，细读之下令人热泪盈眶，是因为作者在该书后半部分，有力地描述了暴力斗争中双方所受的精神创伤；他们均是受环境所迫，投入到暴力的解放斗争中。我们对这种精神伤害的认识如今已大有长进，例如多少明白参与越南、阿富汗和伊拉克战争的美国和其他国家的军人所受的心理创伤，以及创伤后压力症候群如何严重损害他们的生活。在阿尔及利亚的反殖民革命斗争中，法农满怀同情书写的正是这种精神创伤。去殖民之后还有大量工作必须完成，不仅必须修复受损的灵魂，还必须减轻法农清楚看到的危险：殖民式思想和存在继续产生影响（甚至是获得复制）。“被殖民者为了不再被宰制而战。但他也必须确保自己能清除压迫者植入其脑中的所有谎言和歪理。在像阿尔及利亚这样的殖民政体中，殖民主义宣扬的观念不仅影响欧洲少数族群，也影响阿尔及利亚人。彻底解放涉及人格每一方面……独立不是一个神奇仪式，而是男性和女性活在真正解放的状态的必要条件，也就是掌握根本改变社会所需的全部物质资源的必要条件。”[10]

一如法农，我在这里提出暴力的问题，不是因为我或他支持暴力。他强调暴力，是因为人类的处境往往恶化到根本没有其他选择。甚至甘地也承认这一点。但动用暴力可能有危险的后果。革命人道主义必须为此难题提供某种哲学答案，为面临初期悲剧的人提供一些慰藉。人道主义者的终极任务或许便是埃斯库罗斯（Aeschylus）约 2 500 年前所说的：“驯服人的野性，使这个世界的生活变得温和宜人。”但要做到这件事，我们就必须正视和对付支撑殖民和新殖民秩序的巨大暴力。这是胡志明必须对抗的，切·格瓦拉致力克服的，也是许多后殖民斗争中的政治领袖和思想家坐言起行、坚定对抗的，包括几内亚比绍的卡布拉尔（Amílcar Cabral）、坦桑尼亚的尼雷尔（Julius Nyerere）、加纳的恩克鲁玛（Kwame Nkrumah），以及塞泽尔（Aimé Césaire）、罗德尼（Walter Rodney）和詹姆斯（C. L. R. James）等。

但是，资本的社会秩序与它的殖民地化身，在本质上有任何不同吗？资本在本国无疑想方设法与殖民暴力的冷酷计算划清界限（将殖民暴力讲成是为了"那边"未开化族群的福祉，必须施加在他们身上的手段）。它必须在本国掩饰它在海外展现的过度赤裸的暴行。"那边"的事可以掩盖起来，使人看不见听不到。例如，英国殖民统治肯尼亚期间，20 世纪 50 年代镇压肯尼亚"茅茅"起义所动用的恶性暴力，到今天才被英国当局充分承认。资本的运作在本国走向这种暴行时，通常会引发类似反殖民抗争的反应。当它在本国支持种族化暴力时（例如当年美国的情况），它便会引起像美国黑豹党和伊斯兰国度（Nation of Islam）这种运动，产生麦尔坎 · X（Malcolm X）和马丁 · 路德 · 金这样的领袖；金后期看到种族与阶级之间的关联，承受因此产生的后果。但资本吸取了教训。种族与阶级问题越是紧密相连，革命的导火线烧得越快。但是，马克思在《资本论》中清楚阐述的，是资本在市场、生产过程，以至日常生活领域宰制劳动者所涉及的日常暴力。我们随意拿一些描述当代劳动者处境的文字（例如孟加拉国成衣厂，或是洛杉矶血汗工厂的情况），比较《资本论》中描述"工作日"的经典章节，很可能会发现两者并无不同。同样令人震惊的是，我们拿里斯本、圣保罗和雅加达劳动者阶级、边缘族群和失业者的生活条件，与恩格斯1844年的经典著作《英国工人阶级状况》（*The Condition of the Working Class in England*）相比，会发现两者没有什么实质差别。[11]

几乎在所有地方，寡头资本家阶级的特权与权力，正引导世界走往类似方向。在不断加强的监控技术、警力和军事化暴力支持下，政治权力正被用来侵害被视为可牺牲和可遗弃族群的整体福祉。我们每天都在目击可弃族群的系统性非人化。残忍的寡头权力正通过极权式民主体制施展出来，设法立即破坏、拆散和压制任何一致的反财富政治运动（例如占领运动）。值得注意的是，有钱人看到运气不如自己的人时，满心傲慢和不屑，即使（特别是）他们在幕后竞争成为慈善之王时也是这样。寡头阶级与其他人的“同理心差距”巨大，而且还在扩大。寡头误以为收入较高者作为人的价值也较高，误以为其经济成就证明他们对世界的认识高人一等（而不是因为他们的会计伎俩高人一等，而且擅长钻法律漏洞）。他们不懂得倾听这个世界的困境，因为他们无法正视自己在这种困境的形成过程中所扮演的角色，而且他们蓄意不去正视这个问题。他们看不到也无法看到自身的矛盾。亿万富翁科氏（Koch）兄弟慷慨捐款给麻省理工等大学，甚至替值得帮助的教职员盖起漂亮的托儿中心，但同时耗费巨资支持美国国会中的一项政治运动（由茶党派系领导），推动削减食物券预算，也拒绝为赤贫或接近赤贫的上百万人口提供救济、营养补给和托儿服务。

正是在这样的政治气候下，世界各地偶尔发生的猛烈和不可预测的民怨爆发（光是 2013 年便出现在土耳其、埃及、巴西和瑞典），越来越像是一场即将来临的大地震之前的震动，而这场地震将使 20 世纪 60 年代的后殖民革命斗争显得很小儿科。如果资本有寿终正寝的一天，那么这场地震无疑将敲响资本的丧钟，即使后果很可能不是任何人所乐见的。这是法农明确告诫我们的事。

唯一的希望是，多数人类能在世界过度腐败、人类和环境所受的伤害大到无法修复之前，看清眼前的危险。面对教宗方济各正确称为“冷漠全球化”的现象，全球人民必须做一件法农利落概括的事：“首先决定醒过来，开动脑筋，停止玩不负责任的睡美人游戏。”[12] 如果睡美人能及时醒过来，我们或许能迎来童话般的结局。葛兰西写道：“人类历史的绝对人道主义，并不是以和平解决历史和社会的现有矛盾为目的，它正是这些矛盾的理论。”布莱希特说，希望潜伏在矛盾中。如我们所见，资本的领土中有很多迫切的矛盾，足够赋予我们许多抱持希望的理由。

后记

政治实践构想

我们对资本矛盾的这番透彻审视，对反资本主义政治实践有何启示？它当然无法告诉我们，在围绕着各种具体议题的激烈和复杂的斗争中，具体应该怎么做。不过，它确实有助于我们制定反资本主义斗争的整体方向，同时也为反资本主义政治提供论据和强化理由。民意调查机构问它们喜欢的问题“你是否认为国家正朝正确的方向前进？”时，它们假定人们对何谓正确的方向有一定的概念。那么，对我们这些相信资本正朝错误的方向前进的人来说，什么是正确的方向？如何评估我们在实现相关目标上的进展？如何基于这些目标，提出谨慎和明智的建议（相对于那些借由加深资本的势力以响应人类的迫切需要的荒谬理论，它们确实是谨慎和明智的建议）？以下是从资本的 17 个矛盾中推出来的一些建议，可提供政治实践的方向，希望也能赋予它活力。我们应当以这样的世界为目标而努力奋斗：

1. 优先为所有人直接提供足够的使用价值（房屋、教育和食品安全等等），而不是借由追求利润最大化的市场体系提供这些价值；这种市场体系将交换价值集中在少数人手上，并以支付能力作为分配商品的基础。

2. 创造一种交易工具，它必须能促进商品和服务的流通，但同时限制或排除私人累积金钱作为一种社会权力的能力。

3. 私有财产与国家权力的对立，尽可能以共同权利制度代替（特别重视最关键的两类公共资源：人类知识和土地），由公民大会和公民社团负责创建、管理和保护此类制度。

4. 私人占有社会权力的情况，不仅受经济和社会障碍约束，还成为人们普遍厌恶的病态异常现象。

5. 资本与劳动者之间的阶级对立，由联合起来的生产者化解，他们与致力于满足共同社会需要的其他社团协调合作，自由决定生产什么、如何生产及何时生产。

6. 放慢日常生活的节奏（移动、行走应当是悠闲和缓慢的），尽可能增加自由活动的时间，同时为自由活动提供稳定和良好的环境，不受重大的创造性破坏影响。

7. 联合起来的群体评估大家的共同社会需求并彼此告知，借此为生产决定提供基础（短期而言，有关实现的考量主导生产决定）。

8. 创造新的技术和组织形态，以求减轻所有形式的社会劳动负担，消除技术分工中不必要的区别，为自由的个人和集体活动释出时间，并减少人类活动的生态足迹。

9. 借由自动化、机器人和人工智能的应用，减少技术分工。剩余的必要技术分工尽可能与社会分工分开。行政、领导和治安职务，由族群中的个体轮替。我们获得解放，不再受专家统治。

10. 赋予公民社团垄断使用生产工具的集中权力，借由公民社团动员个体和社群的分散竞争能力，产生技术、社会、文化和生活方式创新方面的差异化。

11. 多元化潜力最大的是区域社团、公社和共同体中的生活与生存方式、社会关系与自然的关系，以及文化习惯和信念。区域中和公社之间，个体自由、不受约束但有序的跨地域移动获得保障。社团代表定期聚会，评估、规划和承担共同任务，并处理各种规模（生物区、洲和全球）的共同问题。

12. 除了遵循各尽所能、各取所需的原则所涉及的不平等情况之外，消除物质供应上的所有不平等。

13. 逐渐消除为远方的他人所做的必要劳动，与自身、家庭和公社再生产中的劳动的差别，使社会劳动融入家庭和公社工作中，而家庭和公社工作成为非异化和非货币化社会劳动的首要形式。

14. 每个人都应该享有教育、医疗、居住、食品安全、基本商品和交通运输方面的平等福利，以保障免于匮乏的自由、行动自由和迁徙自由的物质基础。

15. 经济向零增长状态靠拢（但保留地域发展不一致的空间），追求人类（个人与集体）能力的最大发展和不断创新成为社会规范，取代对无止境复合增长的狂热追求。

16. 利用自然力量满足人类需要的工作应快速进行，但必须尽可能保护生态系统，维护一个地方的养分、能量和物质，重新学会欣赏自然之美，认识到人类是自然界的一部分，而我们确实可以努力为自然做出贡献。

17. 非异化人类和非异化创造性角色将出现，他们具有一种新的、自信的自我与集体存在意识。自由缔结亲近社会关系的经验，以及对各种生活和生产方式的同情心，将产生一个这样的世界：人们仍将激烈争论何谓美好生活，但人人皆同样值得享有尊严和尊重已是社会共识。人类能力的永恒和持续革命将推动社会持续演化。人类将继续不断求新。

不言而喻的是，投入战斗、对抗资本体制中所有其他形式的歧视、压迫和暴力压制同样重要；上述建议不能取代这些其他斗争，反之亦然。我们显然必须联合各方利益。

注释

前　言　这一次的资本主义危机

1. Karl Marx, *Theories of Surplus Value, Part 2*, London, Lawrence and Wishart, 1969, p.540.

绪　论　关于矛盾

1. Bertell Ollman, *The Dance of the Dialectic: Steps in Marx's Method*, Champagne, IL, University of Illinois Press, 2003.

矛盾 1　使用价值与交换价值

1. 概况可参考David Harvey, *Rebel Cities: From the Right to the City to the Urban Revolution*, London, Verso, 2013。

2. Michael Lewis, *The Big Short: Inside the Doomsday Machine*, New York, Norton, 2010, p.34.

矛盾 2　劳动的社会价值与它的货币表现形式

1. 这个非常有趣的故事出现在以下著作中：Paul Seabright (ed.), *The*

Vanishing Rouble: Barter Networks and Non-Monetary Transactions in Post-Soviet Societies, London, Cambridge University Press, 2000。

2. John Maynard Keynes, *Essays in Persuasion*, New York, Classic House Books, 2009, p.199.

3. Silvio Gesell, (1916); http:www.archive.org/details/TheNaturalEconomicOrder, p.121. 有关格塞尔构想的进一步讨论，可参考 John Maynard Keynes, *The General Theory of Employment, Interest, and Money*, New York, Harcourt Brace, 1964, p.363 及 Charles Eisenstein, *Sacred Economics: Money, Gift and Society in the Age of Transition*, Berkeley, CA, Evolver Editions, 2011。

矛盾 3　私人财产与资本主义国家

1. Silvio Gesell, *The Natural Economic Order* (1916); http:www.archive.org/details/TheNaturalEconomicOrder, p.81.

2. David Harvey, *The Enigma of Capital*, London, Profile Books, 2010, pp.55–7.

3. Thomas Greco, *The End of Money and the Future of Civilization*, White River Junction, VT, Chelsea Green Publishing, 2009.

4. 同上。

矛盾 4　私人占有与公共财富

1. Karl Marx, *Grundrisse*, Harmondsworth, Penguin, 1973, p. 223.

2. Karl Polanyi, *The Great Transformation: The Political and Economic Origins of Our Time*, Boston, Beacon Press, 1957, p. 72.

3. 同上，p. 73。

4. Karl Polanyi, *The Great Transformation: The Political and Economic Origins of Our Time*, Boston, Beacon Press, 1957, p. 178.

5. Martin Heidegger, *Discourse on Thinking*, New York, Harper Press, 1966, p. 50.

矛盾5 资本与劳动

1. Karl Marx, *Capital*, Volume 1, Harmondsworth, Penguin, 1973, p. 344.

2. Andrew Glyn and Robert Sutcliffe, *British Capitalism: Workers and the Profit Squeeze*, Harmondsworth, Penguin, 1972.

矛盾6 资本是一种过程还是一种东西?

1. John Maynard Keynes, *The General Theory of Employment, Interest and Money*, New York, Harcourt Brace, 1964, p. 376.

矛盾7 生产与实现的矛盾统一

1. Karl Marx, *Capital*, Volume 2, Harmondsworth, Pelican Books, 1978, p.391.《资本论》第一卷与之对应的段落，可在Penguin版本的第799页找到。

第二部 变化的矛盾

1. W. Brian Arthur, *The Nature of Technology: What It Is and How It Evolves*, New York, Free Press, 2009, p. 202.

矛盾8 技术、工作和人的可弃性

1. W. Brian Arthur, *The Nature of Technology: What It Is and How It Evolves*, New York, Free Press, 2009, pp. 22 et seq.

2. Jane Jacobs, *The Economy of Cities*, New York, Vintage, 1969.

3. Arthur, *The Nature of Technology*, p. 211.

4. Alfred North Whitehead, *Process and Reality*, New York, Free Press, 1969, p.33.

5. Arthur, *The Nature of Technology*, p. 213; Karl Marx, *Grundrisse*,

Harmondsworth, Penguin, 1973.

6. Arthur, *The Nature of Technology*, p. 191.

7. Joseph Schumpeter, *Capitalism, Socialism and Democracy*, London, Routledge, 1942, pp. 82–3.

8. Arthur, *The Nature of Technology*, p. 186.

9. André Gorz, *Critique of Economic Reason*, London, Verso, 1989, p. 200.

10. Martin Ford, *The Lights in the Tunnel: Automation, Acclerating Technology and the Economy of the Future*, USA, AcculantTM Publishing, 2009, p.62.

11. Ibid., pp. 96–7.

12. Gorz, *Critique of Economic Reason*, p. 92.

13. Melissa Wright, *Disposable Women and Other Myths of Global Capitalism*, New York, Routledge, 2006.

矛盾 9　分工

1. Harry Braverman, *Labor and Monopoly Capital*, New York, Monthly Review Press, 1974.

2. Timothy Mitchell, *The Rule of Experts: Egypt, Techno-Politics, Modernity*, Berkeley, University of California Press, 2002.

3. Robert Reich, *The Work of Nations: Preparing Ourselves for 21st Century Capitalism*, New York, Vintage, 1992.

4. Karl Marx, *Capital*, Volume 1, Harmondsworth, Penguin, 1973, p. 618.

矛盾 10　垄断与竞争：集中与分散

1. Joseph Stiglitz, *The Price of Inequality*, New York, Norton, 2013, p. 44.

2. 同上。

3. Paul Baran and Paul Sweezy, *Monopoly Capitalism*, New York,

Monthly Review Press, 1966.

4. Giovanni Arrighi, "Towards a Theory of Capitalist Crisis" , *New Left Review*, September 1978.

5. Elisée Reclus, *Anarchy, Geography, Modernity*, edited by John P. Clark and Camille Martin, Oxford, Lexington Books, 2004, p. 124.

6. David Harvey, "The Art of Rent" , in *Spaces of Capital*, Edinburgh, Edinburgh University Press, 2002.

7. Alfred Chandler, *The Visible Hand: The Managerial Revolution in American Business*, Cambridge, MA, Harvard University Press, 1993.

8. Karl Marx, *Capital*, Volume 3, Harmondsworth, Penguin, 1981, p. 490.

矛盾 11　不均衡的地域发展和空间生产

1. Gunnar Myrdal, *Economic Theory and Underdeveloped Regions*, London, Duckworth, 1957.

2. David Harvey, *Spaces of Capital*, Edinburgh, Edinburgh University Press, 2002.

3. Henri Lefebvre, *The Production of Space*, Oxford, Basil Blackwell, 1989.

矛盾 12　收入与财富的不平等

1. Michael Norton and Dan Ariely, "Building a Better America – One Wealth Quintile at a Time" , *Perspectives on Psychological Science*, Vol. 6, 2011, p. 9.

2. Oxfam, "The Cost of Inequality: How Wealth and Income Extremes Hurt Us All" , *Oxfam Media Briefing*, 18 January 2013.

3. Branko Milanovic, *Worlds Apart: Measuring International and Global Inequality*, Princeton, Princeton University Press, 2005, p. 149.

4. Craig Calhoun, "What Threatens Capitalism Now?" , in Immanuel Wallerstein, Randall Collins, Michael Mann, Georgi Derluguian and Craig Calhoun,

Does Capitalism Have a Future?, Oxford, Oxford University Press, 2013.

矛盾 13 社会再生产

1. Cited in Samuel Bowles and Herbert Gintis, “The Problem with Human Capital Theory: A Marxian Critique” , *American Economic Review*, Vol. 65, No. 2, 1975, pp. 74–82.

2. Karl Marx, *Capital*, Volume 3, Harmondsworth, Penguin, 1981, pp. 503–5.

3. Gary Becker, *Human Capital: A Theoretical and Empirical Analysis, with Special Reference to Education*, Chicago, University of Chicago Press, 1994.

4. Pierre Bourdieu, “The Forms of Capital” , in J. Richardson (ed.), *Handbook of Theory and Research for the Sociology of Education*, New York, Greenwood, 1986.

5. Robert Reich, *The Work of Nations: Preparing Ourselves for 21st Century Capitalism*, New York, Vintage, 1992.

6. Cindi Katz, “Vagabond Capitalism and the Necessity of Social Reproduction” , *Antipode*, Vol. 33, No. 4, 2001, pp. 709–28.

7. Jürgen Habermas, *The Theory of Communicative Action. Volume 2: Lifeworld and System: A Critique of Functionalist Reason*, Boston, Beacon Press, 1985; Henri Lefebvre, *Critique of Everyday Life*, London, Verso, 1991.

8. Fernand Braudel, *Capitalism and Material Life, 1400–1800*, London, Weidenfeld & Nicolson, 1973.

9. Randy Martin, *Financialization of Daily Life*, Philadelphia, Temple University Press, 2002.

10. Katz, “Vagabond Capitalism and the Necessity of Social Reproduction” , pp. 709–28.

矛盾 14 自由与控制

1. Christopher Hill, *The World Turned Upside Down: Radical Ideas*

During the English Revolution, Harmondsworth, Penguin, 1984.

2. Terry Eagleton, *Why Marx Was Right*, New Haven, Yale University Press, 2011, p. 87.

3. 我在以下作品中，概括评论了小布什的所有演说：David Harvey, *Cosmopolitanism and the Geographies of Freedom*, New York, Columbia University Press, 2009, pp. 1–14。

4. Michel Foucault, *The Birth of Biopolitics: Lectures at the College de France*, 1978–1979, New York, Picador, 2008.

5. Robert Wolff, Barrington Moore and Herbert Marcuse, *A Critique of Pure Tolerance: Beyond Tolerance, Tolerance and the Scientific Outlook, Repressive Tolerance*, Boston, Beacon Press, 1969.

6. Karl Polanyi, *The Great Transformation: The Political and Economic Origins of Our Time*, Boston, Beacon Press, 1957, pp. 256–7.

7. 同上，p. 257。

8. 同上，p. 258。

9. Amartya Sen, *Development as Freedom*, New York, Anchor Books, 2000, pp. 297–8.

10. Peter Buffett, “The Charitable-Industrial Complex”, *New York Times*, 26 July 2013.

11. Karl Marx, *Grundrisse*, Harmondsworth, Penguin, 1973, p. 488.

12. Karl Marx, “On the Jewish Question”, in *Karl Marx: Early Texts*, edited by David McLellan, Oxford, Basil Blackwell, 1972.

13. Jean-Jacques Rousseau, *The Social Contract*, Oxford, Oxford University Press, 2008.

14. Eagleton, *Why Marx Was Right*, pp. 75–6.

矛盾 15　无止境的复合增长

1. Michael Hudson, The Bubble and Beyond, Dresden, Islet, 2012。严肃看待复合增长问题的经济学著作寥寥无几，这是我所知道的其中一本。我在接下来的内容中引用了他的一些数据。2011 年，我曾向某大报的两名资深经济编辑提出复合增长的问题，其中一人认为这问题十分琐碎，甚至是可笑的，另一人则说我们还有很多科技新领域可以探索，因此何必担忧呢。

2. Robert Gordon, "Is U.S. Economic Growth Over? Faltering Innovation Confronts the Six Headwinds" , *Working Paper 18315*, Cambridge, MA, National Bureau of Economic Research, 2012。戈登的说法引发的公众反应见Thomas Edsall, "No More Industrial Revolutions" , *New York Times*, 15 October 2012。舆论一般认为戈登的说法很可能有些道理，但他对创新未来的作用太悲观了。不过，《金融时报》富有影响力的经济专栏作家沃尔夫（Martin Wolf）大致认同戈登的观点，并表示高所得世界中的经济精英会欢迎戈登描述的未来，但其他人就没有那么高兴了。沃尔夫说："请习惯这一切，这是不会改变的。"相关论述还有Tyler Cowen, *The Great Stagnation: How America Ate all the Low-Hanging Fruit of Modern History, Got Sick and Will (Eventually) Feel Better*, E-special from Dutton, 2011。不过，这些论点全都是以美国为焦点。

3. 德鲁森的案例可参考Hudson, The Bubble and Beyond。

4. 马克思在《资本论》中引用了这段话，见Karl Marx, *Capital*, Volume 3, Harmondsworth, Penguin, p.519。

5. Angus Maddison, *Phases of Capitalist Development*, Oxford, Oxford University Press, 1982; *Contours of the World Economy, 1–2030 AD*, Oxford, Oxford University Press, 2007.

6. Bradford DeLong, "Estimating World GDP, One Million B.C.–Present"。估计数见维基百科Gross World Product词条。

7. Thomas Malthus, *An Essay on the Principle of Population*, Cambridge, Cambridge University Press, 1992.

8. McKinsey Global Institute, "The World at Work: Jobs, Pay and Skills for 3.5 Billion People" , *Report of the McKinsey Global Institute*, 2012.

9. Guy Debord, *The Society of the Spectacle*, Kalamazoo, Black & Red, 2000.

10. Alvin Toffler, *The Third Wave: The Classic Study of Tomorrow*, New York, Bantam, 1980.

11. Michael Hardt and Antonio Negri, *Commonwealth*, Cambridge, MA,

Harvard University Press, 2009.

12. Antonio Gramsci, *The Prison Notebooks*, London, NLR Books, 1971.

13. Gordon, "Is U.S. Economic Growth Over? Faltering Innovation Confronts the Six Headwinds".

14. Marx, *Capital*, Volume 3, p.573.

15. 此事的概述可参考本书作者的以下著作：David Harvey, *A Brief History of Neoliberalism*, Oxford, Oxford University Press, 2005。

矛盾 16 资本与自然界的关系

1. Paul Sabin, *The Bet: Paul Ehrlich, Julian Simon, and Our Gamble over Earth's Future*, New Haven, Yale University Press, 2013.

2. 我在以下著作中对此有详细的议论：David Harvey, *Justice, Nature and the Geography of Difference*, Oxford, Basil Blackwell, 1996。

3. Neil Smith, "Nature as Accumulation Strategy", *Socialist Register*, 2007, pp.19–41.

4. Arthur McEvoy, *The Fisherman's Problem: Ecology and Law in the California Fisheries, 1850–1980*, Cambridge, Cambridge University Press, 1990.

5. Arne Naess, *Ecology, Community and Lifestyle*, Cambridge, Cambridge University Press, 1989; William Leiss, *The Domination of Nature*, Boston, MA, Beacon Press, 1974; Martin Jay, *The Dialectical Imagination: A History of the Frankfurt School and the Institute of Social Research, 1923–50*, Boston, MA, Beacon Press, 1973; Murray Bookchin, *The Philosophy of Social Ecology: Essays on Dialectical Naturalism*, Montreal, Black Rose Books, 1990; Richard Peet, Paul Robbins and Michael Watts, *Global Political Ecology*, New York, Routledge, 2011; John Bellamy Foster, *Marx's Ecology: Materialism and Nature*, New York, Monthly Review Press, 2000.

矛盾 17 人性的反叛：普遍的异化

1. David Harvey, *The Enigma of Capital*, London, Profile Books, 2010, p. 260.

2. 请参考以下著作中的辩论：Immanuel Wallerstein, Randall Collins, Michael Mann, Georgi Derluguian and Craig Calhoun, *Does Capitalism Have a Future?*, Oxford, Oxford University Press, 2013。

3. André Gorz, *Critique of Economic Reason*, London, Verso, 1989, p. 22.

4. 同上，p. 86。

5. André Gorz, *Critique of Economic Reason*, London, Verso, 1989, pp. 87–8。

6. 同上, p. 100。

7. 同上，p. 114。

8. Thorstein Veblen, *The Theory of the Leisure Class*, New York, Oxford University Press, 2009 edition.

9. Gorz, *Critique of Economic Reason*, p. 116.

10. 同上，pp. 45–6。

11. Pope Francis, "Apostolic Exhortation Evangelii Gaudium of the Holy Father Francis to the Bishops, Clergy, Consecrated Persons and the Lay Faithful on the Proclamation of the Gospel in Today's World" , *National Catholic Register*, 15 December 2013, paragraph 192.

12. Gorz, *Critique of Economic Reason*, p. 46.

13. 同上，pp. 46–7。

14. 同上，p. 184。

结　论　幸福但有争议的未来：革命人道主义的希望

1. David Harvey, *Rebel Cities: From the Right to the City to the Urban Revolution*, London, Verso, 2013, p. 4.

2. Peter Buffett, "The Charitable-Industrial Complex" , *New York Times*, 26 July 2013.

3. Catharine MacKinnon, *Are Women Human?: And Other International Dialogues*, Cambridge, MA, Harvard University Press, 2007.

4. Giorgio Agamben, *State of Exception*, Chicago, Chicago University Press, 2005.

5. John Mackey, Rajendra Sisodia and Bill George, *Conscious Capitalism:*

Liberating the Heroic Spirit of Business, Cambridge, MA, Harvard Business Review Press, 2013.

6. Louis Althusser, *The Humanist Controversy and Other Writings*, London, Verso, 2003; Peter Thomas, *The Gramscian Moment: Philosophy, Hegemony and Marxism*, Chicago, Haymarket Books, 2010.

7. Frantz Fanon, *The Wretched of the Earth*, New York, Grove Press, 2005, p. 144.

8. 同上，p. 6。

9. 同上，p. 51。

10. 同上，p. 144。

11. Frederick Engels, *The Condition of the Working Class in England*, London, Cambridge University Press, 1962.

12. Fanon, *The Wretched of the Earth*, p. 62.

Agamben, G., *State of Exception*, Chicago, Chicago University Press, 2005

Althusser, L., 'Contradiction and Overdetermination' (1964); althusser_overdetermination_nlr41.pdf

—, *The Humanist Controversy and Other Writings*, London, Verso, 2003

Arendt, H., *Between Past and Future: Eight Exercises in Political Thought*, London, Penguin, 2009

Armstrong, P., Glynn, A., and Harrison, J., *Capitalism Since World War II: The Making and Breaking of the Long Boom*, Oxford, Basil Blackwell, 1991

Arrighi, G., 'Towards a Theory of Capitalist Crisis', *New Left Review*, September 1978

—, *The Long Twentieth Century*, London, Verso, 1994

Arthur, W. B., *The Nature of Technology: What It Is and How It Evolves*, New York, Free Press, 2009

Atkinson, T., and Piketty, T., *Top Incomes: A Global Perspective*, Oxford, Oxford University Press, 2010

Baran, P., and Sweezy, P., *Monopoly Capital*, New York, Monthly Review Press, 1966

Becker, G., *Human Capital: A Theoretical and Empirical Analysis, with Special Reference to Education*, Chicago, University of Chicago Press, 1994

Bookchin, M., *The Philosophy of Social Ecology: Essays on Dialectical Naturalism*, Montreal, Black Rose Books, 1990

Bourdieu, P., 'The Forms of Capital', in J. Richardson (ed.), *Handbook of Theory and Research for the Sociology of Education*, New York, Greenwood, 1986

Bowles, S., and Gintis, H., 'The Problem with Human Capital Theory: A Marxian Critique', *American Economic Review*, Vol. 65, No. 2, 1975, pp. 74–82

Braudel, F., *Capitalism and Material Life, 1400–1800*, London, Weidenfeld & Nicolson, 1973
Braverman, H., *Labor and Monopoly Capital*, New York, Monthly Review Press, 1974
Buffett, P., 'The Charitable-Industrial Complex', *New York Times*, 26 July 2013
Chandler, A., *The Visible Hand: The Managerial Revolution in American Business*, Cambridge, MA, Harvard University Press, 1993
Clarke, S. (ed.), *The State Debate*, London, Macmillan, 1991
Cleaver, H., *Reading Capital Politically*, Austin, University of Texas Press, 1979
Debord, G., *The Society of the Spectacle*, Kalamazoo, Black & Red, 2000
Eagleton, T., *Why Marx Was Right*, New Haven, Yale University Press, 2011
Eisenstein, C., *Sacred Economics: Money, Gift and Society in the Age of Transition*, Berkeley, Ca, Evolver Editions, 2011
Engels, F., *The Condition of the Working Class in England*, London, Cambridge University Press, 1962
Fanon, F., *The Wretched of the Earth*, New York, Grove Press, 2005
Ford, M., *The Lights in the Tunnel: Automation, Accelerating Technology and the Economy of the Future*, USA, Acculant™ Publishing, 2009
Foster, J. B., *Marx's Ecology; Materialism and Nature*, New York, Monthly Review Press, 2000
Foucault, M., *The Birth of Biopolitics: Lectures at the College de France, 1978–1979*, New York, Picador, 2008
Gesell, S., *The Natural Economic Order* (1916); http:www.archive.org/details/TheNaturalEconomicOrder
Glyn, A., and Sutcliffe, R., *British Capitalism: Workers and the Profit Squeeze*, Harmondsworth, Penguin, 1972
Gordon, R., 'Is U.S. Economic Growth Over? Faltering Innovation Confronts the Six Headwinds', Cambridge, MA, National Bureau of Economic Research, 2012
Gorz, A., *Critique of Economic Reason*, London, Verso, 1989
—, *The Immaterial*, New York and Chicago, Seagull, 2010
Gramsci, A., *The Prison Notebooks*, London, NLR Books, 1971
Greco, T., *The End of Money and the Future of Civilization*, White River Junction, VT, Chelsea Green Publishing, 2009
Greider, W., *Secrets of the Temple: How the Federal Reserve Runs the Country*, New York, Simon and Schuster, 1989

Habermas, J., *The Theory of Communicative Action. Volume 2: Lifeworld and System: A Critique of Functionalist Reason*, Boston, Beacon Press, 1985
Hardt, M., and Negri, A., *Commonwealth*, Cambridge, MA, Harvard University Press, 2009
Hart, K., 'Notes Towards an Anthropology of Money', *Kritikos*, Vol. 2, 2005
Harvey, D., *Justice, Nature and the Geography of Difference*, Oxford, Basil Blackwell, 1996
—, *Spaces of Capital*, Edinburgh, Edinburgh University Press, 2002
—, *A Brief History of Neoliberalism*, Oxford, Oxford University Press, 2005
—, *Cosmopolitanism and the Geographies of Freedom*, New York, Columbia University Press, 2009
—, *The Enigma of Capital*, London, Profile Books, 2010
—, *Rebel Cities: From the Right to the City to the Urban Revolution*, London, Verso, 2013
—, *A Companion to Marx's Capital*, Volume Two, London, Verso, 2013
Heidegger, M., *Discourse on Thinking*, New York, Harper Press, 1966
Hill, C., *The World Turned Upside Down: Radical Ideas During the English Revolution*, Harmondsworth, Penguin, 1984
Hudson, M., *The Bubble and Beyond*, Dresden, Islet, 2012
Jacobs, J., *The Economy of Cities*, New York, Vintage, 1969
Jay, M., *The Dialectical Imagination: A History of the Frankfurt School and the Institute of Social Research, 1923–50*, Boston, MA, Beacon Press, 1973
Katz, C., 'Vagabond Capitalism and the Necessity of Social Reproduction', *Antipode*, Vol. 33, No. 4, 2001, pp. 709–28
Keynes, J.M., *The General Theory of Employment, Interest, and Money*, New York, Harcourt Brace, 1964
—, *Essays in Persuasion*, New York, Classic House Books, 2009
Klein, N., *The Shock Doctrine: The Rise of Disaster Capitalism*, New York, Metropolitan Books, 2009
Lefebvre, H., *The Production of Space*, Oxford, Basil Blackwell, 1989
—, *Critique of Everyday Life*, London, Verso, 1991
Leiss, W., *The Domination of Nature*, Boston, MA, Beacon Press, 1974
Lewis, M., *The Big Short: Inside the Doomsday Machine*, New York, Norton, 2010
McEvoy, A., *The Fisherman's Problem: Ecology and Law in the California Fisheries, 1850–1980*, Cambridge, Cambridge University Press, 1990

Mackey, J., Sisodia, R., and George, B., *Conscious Capitalism: Liberating the Heroic Spirit of Business*, Cambridge, MA, Harvard Business Review Press, 2013

MacKinnon, C., *Are Women Human?: And Other International Dialogues*, Cambridge, MA, Harvard University Press, 2007

McKinsey Global Institute, 'The World at Work: Jobs, Pay and Skills for 3.5 Billion People', *Report of the McKinsey Global Institute*, 2012

Maddison, A., *Phases of Capitalist Development*, Oxford, Oxford University Press, 1982

—, *Contours of the World Economy, 1–2030 AD*, Oxford, Oxford University Press, 2007

Malthus, T., *An Essay on the Principle of Population*, Cambridge, Cambridge University Press, 1992

Mao Zedong, *Collected Works of Chairman Mao. Volume 3: On Policy, Practice and Contradiction*, El Paso, TX, El Paso Norte Press, 2009

Martin, R., *Financialization of Daily Life*, Philadelphia, Temple University Press, 2002

Marx, K., *The Economic and Philosophic Manuscripts of 1844*, New York, International Publishers, 1964

—, *Theories of Surplus Value*, Part 2, London, Lawrence and Wishart, 1969

—, *Karl Marx: Early Texts*, edited by David McLellan, Oxford, Basil Blackwell, 1972

—, *Grundrisse*, Harmondsworth, Penguin, 1973

—, *Capital*, Volume 1, Harmondsworth, Penguin, 1976

—, *Capital*, Volume 2, Harmondsworth, Pelican, 1978

—, *Capital*, Volume 3, Harmondsworth, Penguin, 1981

Meszaros, I., *Marx's Theory of Alienation*, London, Merlin Press, 1970

Milanovic, B., *Worlds Apart: Measuring International and Global Inequality*, Princeton, Princeton University Press, 2005

Mitchell, T., *The Rule of Experts: Egypt, Techno-Politics, Modernity*, Berkeley, University of California Press, 2002

Myrdal, G., *Economic Theory and Underdeveloped Regions*, London, Duckworth, 1957

Naess, A., *Ecology, Community and Lifestyle*, Cambridge, Cambridge University Press, 1989

Nelson, A., and Timmerman, F. (eds), *Life without Money: Building Fair and Sustainable Economies*, London, Pluto, 2011

Norton, N., and Ariely, D., 'Building a Better America – One Wealth Quintile at a Time', *Perspectives on Psychological Science*, Vol. 6, 2011, p. 9

Ollman, B., *The Dance of the Dialectic: Steps in Marx's Method*, Champagne, IL, University of Illinois Press, 2003

Oxfam, 'The Cost of Inequality: How Wealth and Income Extremes Hurt Us All', Oxfam Media Briefing, 18 January 2013

Peet, R., Robbins P., and Watts, M., *Global Political Ecology*, New York, Routledge, 2011

Piketty, T., and Saez, E., 'Top Incomes and the Great Recession', *IMF Economic Review*, Vol. 61, 2013, pp. 456–78

Polanyi, K., *The Great Transformation: The Political and Economic Origins of Our Time*, Boston, Beacon Press, 1957

Ratcliffe, R., *Revolutionary Humanism and the Anti-Capitalist Struggle*, distributed by the author, Beech Hill House, Morchard Bishop, EX17 6RF, 2003

Reclus, E., *Anarchy, Geography, Modernity*, edited by John P. Clark and Camille Martin, Oxford, Lexington Books, 2004

Reich, R., *The Work of Nations: Preparing Ourselves for 21st Century Capitalism*, New York, Vintage, 1992

Rousseau, J.-J., *The Social Contract*, Oxford, Oxford University Press, 2008

Sabin, P., *The Bet: Paul Ehrlich, Julian Simon, and Our Gamble over Earth's Future*, New Haven, Yale University Press, 2013

Sassower, R., *Postcapitalism: Moving Beyond Ideology in America's Economic Crises*, Boulder, CO, Paradigm Publishers, 2009

Schumpeter, J., *Capitalism, Socialism and Democracy*, London, Routledge, 1942, pp. 82–3

Seabright P., (ed.), *The Vanishing Rouble: Barter Networks and Non-Monetary Transactions in Post-Soviet Societies*, London, Cambridge University Press, 2000

Sen, A., *Development as Freedom*, New York, Anchor Books, 2000

Smith, N., *Uneven Development: Nature, Capital and the Production of Space*, Oxford, Basil Blackwell, 1984

—, 'Nature as Accumulation Strategy', *Socialist Register*, 2007, pp. 19–41

Stiglitz, J., *The Price of Inequality*, New York, Norton, 2013

Storrs, C. (ed.), *The Fiscal Military State in Eighteenth Century Europe*, Aldershot, Ashgate, 2009

Thomas, P., *The Gramscian Moment: Philosophy, Hegemony and Marxism*, Chicago, Haymarket Books, 2010

Toffler, A., *The Third Wave: The Classic Study of Tomorrow*, New York, Bantam, 1980

Veblen, T., *The Theory of the Leisure Class*, New York, Oxford University Press, 2009 edition

Wallerstein, I., Collins, R., Mann, M., Derluguian, G., and Calhoun, C., *Does Capitalism Have a Future?*, Oxford, Oxford University Press, 2013

Whitehead, A. N., *Process and Reality*, New York, Free Press, 1969

Wolff, R., Moore, B., and Marcuse, H., *A Critique of Pure Tolerance: Beyond Tolerance, Tolerance and the Scientific Outlook, Repressive Tolerance*, Boston, Beacon Press, 1969

Wright, M., *Disposable Women and Other Myths of Global Capitalism*, New York, Routledge, 2006